本书为黑龙江省教育科学“十四五”规划 2024 年度规划重点课题“以评促教视域下的中考数学试题研究”（课题编号：JJB1424149）研究成果

以评促教

——中考数学试题改革与教学实践

刘 璇 主编

黑龍江大學出版社
HEILONGJIANG UNIVERSITY PRESS
哈尔滨

图书在版编目（CIP）数据

以评促教 ： 中考数学试题改革与教学实践 / 刘璇主编. -- 哈尔滨 ： 黑龙江大学出版社， 2025. 1. -- ISBN 978-7-5686-1271-5

Ⅰ. G633.602

中国国家版本馆 CIP 数据核字第 2025K09B93 号

以评促教——中考数学试题改革与教学实践

YI PING CU JIAO——ZHONGKAO SHUXUE SHITI GAIGE YU JIAOXUE SHIJIAN

刘　璇　主编

责任编辑　于晓菁　张　焱

出版发行　黑龙江大学出版社

地　　址　哈尔滨市南岗区学府三道街 36 号

印　　刷　华雅逸彩（北京）文化有限公司

开　　本　720 毫米 ×1000 毫米　1/16

印　　张　18

字　　数　303 千

版　　次　2025 年 1 月第 1 版

印　　次　2025 年 1 月第 1 次印刷

书　　号　ISBN 978-7-5686-1271-5

定　　价　79.80 元

编写人员

主　编：刘　璇

副主编：李建莹　刘　畅

成　员：夏立忠　齐　岩

前　言

2022 年 4 月,《义务教育数学课程标准(2022 年版)》正式印发,新课程标准在原有课程标准基础上,进一步强化了课程育人导向,要求着力培养学生的核心素养。面对新时代对教育质量的更高要求,中考作为衔接初中教育与高中教育的重要桥梁,如何与新课程标准紧密衔接,实现评价体系的创新与优化,直接关系到学生综合素质能否全面发展与未来学习潜能能否得到激发。

然而,值得注意的是,由于初中数学教材版本较多,且中考的地域性特点较突出,不同地区中考试题在命题理念、考查内容和试题形式上差异较大,这给构建普遍适用的中考评价体系带来了挑战。在这样的背景下,本书深入解读了新课程标准对数学中考命题的宏观指引,结合数学中考命题的现状与未来发展趋势,力求在多样性和地域性差异中总结出普遍适用的理论。同时,深入探索"以评促教"理念下的中考评价体系与数学试题特征,为中考命题实践及课堂教学实践提供切实可行的指导与借鉴。

本书聚焦于中考命题改革与新课程标准的衔接,基于新课程标准关于中考命题的指导思想和原则,以提升中考试题的命题技术、全面评价学生的数学核心素养、助力教师科学有效地开展教学活动为宗旨,力求通过实践探索为中考命题和课堂教学提供新思路、新方法,以期实现"以评促教""以评促学"的目标,为推动基础教育质量的全面提升贡献力量。

本书由刘璇、李建莹、刘畅、夏立忠和齐岩共同编写,刘璇负责编写第 1 章、第 3 章 3.2 节、第 4 章、参考文献以及前言等辅文部分,李建莹负责编写第 2 章 2.1、2.2 节,刘畅负责编写第 2 章 2.3 节,夏立忠负责编写第 3 章 3.1 节,齐岩负责编写第 3 章 3.3 节。

目　　录

1 中考与新课程标准的衔接

为了全面贯彻党的教育方针，落实立德树人的根本任务，立足我国课程建设经验，同时借鉴国际先进教育理念，2022 年教育部印发了《义务教育课程方案（2022 年版）》《义务教育课程标准（2022 年版）》，这标志着契合我国教育发展新要求的新一轮课程改革进入实施阶段。

新课程标准的一个重要变化就是研制了学业质量标准，并细化了评价与考试命题建议。考试因其具有检查和评价教育效果的功能，在学业评价中始终发挥着不可替代的作用。在新课程标准的宏观指引下，中考命题必将迎来新变革，使得考试能更好地发挥其基本教育功能，以顺应我国基础教育课程改革发展的新趋势。本章将着重探讨中考命题改革与新课程标准之间的内在联系，以期能为新课程标准的落实提供有效的反馈和指导。

1.1 新课程标准对数学中考命题的宏观指引

党的二十大提出“全面贯彻党的教育方针，落实立德树人根本任务”。简单地说，立德树人是我国教育的宏观目标，发展学生核心素养是对其的具体化，也是学校课程的总体目标。2022 年教育部印发了《义务教育数学课程标准（2022 年版）》，这一标准相较于《义务教育数学课程标准（2011 年版）》做出了诸多改进和调整。新课程标准科学且具体地阐述了核心素养目标在数学学科中的表现，并在此基础上进一步要求课程内容结构化、课程设计最优化，特别是新增了学业质量标准，为教材编写、教学实施和考试评价提供了更加明确的依据，旨在构建一个既符合教育发展趋势，又能够准确评估学生数学学业水平的考试体系。

1.1.1 新课程标准对数学中考命题的整体导向

新课程标准作为教育领域改革的重要成果,对数学中考命题整体导向起到了重要的作用。

1.1.1.1 聚焦核心素养发展

新课程标准明确提出,教育的目标不仅是知识的传授,更重要的是培养学生的综合素质和能力。初中数学课程秉持以学生发展为本的理念,并且以核心素养为导向,进一步强调学生对数学基础知识、基本技能、基本思想和基本活动经验的获取,致力于发展学生运用数学知识与方法发现问题、提出问题、分析问题和解决问题的能力,助力学生塑造正确的情感、态度和价值观。

数学核心素养是指学生在数学学科领域内应具备的关键能力、必备品格和价值观念。义务教育阶段的数学课程应让学生通过数学学习,形成和发展适应未来社会和个人发展所需要的数学核心素养。数学核心素养主要包括:会用数学的眼光观察现实世界;会用数学的思维思考现实世界;会用数学的语言表达现实世界。

数学中考,即初中数学学业水平考试,是数学课程发挥育人功能过程中一个重要环节和组成部分,其作为检验学生学业水平的重要手段,始终发挥着不可替代的反馈、评价和选拔功能,同时对数学教学有着重要的引导作用。新课程标准对数学中考命题具有严格的导向作用。中考数学命题需要与新课程标准紧密衔接,全面理解并体现新课程标准的要求,依据新课程标准规定进行命题,这有助于提升学生的学科核心素养。

初中数学学业水平考试命题的首要原则是坚持素养立意,凸显育人导向。以核心素养为导向的考试命题要关注数学的本质,关注通性通法,综合考查"四基"(基础知识、基本技能、基本思想和基本活动经验)、"四能"(发现问题、提出问题、分析问题、解决问题的能力)与核心素养。也就是说,学生不仅要掌握"四基",还应能够熟练地将其运用到实际问题的解决中,体现"四能"。中考命题在强调"四基""四能"的基础上,还会综合考查学生的抽象能力、几何直观、空间观念、运算能力、推理能力、数据观念、模型观念、应用意识、创新意识等核心素养。命题设计将通过多样化的形式和情境,考查学生在数学学习中形成的综合素质和实际能力,即在知识、能力、价值的融会贯通与实际应用中评估学生的素养水平。

1.1.1.2 强调“教-学-评”一致性

近四十年来,很多教育专家基于“课程何以专业化”“好课程如何得到好结果”进行了理论与实践的探索。美国教育专家波特(A. C. Porter)、史密森(J. L. Smithson)、教育心理学家科恩(S. A. Cohen)、教育评价专家韦伯(N. L. Webb)等人的研究均表明,课程目标、教学实践与学科评价之间有着密切的联系,三者之间匹配程度越高,教学效果越好。《布鲁姆教育目标分类学》也指出,课程目标、教学实践与学科评价之间应具有较高的对应程度,也就是一致性。如果教学实践与学科评价不一致,那么即使高质量的教学实践也难以在学科评价中影响学生的考试成绩。同样,如果学科评价与课程目标不一致,那么学科评价的结果也无法准确反映那些目标是否达成。

当前,我国基础教育正处于新一轮课程改革的实施阶段,正在经历从国家的课程理念转化为课堂教学体验的过程,而保证“教-学-评”的一致性是完成这一转化的关键路径和必然要求。《义务教育数学课程标准(2022 年版)》作为义务教育阶段数学课程总纲领,不仅对中考数学具有统领作用,还针对“内容要求”特别提出了“学业要求”“教学提示”,细化了学科评价与考试命题建议,彰显了对“教-学-评”一致性的重视。

中考数学作为数学学科评价的重要方式,必须要遵循新课程标准中对课程目标、课程内容和学业质量的要求,坚持依标命题,并为教学提供有效的反馈和指导,确保学科评价与课程目标和教学实践的一致性。

1.1.1.3 体现数学课程结构化

数学课程内容是实现课程目标、发展学生核心素养的重要载体。新课程标准提出要设计体现结构化特征的课程内容。

在课程内容选择方面,要保持相对稳定的学科体系,体现数学学科的逻辑性和系统性;既要传承优秀的传统文化,也要关注学科发展前沿;既要反映社会科技的发展,也要符合学生的认知规律和数学核心素养的发展需求。

课程内容的组织，重点是对重要观念、主题内容和基础知识进行遴选与结构化整合，引导学生经历数学结果的形成过程，了解数学知识的产生与来源；帮助学生在掌握核心知识的基础上，更完整地理解学习内容之间的结构与关联，让学生能够整体地把握课程内容，建立能体现数学学科本质、对未来学习有支撑意义的结构化的数学知识体系；让学生了解课程内容和教学内容的安排意图、价值与意义，强化对数学本质的理解，关注数学概念的背景。课程内容的组织要处理好过程与结果、直观与抽象、直接经验与间接经验之间的关系，并且通过合适的主题整合教学内容，帮助学生学会用整体的、联系的、发展的眼光看问题，形成科学的思维习惯，发展核心素养。

课程内容的呈现，要根据学生的年龄特征和认知规律，体现层次性和多样性，具有促进学生学习和发展的作用。学生对世界的认识不是通过单学科知识与方法的系统掌握来实现的，对于现实生活中真实而复杂的问题，常常需要多学科知识与方法的整合，对问题进行整体分析，并且合理设计方案策略才能解决。所以课程内容的呈现要加强学科间的相互关联，用跨学科主题带动课程综合化实施，从而强化实践性要求。

中考命题以新课程标准为指导，进一步调整和创新了考试内容和形式，同时，体现了相应的结构化特征。选材内容可以通过文化情境的创设，体现中国传统文化元素的融入，还可以结合当前的科技发展趋势，体现数学发展前沿与现代科技的紧密联系。此外，题目的设计上更加符合学生的认知规律和心理特点，贴近学生的学习实践和生活实际。

中考命题必将减少对知识点碎片化的考查，更加重视测评学生对数学知识体系构建方式的理解程度。数学结论的推导过程，可以引导学生从数学概念、原理及法则之间的联系出发，搭建起有意义的知识架构，强化对学生思维过程、探究过程和操作过程的发展水平的测量和评价，不是仅仅注重考查记忆理解的结果，而是更侧重于彰显数学的逻辑性和系统性。

中考命题也将更重视综合与实践领域的考查，依托真实的生活情境和学习情境，融合其他学科的元素，设计跨学科的综合性问题。或是借鉴项目式学习的理念，设置实践操作、数据调查、方案策划的问题以及开放性问题等，检验学生的知识整合能力和实践能力。

1.1.1.4 关注真实情境创设

在新课程理念下,学生是学习的主体,学生的学习是基于解决真实问题的主动探究过程。在新课程标准的引领下,教学十分注重情境设计与问题提出对学生主动学习的促进作用。通过创设情境,提出能引发学生思考的数学问题,或引导学生主动提出合理问题,使学生在问题思考中逐步发展数学核心素养。这里体现两方面要求:一是依托真实情境;二是强调问题的提出与解决。这意味着数学课程的重心由传统的知识传授转向真实问题的解决和创新思维的培养。

学业水平考试命题原则也明确指出,要适当提高应用性、探究性和综合性试题的比例,题目设置要注重创设真实情境,提出有意义的问题,实现对核心素养导向的义务教育数学课程学业质量的全面考查。

在新课程标准的宏观指引下,中考数学命题将突破传统知识与技能的考查范畴,强化情境的设计与问题的解决。结合学生的认知水平和生活经验,设计真实且合理的生活情境、数学情境、科学情境,以此作为测评学业水平的重要载体。鼓励学生在情境中发现问题和提出问题,通过独立思考、动手实践、自主探索、合作交流,运用观察、猜测、实验、计算、推理、验证、数据分析、直观想象等方法分析问题和解决问题。同时,鼓励学生运用所学过的数学概念、性质、关系、规律、表达和应用,经历完整的思维过程,来解决实际问题,从而考查学生运用学科知识解决实际问题的能力。此外,应用性、探究性和综合性试题的比例将适当增加,鼓励学生多角度思考,提出独到见解和创新解决方案,助力学生在综合运用数学知识与方法解决真实问题的过程中,发展批判性思维和创造性思维,提高实践能力与创新能力。

1.1.2 中考命题在数学学科评价系统中的核心地位

1.1.2.1 数学学科评价体系

数学作为一门基础学科,对学生的逻辑思维、问题解决能力以及科学素养的培养具有不可替代的作用。数学学科评价体系是一套用于衡量和评估学生数学学习成果和能力发展的标准和方法。科学、合理、有效的数学学科评价体系,对于促进学生全面发展、提高教学质量具有重要意义。

1. 国内相关指导文件

近年来教育部发布了一系列与数学学科评价体系相关的指导文件。

2020 年中共中央、国务院印发了《深化新时代教育评价改革总体方案》,其中关于改进中小学校评价的内容中强调"国家制定义务教育学校办学质量评价标准,完善义务教育质量监测制度,加强监测结果运用,促进义务教育优质均衡发展"。《深化新时代教育评价改革总体方案》以改进学科评估,强化人才培养为中心,突出学科特色、质量和贡献。

2021 年教育部等六个部门联合印发了《义务教育质量评价指南》(以下简称《评价指南》),从义务教育质量评价的评价内容、评价方式、评价实施、评价结果运用和组织保障等方面提出了工作要求。《评价指南》强调要关注评价体系的系统性、统一性、操作性,还提出要注重结果评价与增值评价相结合,综合评价与特色评价相结合,自我评价与外部评价相结合,线上评价与线下评价相结合。《评价指南》旨在推进义务教育评价改革,扭转唯分数、唯升学的不良倾向。

2023 年教育部办公厅印发了《基础教育课程教学改革深化行动方案》,其中特别指出要"注重核心素养立意的教学评价,发挥评价的导向、诊断、反馈作用,丰富创新评价手段,注重过程性评价,实现以评促教、以评促学,促进学生全面发展"。此外,《基础教育课程教学改革深化行动方案》还提出要指导地方和学校提升教师教学评价能力,利用人工智能和大数据技术,加强过程性与增值性评价。

这些相关政策和指导思想体现了党和国家对新时代义务教育质量的要求,旨在以习近平新时代中国特色社会主义思想为指导,建立一个更加科学、全面、合理的教育评价体系,促进学生核心素养的发展。

2. 数学学科评价体系的基础

数学学科评价体系是我国教育评价体系的一部分,并在国家相关政策的宏观指导下,遵循教育规律,力图加快建立彰显中国特色、体现世界水平的教育评价体系。数学学科评价体系能够全面考查学生的数学知识储备、能力和素养,推动数学教育的发展,还可以提升学科建设水平和人才培养质量。

此外,《中国高考评价体系》也为数学学科评价体系的建立提供了重要依据。中国高考评价体系是根据新时代的教育方针与国家教育改革相关政策文件构建的,符合素质教育全面发展的要求,是一个用于指导高考内容改革和命题工作的全面、系统的测评体系,主要包括高考的核心功能、考查内容、考查要求和考查载体等要素。而数学学科评价体系是在这个总体框架下,针对数学学科特性进行的具体落实和细化,充分体现了高考评价体系的总体原则。中国高考评价体系与数学学科评价体系有着密切的关联。例如,两者都以立德树人为核心,强调通过考试选拔和培养具有优秀核心素养的人才;两者都强调教学中要注重知识之间的内在联系,强调结构化教学模式,从而引导学生把握知识的整体架构,以及数学知识与数学思想方法之间的联系;在学科评价中,两者都提倡将过程评价和结果评价相结合,重视学生能力的形成和素养的提高等。数学学科评价体系正是在此基础上,彰显出数学学科的特性。

同时《义务教育数学课程标准(2022 年版)》作为教学和评价的依据,明确了义务教育阶段数学课程的目标,即培养学生的数学核心素养,包括逻辑推理、数学建模、空间想象、数据分析等能力。该标准还详细规则了数学学科的主要知识领域和各个领域的具体教学目标,以及相应的教学和评价建议。

这些政策、文件共同搭建起数学学科评价体系的框架。在落实立德树人根本任务的前提下,一致强调评价的多元性、过程性,以及评价与教学、人才培养紧密结合的重要性;着重考查学生的基础知识、必备能力、学科素养,以确保教育发展方向的正确性,促进学生的全面发展,实现科学育人的目标。

3. 数学学科评价体系的构成

数学学科评价体系是一个综合性的系统,它涵盖了对数学教育、数学研究和数学成就的评估标准和方法。该体系旨在对数学领域的教学质量和研究水平进行客观和全面的评价。在义务教育阶段,该体系用于评估学生在数学学科上的学习成果、知识掌握程度、思维能力以及问题解决能力,从而提升数学教学的质量,为国家和社会培养出符合需求的优秀数学人才。数学学科评价体系通常会关注以下几个方面。

(1)明确的评价目标

数学学科评价目标应与教育目标、新课程标准保持一致。它不仅用于检测学生对数学知识的掌握程度,还用于考查学生的数学思维、逻辑推理、创新能力等。数学学科评价目标强调学生应获得数学基础知识、基本技能、基本思想和基本活动经验,进而提升运用数学知识与方法发现问题、提出问题、分析问题和解决问题的能力,并形成正确的情感、态度和价值观。其核心目标是以评促教、发展学生数学核心素养,落实立德树人根本任务。

(2)全面的评价内容

数学学科评价的内容应该全面覆盖学生在数学学习过程中的各个方面,如基本理论、知识体系、数学思维以及问题解决能力等。同时,还应关注学生的数学学习态度、学习习惯、合作交流能力和创新能力等非智力因素,以确保评价结果能全面而真实地反映学生的数学学习状况。

(3)多样的评价方式

由于每种评价方式都有其独特的优势和局限性,所以数学学科评价应采用多样化的评价方式。

①结果性评价。通常在教学、学期或课程结束后,对学生的学习成果进行评价,旨在衡量学生的学习成果和教师的教学效果。主要形式为书面测试,即通过书面试卷的形式进行传统的纸笔测试,通常包括选择题、填空题、计算题、解答题等,可以快速地评估学生对数学知识的掌握程度和应用能力。

②过程性评价。强调在数学学习过程中对学生的表现进行持续的观察和记录,而不仅仅是在学习后进行一次性评价。该评价贯穿整个教学过程,旨在及时反馈学生的学习状况,推动学习改进。具体形式如下。

口头报告:让学生进行数学讲解或演示,以此评价学生的即时反应能力和对数学概念的理解程度,以及数学表达和沟通能力。

实践性任务:给予学生一些实际问题,让他们使用数学工具或进行实验,通过观察学生的学习过程,评价其动手能力和应用数学知识的能力。

数学建模:要求学生根据实际情境,自主分析探究,构建数学模型来解决问题。

项目任务:通常会设置综合性或跨学科的真实情境,通过完成项目任务,评价学生的创新能力和解决问题的能力。

小组合作:通过小组合作的形式,让学生共同解决问题,并对学生在教学过程中的表现,包括课堂参与度、提问和回答问题的能力、合作能力和团队精神等方面进行评价。

③自我评价与同伴评价。学生对自己的学习过程和成果进行反思和评价,有助于培养自我监控能力。学生相互评价,可以提高评价的客观性,促进学生之间的交流。自我评价和同伴评价结合应用,能够培养学生的自主学习能力和批判性思维。

④应用技术进行评价。现代教育技术为数学学科评价提供了新的可能。利用在线评估工具、数据分析软件等技术手段,可以即时反馈评价结果,便于数据分析,进而提高评价的效率和准确性。

每种评价方式都有其适用的场景和目的,需要根据教学与评价需求选择合适的评价方式,或者将多种评价方式结合使用,这样可以更全面、更客观地评价学生的学习状况。

(4)可量化的评价标准

义务教育阶段,数学学科评价标准以数学课程学业质量标准为内容依据,通常为可量化的评价标准。例如,学业成绩评定、学科能力测试、综合素质评价、标准化测试等。具体量化方法有量化计分、等级评价及数据统计与分析,借此可检验学习目标、学习行为与学习效果的对应性,了解学习状况,发现优势和不足,并给予学习反馈。当然,还需灵活运用多种评价方式,关注学生个体差异,避免单一量化评价的局限性,并确保评价的公平性和一致性。

(5)评价结果的反馈与改进

评价结果不仅是对学生学业成绩的总结与反馈,还是教学改进、课程设计和教育政策制定的重要依据。教师应根据评价结果调整教学策略,学校应根据评价结果优化教学资源配置,教育管理部门应根据评价结果进行教育政策的调整。评价体系应具有自我反思和持续改进的能力,以适应教育环境的变化和学生需求的发展。

综上所述,构建一个多元化的且能动态调整的数学学科评价体系,有助于全面、客观地反映学生的数学学习状况,促进学生数学素养的提升,并为教育决策提供有力支持。这需要教育工作者不断探索和实践,以适应教育发展的新要求。

1.1.2.2 中考命题在数学学科评价体系中的作用

中考,即“初中学业水平考试”,由省级教育行政部门组织实施,依据学业质量标准,对学生学完本课程后课程目标的达成度进行终结性评价。中考成绩是学生初中毕业和高一级学校招生录取的重要依据,为评价区域和学校教学质量、改进教学提供重要参考。中考科目涵盖国家《义务教育课程方案(2022年版)》所规定的全部学科,是中国教育体系中的一项关键考试,它主要具备以下功能。

第一,学业评价功能。

中考是对学生在初中阶段所学知识的全面检验。数学中考通过一系列试题,考查学生对数学基础知识的掌握程度,同时,还考查学生对数学知识的理解、运用和创新能力。中考依据新课程标准所规定的课程目标、内容要求、学业要求和学业质量标准,严格规范命题,为初中教育提供了明确的评价标准和量化指标。通过中考,可以评价学生在学科上的学业水平和综合能力。

第二,选拔和分流功能。

中考成绩是高中阶段学校选拔学生的主要参考依据之一。通过中考,学生可以根据自己的成绩和兴趣,选择进入不同类型的高中,如普通高中、职业高中等。这一机制不仅对学生未来的教育路径具有决定性的影响,同时也有助于实现教育资源的合理分流,充分满足不同学生的需求,为学生提供多样化的教育选择。此外,这种分流机制有助于优化教育资源配置,促进学生个性化发展。

中考命题是中考过程中的关键环节,对考试的内容、形式、难度、学科素养等各个方面起着决定性作用。中考不仅要考查考生对知识、技能的掌握情况,更要展现考生的学业水平和学科核心素养。因此,中考命题的质量直接关系到中考的公平性、科学性和有效性。以下将深入阐述数学中考命题在学科评价体系中的作用。

1.数学中考命题是数学学科评价的核心组成部分

中考作为初中阶段的重要考试,其命题直接反映了学科的评价标准和具体要求。数学中考命题以《义务教育数学课程标准(2022 年版)》为依据,通过设计合理的试题来考查学生的数学基础知识、基本技能、解决问题能力以及数学思维能力。中考命题与新课程标准的高度契合,充分保证了评价的公平性、科学性和有效性,使得中考能够全面、准确地反映学生在数学学科上的学习成果和核心素养的发展水平。

2. 数学中考命题具有对教学的导向作用

《教育部关于加强初中学业水平考试命题工作的意见》中明确指出,初中学业水平考试命题工作要发挥对教育教学的引导作用。

数学中考命题首先要反映国家教育政策、数学课程标准以及社会对人才培养的期望和要求。通过分析中考命题的指导思想、命题趋势、题型结构、难易程度以及考查重点等关键要素,教师可以更加清晰地把握数学学科教学的目标和要求,更加关注学生必备的数学能力和核心素养,从而有针对性地调整教学策略,优化教学方法,更积极地探索基于情境、问题导向、深度思维、高度参与的教育教学模式,在日常教学中引导学生自主学习、合作探究。因此,数学中考命题作为数学学科评价的重要环节,对教学具有重要的导向作用,和教学共同致力于课程总目标的实现,并且有助于推动学科教学的不断发展和完善。

3. 数学中考命题促进教育公平

数学中考命题本身的公平性和科学性,对于推动教育公平具有重要意义。中考命题严格依据新课程标准,高度重视学科核心素养,合理设置试题结构,从而确保了评价结果的准确性和有效性。特别是通过省级或更高级别的统一规范命题,制定统一的命题标准和要求,不同地区、不同学校的学生能够在相同的评价尺度下接受评价,展示自己的数学能力,从而避免因地域、教育资源差异等因素导致的评价不公。统一命题,能够集中优质教育资源,优化试题形式与结构,提高中考命题质量,这不仅有助于对教学质量进行整体评估,还能进一步推动基础教育朝着均衡、公平的方向发展。

4. 数学中考命题推动教学评价改革

中考命题是推动教学评价改革、促进学生全面发展的重要手段。《教育部关于加强初中学业水平考试命题工作的意见》中指出,试题命制既要注重考查基础知识、基本技能,还要注重考查思维过程、创新意识和分析问题、解决问题的能力。这意味着当前的教育评价也要同步倾向于学生的综合素质和创新能力的考查。

文件还要求,在中考命题中减少机械记忆试题和客观性试题比例,提高探究性、开放性、综合性试题比例,积极探索跨学科命题,增强情境创设的真实性、典型性和适切性。这些要求促使教师在教学中转变教学评价观念,更加注重培养学生的学科核心素养,从以往注重记忆理解的结果性评价,转向更加关注学生的思维过程、探究过程和实践操作过程的过程性评价,并且逐渐规避“题海战术”,更加重视学生在具体情境中分析问题和解决问题的能力。

中考命题已然成为推动教育评价改革的重要工具,有助于构建更加科学、合理的教育评价体系,促进教育事业的持续、健康发展。

5. 数学中考命题与学科评价体系的关系

中考命题与学科评价体系之间存在着密切的联系。学科评价体系为中考命题提供了依据和标准,而中考命题则是学科评价体系的重要组成部分和具体体现。通过中考命题的实践和反馈,可以不断完善和优化学科评价体系,使其更加符合教育教学的实际需求和学生的发展规律。中考命题对学科教学、教育质量以及教育的公平性和科学性等方面都具有重要影响。

综上所述,数学中考命题在数学学科评价与考核体系中起着至关重要的作用,它不仅对教学起到了引导作用,更是健全立德树人落实机制、建立科学教育评价导向的关键环节。

1.1.3 新课程标准细化框架下数学中考命题的内容结构与能力要求

新课程标准,作为指导数学教学实践的纲领性文件,不仅深化了对数学学科本质的认识,还明确了学生数学学业应达到的水平,为中考命题构建了更为清晰、科学的参照体系。在此背景下,中考命题内容的规划、结构的设计以及能力要求的定位,都显得尤为关键。笔者深入研读新课程标准,通过系统梳理,提炼出各项能力要求的内涵与评价标准,以期通过共同的努力与探索,为中考命题工作提供有力的支持与指导,从而开创中考命题工作的新局面。

1.1.3.1 数与代数

1. 数与式

(1)有理数

知识主题	知识内容	认知水平	能力要求	素养表现
有理数	有理数定义	理解	1. 理解负数的意义。 2. 会用正数和负数表示具体情境中具有相反意义的量。 3. 理解有理数的意义	抽象能力
	数轴、绝对值	掌握 体验	1. 能用数轴上的点表示有理数。 2. 能借助数轴理解相反数和绝对值的意义。 3. 初步体会数形结合的思想方法。 4. 能比较有理数的大小。 5. 能求有理数的相反数和绝对值	几何直观 运算能力
	有理数的运算	理解 掌握 运用	1. 会运用乘方的意义准确进行有理数的乘方运算。 2. 能熟练地对有理数进行加、减、乘、除、乘方及简单的混合运算(以三步以内为主)。 3. 理解有理数的运算律。 4. 能合理运用有理数的运算律简化运算	运算能力
	有理数的应用	掌握 运用	能运用有理数的运算解决简单问题	运算能力 应用意识

(2)实数

知识主题	知识内容	认知水平	能力要求	素养表现
实数	实数定义	了解 经历	1. 了解无理数和实数。 2. 知道实数由有理数和无理数组成。 3. 感悟数的扩充	抽象能力
	数轴、绝对值	理解 掌握	1. 初步认识实数与数轴上的点具有一一对应关系。 2. 能用数轴上的点表示一些具体的实数。 3. 能比较实数的大小。 4. 能借助数轴理解相反数和绝对值的意义。 5. 会求实数的相反数、绝对值	几何直观 运算能力

续表

<table>
<tr><th>知识主题</th><th>知识内容</th><th>认知水平</th><th>能力要求</th><th>素养表现</th></tr>
<tr><td rowspan="3">实数</td><td rowspan="3">实数的运算</td><td>了解
理解
掌握</td><td>1. 知道平方根、算术平方根、立方根的概念。
2. 会用根号表示平方根、算术平方根、立方根。
3. 知道乘方与开方互为逆运算。
4. 会用乘方运算求百以内完全平方数的平方根和千以内完全立方数的立方根</td><td>运算能力</td></tr>
<tr><td>了解
理解</td><td>1. 会用计算器计算平方根和立方根;能用有理数估计一个无理数的大致范围。
2. 初步认识近似数。
3. 在解决实际问题中,能用计算器进行近似计算。
4. 会按问题的要求进行简单的近似计算。
5. 会对结果取近似值</td><td>应用意识</td></tr>
<tr><td>理解
运用</td><td>会用二次根式(根号下仅限于数)的加、减、乘、除运算法则进行简单的四则运算</td><td>运算能力</td></tr>
</table>

(3)代数式

<table>
<tr><th>知识主题</th><th>知识内容</th><th>认知水平</th><th>能力要求</th><th>素养表现</th></tr>
<tr><td rowspan="4">代数式</td><td>代数式</td><td>掌握
体验
理解</td><td>1. 能运用代数式表示具体问题中简单的数量关系。
2. 体验用数学符号表达数量关系的过程。
3. 会选择适当的方法求代数式的值</td><td>抽象能力
运算能力
模型观念</td></tr>
<tr><td>以字母为底数的幂的运算</td><td>理解
掌握</td><td>1. 会用文字和符号语言表述整数指数幂的基本性质。
2. 能根据整数指数幂的基本性质进行幂的运算。
3. 会用科学记数法表示数(包括在计算器上表示)</td><td>抽象能力
运算能力
推理能力</td></tr>
<tr><td>整式的运算</td><td>了解
理解
掌握</td><td>1. 理解整式的概念。
2. 掌握合并同类项和去括号的法则。
3. 能进行简单的整式加法和减法运算;能进行简单的整式乘法运算(多项式乘法仅限于一次式之间和一次式与二次式的乘法)。
4. 知道平方差公式、完全平方公式的几何背景,并能运用公式进行简单计算和推理。
5. 能用提公因式法、公式法(对二次式直接利用平方差公式或完全平方公式)进行因式分解(指数为正整数)</td><td>抽象能力
运算能力
推理能力</td></tr>
<tr><td>分式定义及运算</td><td>了解
掌握</td><td>1. 知道分式的分母不能为零。
2. 能利用分式的基本性质进行约分、通分,并化简分式。
3. 能对简单的分式进行加、减、乘、除运算并将运算结果化为最简分式</td><td>抽象能力
运算能力</td></tr>
</table>

2. 方程与不等式

(1)方程与方程组

知识主题	知识内容	认知水平	能力要求	素养表现
方程与方程组	方程概念	理解 掌握 经历	1. 能根据具体问题中的数量关系列出方程，并理解方程的意义。 2. 认识方程解的意义，经历估计方程解的过程	抽象能力 模型观念 应用意识
	解方程	掌握	1. 掌握等式的基本性质，能运用等式的基本性质进行等式的变形。 2. 能根据等式的基本性质解一元一次方程。 3. 能解可化为一元一次方程的分式方程。 4. 能根据二元一次方程组的特征，选择代入消元法或加减消元法解二元一次方程组。 5. 能解简单的三元一次方程组	运算能力
	方程的应用	掌握 理解	1. 能根据一元二次方程的特征，选择配方法、公式法、因式分解法解数字系数的一元二次方程。 2. 会用一元二次方程根的判别式判别方程是否有实根，以及有实根时两个实根是否相等。 3. 会将一元二次方程根的情况与一元二次方程根的判别式联系起来。 4. 知道利用一元二次方程的根与系数的关系可以解决一些简单的问题。 5. 能根据具体问题的实际意义，检验方程的解是否合理。 6. 建立模型观念	模型观念 应用意识 创新意识

(2)不等式与不等式组

知识主题	知识内容	认知水平	能力要求	素养表现
不等式与不等式组	不等式(组)概念与性质	了解	1. 结合具体问题，了解不等式的意义。 2. 探索不等式的基本性质	模型观念 应用意识 推理能力
	解不等式(组)	掌握	1. 能用不等式的基本性质对不等式进行变形。 2. 能解数字系数的一元一次不等式，并能在数轴上表示出解集。 3. 会用数轴确定由两个一元一次不等式组成的不等式组的解集	运算能力
	不等式的应用	掌握	1. 能根据具体问题中的数量关系，列出一元一次不等式，解决简单的实际问题。 2. 建立模型观念	模型观念 应用意识 创新意识

3. 函数

(1)一次函数

<table>
<tr><th>知识主题</th><th>知识内容</th><th>认知水平</th><th>能力要求</th><th>素养表现</th></tr>
<tr><td rowspan="5">一次函数</td><td>函数定义</td><td>了解
理解
掌握</td><td>1. 能识别简单实际问题中的常量、变量及其意义,并能找出变量之间的数量关系及变化规律,形成初步的抽象能力。
2. 了解函数的概念和其表示方法,能举出函数的实例,初步形成模型观念。
3. 能用适当的函数表示法刻画简单实际问题中变量之间的关系,理解函数值的意义。
4. 能确定简单实际问题中函数自变量的取值范围,并会求函数值。
5. 能根据函数图像分析出实际问题中变量的信息,发现变量间的变化规律。
6. 能结合函数图像对简单实际问题中的函数关系进行分析。
7. 结合对函数关系的分析,能对变量的变化趋势进行初步推测</td><td>抽象能力
模型观念
应用意识
创新意识</td></tr>
<tr><td rowspan="2">一次函数定义图像和性质</td><td>理解
掌握</td><td>1. 能根据简单实际问题中的已知条件,确定一次函数的表达式。
2. 会在不同问题情境中,运用待定系数法,确定一次函数的表达式</td><td rowspan="4">抽象能力
模型观念
应用意识
几何直观
空间观念
运算能力
创新意识</td></tr>
<tr><td>理解</td><td>1. 会画出一次函数的图像,会根据一次函数的表达式求其图像与坐标轴的交点坐标。
2. 会根据一次函数的图像和表达式 $y=kx+b(k\neq0)$,探索并理解 k 值的变化对函数图像的影响。
3. 认识正比例函数中两个变量之间的对应规律,会结合实例说明正比例函数的意义及变量之间的对应规律</td></tr>
<tr><td>一次函数和方程的关系</td><td>理解</td><td>会根据一次函数的图像,解释一次函数与二元一次方程的关系</td></tr>
<tr><td>一次函数的应用</td><td>掌握</td><td>能在实际问题中列出一次函数的表达式,并结合一次函数的图像与表达式的性质等,解决简单的实际问题</td></tr>
</table>

(2)二次函数

知识主题	知识内容	认知水平	能力要求	素养表现
二次函数	二次函数定义	理解 体验	通过对实际问题情境的分析,确定二次函数的表达式,理解二次函数的意义	抽象能力 模型观念 应用意识
	二次函数的图像和性质	了解 理解 掌握	1. 会用描点法画出二次函数的图像,会利用一些特殊点画出二次函数的草图。 2. 通过图像了解二次函数的性质,知道二次函数的系数与图像形状、对称轴的关系。 3. 会根据二次函数的表达式求其图像与坐标轴的交点坐标,会用配方法将数字系数的二次函数的表达式化为 $y=a(x-h)^2+k$ 的形式,并能由此得出二次函数图像的顶点坐标,说出图像的开口方向,画出图像的对称轴,得出二次函数的最大值或最小值,还能确定相应自变量的值,解决简单的实际问题	抽象能力 模型观念 应用意识 几何直观 空间观念 运算能力 创新意识
	二次函数和方程的关系	了解 理解	1. 知道二次函数和一元二次方程之间的关系。 2. 会利用二次函数的图像求一元二次方程的近似解	

(3)反比例函数

知识主题	知识内容	认知水平	能力要求	素养表现
反比例函数	反比例函数定义	理解 体验	1. 结合具体情境,用实例体会反比例函数的意义。 2. 能根据已知条件,确定反比例函数的表达式	抽象能力 模型观念 应用意识 创新意识
	反比例函数图像和性质	了解 理解 掌握	1. 会用描点法画出反比例函数的图像。 2. 知道当 $k>0$ 和 $k<0$ 时反比例函数 $y=\frac{k}{x}(k\neq0)$ 图像的整体特征	抽象能力 模型观念 应用意识 几何直观 空间观念 运算能力 创新意识
	反比例函数的应用	掌握	能用反比例函数解决简单的实际问题	

1.1.3.2 图形与几何

1. 图形的性质

知识主题	知识内容	认知水平	能力要求	素养表现
图形的性质	基本平面图形的概念和性质	了解 掌握	1. 了解点、线、面、角的概念。 2. 掌握三角形、平行四边形、多边形、圆的概念。 3. 知道图形的特征、共性与区别	抽象能力 几何直观 空间观念 推理能力
	度量	理解 探索	理解线段长短的度量,探究并理解角度大小的度量	
	图形之间的位置关系	理解	理解两条直线平行或垂直的关系,形成并发展抽象能力	
	探究与证明	探索 运用	在直观理解和掌握图形与几何基本事实的基础上,经历得到并验证数学结论的过程,感悟具有传递性的数学逻辑, 形成几何直观和推理能力	
	尺规作图	经历 理解 掌握	1. 经历尺规作图的过程,增强动手能力。 2. 能想象出通过尺规作图所形成的图形。 3. 理解尺规作图的基本原理与方法,发展空间观念	

2. 图形的变化

知识主题	知识内容	认知水平	能力要求	素养表现
图形的变化	轴对称 旋转 平移的概念 平移的性质 平移的应用	了解 理解 经历	1. 理解轴对称、旋转、平移这三类基本的图形运动。 2. 知道三类运动的基本特征,会利用图形的运动认识、理解和表达现实世界中相应的现象。 3. 理解几何图形的对称性,感悟现实世界中的对称美。 4. 知道可以用数学的语言表达对称	抽象能力 几何直观 空间观念

续表

知识主题	知识内容	认知水平	能力要求	素养表现
图形的变化	直角三角形的边角关系	了解 理解 掌握	1. 知道直角三角形的边角关系。 2. 理解锐角三角函数,并能利用锐角三角函数解决简单的实际问题	抽象能力 几何直观 空间观念
	图形的相似	了解 理解 经历	1. 了解图形相似的意义。 2. 会判断简单的相似三角形	
	图形的投影	了解 经历	1. 经历从不同角度观察立体图形的过程。 2. 知道简单立体图形的侧面展开图,在这样的过程中,发展几何直观和空间观念	

3. 图形与坐标

知识主题	知识内容	认知水平	能力要求	素养表现
图形与坐标	图形的位置与坐标 图形的运动与坐标	理解 掌握 运用 经历	1. 感悟平面直角坐标系是沟通代数与几何的桥梁。 2. 理解平面上点与坐标之间的一一对应关系。 3. 能用坐标描述简单几何图形的位置。 4. 会用坐标表达图形的变化以及简单图形的性质。 5. 感悟通过图形建立几何直观,通过代数得到数学表达式的过程。 6. 在这样的过程中,感悟数形结合的思想,会用数形结合的方法分析和解决问题。 7. 在具体现实情境中,学会从几何的角度发现问题和提出问题。 8. 经历利用几何直观和逻辑推理,分析问题和解决问题的过程。 9. 培养应用意识和创新意识,提升几何直观、空间观念、抽象能力、推理能力等	抽象能力 应用意识 几何直观 空间观念 推理能力 创新意识

1.1.3.3 统计与概率

1. 抽样与数据分析

知识主题	知识内容	认知水平	能力要求	素养表现
抽样与数据分析	数据的收集与整理	了解 理解 掌握	1. 知道抽样调查的必要性和简单随机抽样的特点。 2. 能根据问题的需要，设计恰当的调查问卷，并会用简单随机抽样进行数据收集。 3. 能绘制扇形统计图、频数直方图，并能用扇形统计图、条形统计图、折线统计图、频数直方图等整理与描述收集到的数据	数据观念 模型观念 应用意识 创新意识
	数据的分析	了解 理解 掌握	1. 能读懂扇形统计图、条形统计图、折线统计图、频数直方图等反映的数据信息，能利用频数直方图解释数据中蕴含的信息。 2. 能计算一组数据的中位数、众数、加权平均数，知道加权平均数分布式的计算方法。 3. 知道中位数、众数、平均数都能刻画一组数据的集中趋势以及它们各自的特点。 4. 会计算一组简单数据的离差平方和、方差，知道离差平方和、方差都能刻画这组数据的波动（离散）程度。 5. 知道按照组内离差平方和最小的原则对数据进行分类的方法。 6. 知道样本与总体的关系，能用样本平均数估计总体平均数，能用样本方差估计总体方差。 7. 知道百分位数和四分位数，能计算一组数据的四分位数，知道箱线图可以直观反映数据分布的信息	
	数据的应用	掌握 运用 经历 体验	1. 能根据问题的需要提取中位数、众数、平均数、四分位数、方差等数据的数字特征，能根据数据的数字特征解释或解决问题。 2. 能根据需要使用恰当的统计图表整理和表示数据。 3. 能根据统计图表分析随机现象的变化趋势。 4. 体会数据分析的重要性，感悟通过样本特征估计总体特征的思想，形成数据观念，发展模型观念	

2. 随机事件的概率

知识主题	知识内容	认知水平	能力要求	素养表现
随机事件的概率	概率初步	了解 掌握 体验	1. 能描述简单随机事件的特征(可能结果的个数有限,每一个可能结果出现的概率相等)。 2. 能用列表、画树状图等方法求出简单随机事件所有可能的结果,以及指出随机事件发生的所有可能结果,能计算简单随机事件的概率。 3. 知道经历大量重复试验后,随机事件发生的频率具有稳定性,能用频率估计概率。 4. 体会数据的随机性,以及概率与统计的关系。 5. 能综合运用统计与概率的思维方法解决简单的实际问题	数据观念 模型观念 应用意识 创新意识

1.1.3.4　综合与实践

知识主题	知识内容	认知水平	能力要求	素养表现
综合与实践	项目式学习	经历 理解 掌握 运用 体验	1. 经历项目式学习的全过程。能综合运用数学和其他学科的知识与方法,在实际情境中发现问题,并将其转化为合理的数学问题;能独立思考,与他人合作,提出解决问题的思路,设计解决问题的方案;能根据问题的背景,通过对问题条件和预期结论的分析,构建数学模型;能合理使用数据,进行合理计算,借助模型得到结论;能根据问题背景,分析结论的意义,反思模型的合理性,最终得到符合问题背景的解答模型。 2. 在这样的过程中,理解数学,应用数学,形成和发展应用意识、模型观念等。 3. 提升获取信息和资料的能力,以及自主学习或合作探究的能力。 4. 提升撰写研究报告的能力和语言表达能力。 5. 整合数学与其他学科的知识,完成跨学科实践活动,感悟数学与生活、数学与其他学科的关联,发展创新意识	抽象能力 几何直观 空间观念 推理能力 运算能力 数据观念 模型观念 应用意识 创新意识

1.2 数学中考命题的现状与未来发展趋向

为深入贯彻全国教育大会精神，落实中共中央、国务院印发的《深化新时代教育评价改革总体方案》的文件精神，同时依据《教育部关于加强初中学业水平考试命题工作的意见》和各省市出台的关于深化教育教学改革、全面提高义务教育质量的实施方案，我国数学中考命题迎来了新一轮的改革。此次改革以《义务教育数学课程标准(2022 年版)》突出强调的核心素养目标、学业质量标准及学业水平考试命题为指导思想，进一步优化和创新数学中考命题技术，旨在健全立德树人落实机制，不断提高中考命题质量，充分发挥考试的育人导向功能，深入推进教育教学改革。

1.2.1 当前我国中考数学试题的主要特点

《义务教育数学课程标准(2022 年版)》对学业水平考试的命题原则进行了重要阐述，主要体现在以下几个方面。

坚持素养立意，凸显育人导向。以核心素养为导向的考试命题，要关注数学的本质，关注通性通法，综合考查学生的“四基”“四能”与核心素养。适当提高应用性、探究性和综合性试题的比例，题目设置要注重创设真实情境，通过提出有意义的问题，实现对核心素养导向的义务教育数学课程学业质量的全面考查。

遵循课标要求，严格依标命题。全面理解和体现课程标准要求，并依据课程标准所规定的课程目标、内容要求、学业要求和学业质量命题。各领域考查内容所占比例与其在课程标准中所占比例大体一致，难易程度大体平衡，保证命题的科学性。

规范命题管理，加强质量监测。要重视命题人员选择，强化命题流程规范，严格试题质量评估，建立质量监测机制，确保命题框架合理、试题命制规范、内容准确无误、情境问题恰当、语言表达清晰、考试结果真实有效。

依据《义务教育数学课程标准(2022年版)》中关于学业水平考试的命题原则,新一轮的数学中考命题改革正在如火如荼地进行着。接下来,让我们先来了解一下当前我国数学中考试题的主要特点。

1.2.1.1 考查目标与内容

《义务教育数学课程标准(2022年版)》指出,学业水平考试由省级教育行政部门组织实施,依据学业质量标准,对学生学完本课程后课程目标达成度进行终结性评价。考试成绩是学生毕业和高一级学校招生录取的重要依据,为评价区域和学校教学质量、改进教学提供重要参考。

试题在着重考查学生的基础知识、基本技能和基本数学思想方法、基本数学活动经验的同时,强调让学生体会数学知识之间、数学与其他学科之间、数学与生活之间的联系,鼓励学生在探索真实情境所蕴含的关系时,发现问题和提出问题,并运用数学和其他学科的知识与方法分析问题和解决问题。

此外,考试还加强了对学生理想信念、爱国主义、品德修养、知识见识、奋斗精神、综合素质等方面的考查。积极培育和践行社会主义核心价值观,弘扬中华优秀传统文化、革命文化和社会主义先进文化,引导学生树立正确的国家观、民族观、历史观和文化观,促进学生德智体美劳全面发展。

充分发挥数学考试的遴选功能,确保试卷具有一定的区分度,力争不同数学水平、不同学习程度的学生分出层次,并都能得到自己满意的分数。

试题内容从学业考试的特点出发,依据各省市学科新教材的实际情况,合理规划考试内容比例,突出课程重点内容,注重考查学生的基础知识与基本能力。应用性试题考查学生在具体、开放的情境中运用数学知识分析、解决实际问题的能力;综合性试题注重考查学生的创新意识和实践能力。试题的问题情境体现时代特征,贴近学生的生活实际,关注情感态度价值观,试题力争较好体现数学学科的育人功能,适度考查学生数学学科核心素养的水平。

1.2.1.2 试卷题型与分布

单项选择题具有题目小巧、知识覆盖面广、答案简明、阅卷方便、量分准确的特点,在考查学生数学基础知识、基本技能和空间观念方面发挥重要的作用。在各省市的中考数学试卷中,单项选择题通常被设置为第一板块,题目数量为 8~12 题。

填空题是中考数学试题中最基本、最常用的题型,它具有题目简短、知识覆盖面广等特点,主要考查简单计算、简单的空间想象、简单的合情推理以及基本数学活动经验。在各省市的中考数学试卷中,填空题通常被设置为第二板块,题目数量为 7~10 题。

解答题的题型较丰富,涵盖了计算题、画图题、统计应用题、几何证明题、方程与不等式应用题、函数图像应用题、综合与实践、综合与探究等多种类型,题型注重形式的灵活、数量的合理,注重发挥不同题型的测试功能。题目数量设置合理,计算量适中,内容上能多角度地体现出数学在日常生活应用中的广泛性和灵活性,侧重考查学生的运算能力、应用能力、逻辑推理能力以及分析与综合能力。大多数解答题由多个小问组成,各小问之间承上启下,难度呈梯度上升,具备良好的区分度。各省市的中考数学试卷中,解答题通常被设置为第三板块,题目数量为 6~10 题。

1.2.1.3 考试时间与试题难度

近年来,我国部分省市的中考数学考试时间有所延长,从以往的 90 分钟增加至 120 分钟。这一变化为考生提供了更多的答题时间,但同时也可能意味着试题难度的相应提升,以确保能够全面考查学生的数学能力和素养。

试题既注重对基础知识与基础能力的考查,又适当融入对学生在具体、开放的情境中运用知识分析、解决实际问题能力的考查。虽然不同省份和年份的中考数学试题难度比例有所不同,但一般来说,试题难度大致遵循“易、中、难”按照 7∶2∶1 或相近的比例分布,其中“易”的难度系数为 0.7~1.0,“中”的难度系数为 0.4~0.7,“难”的难度系数为 0~0.4。这意味着在一套试卷中,大部分题目属于简单题或中等难度题,只有少数题目属于难题,并且难题通常设置在试卷各个板块的后半部分,存在较大的区分度,充分发挥试题的遴选功能。

1.2.1.4 命题立意

1. 依标命题,考查方向明确

近几年来,试题命制的依据从《义务教育数学课程标准(2011 年版)》逐渐向《义务教育数学课程标准(2022 年版)》过渡,从“数与代数”“空间与图形”“统计与概率”“综合与实践”四个方面,全面考查学生对基础知识、基本技能的理解和掌握,对学生的基本数学思想、基本活动经验、运算能力、逻辑思维能力、空间想象能力以及分析问题和解决问题的能力进行考查。

2. 注重数学学科核心素养立意和立德树人的正确导向

在考查学生的数学思维品质、数学实践能力和创新意识的同时,坚持“五育”并举,推动素质教育的全面发展。从学生熟悉的生活、关注的社会情境以及符合学生认知发展规律的数学与科技情境中,让学生在“用数学的眼光发现和提出问题,用数学的思维与数学的语言分析和解决问题”的过程中形成模型观念、数据观念、应用意识和创新意识等。

3. 关注学科本质,引领教学方向

试题中的基础题多数来源于课本习题的变式或引申,注重通性通法,有意淡化特殊技巧,既充分体现课本例题、习题的典型性和代表性,又为日常教学起到引领与指导作用,有力地体现“强化课堂主阵地作用,切实提高教学质量”这一目标的落实。同时,试题立意新颖,构思巧妙,极富创意,蕴含着丰富的数学内涵和思想方法,能很好地反映出学生的数学素养和数学基本功水平,体现试题的信度和效度。

4. 创设科学问题情境,提升数学学科素养

通过生活真实情境的选取,使学生的数学意识紧密结合当前热点话题,具有教育价值,切实落实立德树人的根本任务。同时,创设“生活情境”和“学习探索情境”,展现真实的研究过程或实际的探索过程,涵盖学习探索与科学探究过程中所涉及的数学问题,引导学生形成模型观念,学会运用联系的、转化的、发展的眼光去认识世界,推动数学核心素养真正落地生根。

1.2.1.5 试题的亮点

1. 基础性

试题注重对基础知识、基本技能、基本思想、基本活动经验的考查，做到突出重点、顾及全面、点面结合、以面带点。试题来源于例题和习题的改编，重点考查“知识与技能”，以基础题为主体，着重考查学生对基础知识的理解和运用，注重知识之间的内在联系，将知识技能、数学思想方法与具体的问题情境相融合。

2. 导向性

试题立足《义务教育数学课程标准(2022 年版)》的要求，具备较好的导向作用。充分体现以人为本的思想，着重考查学生是否获得终身学习、终身发展所必备的基础知识、基本技能、基本活动经验以及基本思想。同时，试题为学生提供了展开联想的空间和自主表达见解的思维激发点，鼓励学生彰显个性。

3. 应用性

试题联系实际生活，培养学生学习数学、运用数学的能力，充分凸显其应用性。从贴近学生的实际生活出发，以现实世界相关问题为背景素材，突出体现学生的应用意识和学习价值。此外，试题引导学生关注时政，关心社会，并从这些热点切入，从不同视角考查三维目标的落实情况。试题还重视学科德育功能的发挥，对素质教育及新课程标准实施起到积极的促进作用，达到考查学生应用数学知识解决实际问题的目的。

4. 开放性

开放性试题、探究性试题可以培养学生的创新意识、创造能力。这类试题往往为学生提供了广阔的认知空间，有利于学生创新思维的培养。通过对事物现象的探究，创设探索思考空间，考查学生对问题的解决能力。

5. 综合性

试题体现数学学科内部知识的关联与综合运用。学生需要从整体上把握知识的本质和规律，并能够灵活运用，掌握解决问题的基本技能、基本思想和方法，从而开拓学习空间。通过构建完整的数学知识体系，培养学生运用联系的、转化的、发展的眼光去认识世界。

6. 人文性

试题关注情感态度价值观，体现了积极的人文价值取向。试题尊重学生的生活经历，选取学生熟悉的生活场景，准确地表述题目的要求，对学生施以潜移默化的熏陶。使学生能够体会数学与生活之间的联系，引导学生体会科学的价值，培养学生的科学精神。

1.2.1.6 存在问题及改进建议

数学中考命题的新一轮改革已经全面展开，但由于全国各省市之间存在着一定的教育差异，因此个别中考数学试题仍存在着一定的问题。

1. 试题设置的难度、答题时间与分值分配不成比例，影响中考试题的信度和效度。建议对命题人员进一步培训，使其具备扎实的命题能力，能对试题的预估难度、答题时间、分值分配等进行科学设置，同时增加命题后备人员，促使更多的教师参与命题方面的培训与选拔。

2. 试题的创编方向受题库的影响和限制，个别试题的设置还不够灵活创新，缺乏利用题库开展中考试题命题的思路。建议完善中考试题库，加强教师对教材例题和练习题的改编，提升教师的命题能力，同时，加强对一线教师关于新课程标准的学习和培训工作，真正做到依标教学、依标命题。

3. 题型存在固化现象，每个题型考查的知识点和能力点基本固定，这种情况不利于学生全面掌握知识，也不利于学生综合能力的培养，而且容易致使教师按照固定模式和套路进行教学和复习工作。建议根据新课程标准的评价目的合理设计试题的类型，加大原创题的命制力度，有效发挥各种类型题目的测试功能，增加探究性、开放性和应用性试题。

4. 试题的情境功能不突出，问题设置不够灵活创新。建议试题情境要更加丰富和多样化，所设计的情境应包含现实背景、数学学科背景和其他学科背景，素材选取和任务设计更加科学有效，题型适度开放与创新，尝试与其他学科知识进行整合，能够促进各学科进行有效的学科融合教学，促进学生综合能力的提升和学科素养的提高。

5. 试题考查的内容与高中教学的衔接仍然存在一定的局限性。建议试题加强对函数的考查,加深对函数图像及性质的挖掘,有助于学生继续高中函数知识的学习,更有助于学生构建完善的数学知识体系。

1.2.2 中考数学命题与数学课程目标一致性分析

2020 年 6 月 30 日,中共中央总书记、中央全面深化改革委员会主任习近平主持召开中央全面深化改革委员会第十四次会议,会议审议通过《深化新时代教育评价改革总体方案》。2020 年 9 月 22 日,习近平总书记在教育文化卫生体育领域专家代表座谈会上强调,要抓好深化新时代教育评价改革总体方案出台和落实落地,构建符合中国实际、具有世界水平的评价体系。

中共中央、国务院印发的《深化新时代教育评价改革总体方案》中,明确提出“深化考试招生制度改革”。稳步推进中高考改革,构建引导学生德智体美劳全面发展的考试内容体系,改变相对固化的试题形式,增强试题开放性,减少死记硬背和“机械刷题”现象。加快完善初、高中学生综合素质档案建设和使用办法,逐步转变简单以考试成绩为唯一标准的招生模式。

由中华人民共和国教育部印发的《义务教育数学课程标准(2022 年版)》,以习近平新时代中国特色社会主义思想为指导,全面贯彻党的教育方针,遵循教育教学规律,落实立德树人根本任务,发展素质教育。《义务教育数学课程标准(2022 年版)》确立了核心素养导向的课程目标。义务教育数学课程应使学生通过数学的学习,形成和发展面向未来社会和个人发展所需要的核心素养。核心素养是在数学学习过程中逐渐形成和发展的,不同学段发展水平不同,同时,核心素养是制定课程目标的基本依据。《义务教育数学课程标准(2022 年版)》针对“内容要求”提出“学业要求”“教学提示”,细化了评价与考试命题建议,注重实现“教-学-评”一致性,增加了教学、评价案例,不仅明确了“为什么教”“教什么”“教到什么程度”,而且强化了“怎么教”的具体指导。明确教师的“教”、学生的“学”、评价的“评”之间的关联,将三者有机结合在一起,依据新课程标准科学设计实施方案,促进课程改革的稳步前行,实现新课程标准的总体目标。

数学中考命题与数学课程目标的一致性分析是评估教育质量的重要环节,对于确保学生掌握适应未来社会发展的数学知识和能力具有重要意义。

1.2.2.1 数学课程目标概述

《义务教育数学课程标准(2022年版)》明确指出,课程目标的确定,立足学生核心素养发展,集中体现数学课程育人价值。

1. 核心素养内涵

数学课程要培养的学生核心素养,主要包括以下三个方面。

(1)会用数学的眼光观察现实世界

数学为人们提供了一种认识与探究现实世界的观察方式。通过数学的眼光,可以从现实世界的客观现象中发现数量关系与空间形式,提出有意义的数学问题;能够抽象出数学的研究对象及其属性,形成概念、关系与结构;能够理解自然现象背后的数学原理,感悟数学的审美价值;形成对数学的好奇心与想象力,主动参与数学探究活动,发展创新意识。

在义务教育阶段,数学眼光主要表现为:抽象能力(包括数感、量感、符号意识)、几何直观、空间观念与创新意识。通过对现实世界中基本数量关系与空间形式的观察,学生能够直观理解所学的数学知识及其现实背景;能够在生活实践和其他学科中发现基本的数学研究对象及其所表达的事物之间简单的联系与规律;能够在实际情境中发现和提出有意义的数学问题,进行数学探究;逐步养成从数学角度观察现实世界的意识与习惯,发展好奇心、想象力和创新意识。

(2)会用数学的思维思考现实世界

数学为人们提供了一种理解与解释现实世界的思考方式。通过数学的思维,可以揭示客观事物的本质属性,建立数学对象之间、数学与现实世界之间的逻辑联系;能够根据已知事实或原理,合乎逻辑地推出结论,构建数学的逻辑体系;能够运用符号运算、形式推理等数学方法,分析、解决数学问题和实际问题;能够通过计算思维将各种信息简约和形式化,进行问题求解与系统设计;形成重论据、有条理、合乎逻辑的思维品质,培养科学态度与理性精神。

在义务教育阶段，数学思维主要表现为：运算能力、推理意识或推理能力。通过经历独立的数学思维过程，学生能够理解数学基本概念和法则的发生与发展，数学基本概念之间、数学与现实世界之间的联系；能够合乎逻辑地解释或论证数学的基本方法与结论，分析、解决简单的数学问题和实际问题；能够探究自然现象或现实情境所蕴含的数学规律，经历数学"再发现"的过程；发展质疑问难的批判性思维，形成实事求是的科学态度，初步养成讲道理、有条理的思维品质，逐步形成理性精神。

(3)会用数学的语言表达现实世界

数学为人们提供了一种描述与交流现实世界的表达方式。通过数学的语言，可以简约、精确地描述自然现象、科学情境和日常生活中的数量关系与空间形式；能够在现实生活与其他学科中构建普适的数学模型，表达和解决问题；能够理解数据的意义与价值，会用数据的分析结果解释和预测不确定现象，形成合理的判断或决策；形成数学的表达与交流能力，发展应用意识与实践能力。

在义务教育阶段，数学语言主要表现为：数据意识或数据观念、模型意识或模型观念、应用意识。通过经历用数学语言表达现实世界中的简单数量关系与空间形式的过程，学生初步感悟数学与现实世界的交流方式；能够有意识地运用数学语言表达现实生活与其他学科中事物的性质、关系和规律，并能解释表达的合理性；能够感悟数据的意义与价值，有意识地使用真实数据表达、解释与分析现实世界中的不确定现象；欣赏数学语言的简洁与优美，逐步养成用数学语言表达与交流的习惯，形成跨学科的应用意识与实践能力。

2. 总目标

通过义务教育阶段的数学学习，学生逐步会用数学的眼光观察现实世界，会用数学的思维思考现实世界，会用数学的语言表达现实世界(简称"三会")。学生能：

(1)获得适应未来生活和进一步发展所必需的数学基础知识、基本技能、基本思想、基本活动经验。

(2)体会数学知识之间、数学与其他学科之间、数学与生活之间的联系，在探索真实情境所蕴含的关系中,发现问题和提出问题,运用数学和其他学科的知识与方法分析问题和解决问题。

(3)对数学具有好奇心和求知欲,了解数学的价值,欣赏数学美,提高学习数学的兴趣,建立学好数学的信心,养成良好的学习习惯,形成质疑问难、自我反思和勇于探索的科学精神。

3. 学段目标

为体现义务教育数学课程的整体性与发展性,根据学生数学学习的心理特征和认知规律,将九年的学习时间划分为四个学段。其中,“六三”学制 1~2 年级为第一学段,3~4 年级为第二学段,5~6 年级为第三学段,7~9 年级为第四学段。

中学学习处于第四阶段,第四学段(7~9 年级)的学段目标如下。

经历有理数、实数的形成过程,初步理解数域扩充;掌握数与式的运算,能够解释运算结果的意义;会用代数式、方程、不等式、函数等描述现实问题中的数量关系和变化规律,形成合适的运算思路解决问题;形成抽象能力、模型观念,进一步发展运算能力。经历探索图形特征的过程,建立基本的几何概念;通过尺规作图等直观操作的方法,理解平面图形的性质与关系;掌握基本的几何证明方法;知道平移、旋转和轴对称的基本特征,理解相关概念,认识平面直角坐标系,能够通过平面直角坐标系描述图形的位置与运动;形成推理能力,发展空间观念和几何直观,掌握数据收集与整理的基本方法,理解随机现象;探索利用统计图表表示数据的方法,理解各种统计图表的功能;经历利用样本推断总体的过程,能够计算平均数、方差、四分位数等基本统计量,了解频数、频率和概率的意义;形成数据观念、模型观念和推理能力。在项目学习中,综合运用数学和其他学科知识与方法解决问题,积累数学活动经验,发展核心素养。

关注社会生活中与数学相关的信息,主动参与数学活动。在解决数学问题的过程中,能够克服困难,树立学好数学的信心,感受数学在实际生活中的应用,体会数学的价值,欣赏并尝试创造数学美;养成认真勤奋、独立思考、合作交流、反思质疑的学习习惯。

1.2.2.2　数学中考命题的基本特征

1. 考试性质和目的

学业水平考试由省级教育行政部门组织实施，依据学业质量标准，对学生学完本课程后课程目标达成度进行终结性评价。考试成绩是学生毕业和高一级学校招生录取的重要依据，为评价区域和学校教学质量、改进教学提供重要参考。

2. 命题原则

坚持素养立意，凸显育人导向。以核心素养为导向的考试命题，要关注数学的本质，关注通性通法，综合考查“四基”“四能”与核心素养。适当提高应用性、探究性和综合性试题的比例，题目设置要注重创设真实情境，提出有意义的问题，实现对核心素养导向的义务教育数学课程学业质量的全面考查。

遵循课标要求，严格依标命题。全面理解和体现课程标准要求，依据课程标准所规定的课程目标、内容要求、学业要求和学业质量命题，各领域考查内容所占比例与其在课程标准中所占比例大体一致，难易程度大体平衡，保证命题的科学性。

规范命题管理，加强质量监测。要重视命题人员选择，强化命题流程规范，严格试题质量评估，建立质量监测机制，确保命题框架合理、试题命制规范、内容准确无误、情境问题恰当、语言表达清晰、考试结果真实有效。

3. 命题规划

考试形式以纸笔测试为主，可采用基于信息技术的考试方式，并与过程性评价、表现性评价等多样化的评价方式相结合。

纸笔测试应合理规划题目类型，关注客观题与主观题分值所占比例，原则上客观题分值要低于主观题分值，主观题要探索命制问题解决及多学科融合类试题，试卷呈现避免套路化。

合理确定试卷容量。适当精减题量，要着重减少单纯考查技能熟练性的题目，保证学生有充足的作答时间。

科学制订多维细目表。在内容要求、素养表现的基础上，确定题型题量、难易程度、分值比例等。多维细目表的编制具体翔实,指向明确,便于命题操作,关注试卷难度、合格率、区分度等指标。

4. 试题命制

加强命题的标准化建设,逐渐完成题库建设,实现命题流程的标准化,建立试题质量监测与评估体系。

明确考查意图。根据学业质量标准要求,明确试卷和每道试题所要考查的数学知识和核心素养的相应表现。

创设合理情境。根据考查意图,结合学生认知水平和生活经验,设计合理的生活情境、数学情境、科学情境,关注情境的真实性,适当引入数学文化。

设置合理问题。问题的设置要有利于考查对数学概念、性质、关系、规律的理解、表达和应用,注重考查学生的思维过程,避免死记硬背、机械刷题。

科学制定评分标准。评分标准应具有科学性、可操作性。对开放性、综合性较强的试题,合理设计多层次任务的评分标准。

1.2.2.3 一致性分析

1. 内容一致性

数学中考命题在突出考查主干和核心内容的同时,覆盖新课程标准中规定的所有重要知识点,确保知识广度的全面性,内容比例搭配得当。试卷考点分布面较广,全面考查了初中数学“数与代数”“空间与图形”“统计与概率”“综合与实践”四个板块的知识点,试题内容必须严格遵循新课程标准的要求,确保不超纲、不脱节。

2. 难度一致性

试题的难度应与新课程标准对学生的认知能力、思维方法等方面的要求相匹配。兼顾学生毕业和升学的需要,优化选拔功能,强化能力立意与素养导向。试卷从学业考试的特点出发,依据课标的要求,按照 7∶2∶1 的难易比例,既注重对基础知识与基础能力的考查,又适当融入对学生在具体、开放的情境中运用知识分析、解决实际问题能力的考查。试题的难度设置、答题时间与分值分配合理且成比例。试题既不能过于简单,导致学生无法充分展示其数学能力;

也不能过于复杂,超出学生的实际能力水平。

3. 形式一致性

试题的形式应符合课程标准对数学学科基本要求和核心素养的规定。通过多样化的题型设计,全面评估学生的数学能力,培养学生的多方面能力。

单项选择题具有题目小巧、知识覆盖面广、答案简明、阅卷方便、量分准确的特点,对数学基础知识、基本技能和空间观念的考查发挥重要的作用。学生要想迅速而准确地解答这类试题,除了掌握必不可少的数学知识外,还必须善于选择解题思路和解题技巧与方法(如直接法、分析法、特例法、排除法、逐项验证法、动手操作法等)。

填空题是试题中最基本、最常用的题型,它具有题目简短、知识覆盖面广等特点。主要考查简单计算、简单的空间想象以及简单的合情推理能力。由于填空题不要求写出解题过程,只要写出结果即可,因此学生要准确、简捷、迅速地做好填空题,需着眼于寻求巧妙的解题途径,并选择恰当的方法(如记忆法、直接法、特例法、数形结合法、分析法等)。

解答题题型较丰富,题目数量合理,计算量适中,内容上能多角度地体现出数学在日常生活中应用的广泛性和灵活性,侧重考查学生运算能力、应用能力、逻辑推理能力以及分析与综合能力。大多数解答题都是由两问或三问组成,试题中无偏题、怪题,取材丰富,试题整体布局合理,能发挥不同题型的测试功能,总体上能对不同层次的考生进行区分,较好地兼顾了基础性和选拔性。

4. 目标一致性

试题应围绕数学课程目标进行设计,确保能够考查学生在基础知识与技能、数学思考、问题解决和情感态度等方面的达成情况。试卷突出考查课程重点内容,注重考查基础知识与基本能力。应用性试题着重考查学生在具体、开放的情境中运用数学知识分析、解决实际问题的能力;综合性试题注重对学生创新意识和实践能力的考查。问题情境体现时代特征,贴近学生的生活实际,关注情感态度价值观。试题力争较好体现数学学科的育人功能,适度考查学生数学学科核心素养的水平,通过试题的引导,促进学生数学素养的全面提升。

综上所述,数学中考命题与数学课程目标的一致性分析有助于实现对核心素养导向的义务教育数学课程学业质量的全面考查。通过深入分析两者之间的关系,为“以评促教”提供科学有效的理论依据,促进“教-学-评”一体化的有效实施。

1.2.3 中考数学命题未来发展趋势及其在教学领域的影响

近年来,国内外教育领域对评价体系的改革与核心素养的培养给予了高度重视。自《中国学生发展核心素养》发布以来,教育评价逐渐成为实现核心素养培育的关键途径。2020 年,中央全面深化改革委员会第十四次会议审议通过的《深化新时代教育评价改革总体方案》进一步明确,要改进结果评价,强化过程评价,探索增值评价,健全综合评价。教育专家辛涛指出,过程评价在教育评价改革中占据核心地位,它不仅是对结果评价的补充,更是推动教育评价全面升级的关键。增值评价与综合评价的加强,体现了评价体系向更加全面、动态、发展性评价的转变。

1.2.3.1 数学中考命题的未来发展趋势

随着《义务教育数学课程标准(2022 年版)》的实施,数学中考命题将更加紧密地围绕新课程标准进行,实现对核心素养导向的义务教育数学课程学业质量的全面考查,体现智育与美育发展的育人目标,重视培养学生的责任感,落实立德树人的根本任务。分析数学中考命题的未来发展趋势,有助于提升数学中考命题技术的优化与创新,促进教师的专业化成长,推动教学改革的稳步前行。

1. 注重数学核心素养的考查

《义务教育数学课程标准(2022 年版)》与《义务教育数学课程标准(2011 年版)》相比较,数学课程目标的最突出变化就是培养学生的数学核心素养。数学课程标准引领教育改革的同时,数学中考命题将更加注重对学生数学核心素养的考查,确保中考数学试题紧密围绕核心素养,强化数学的本质学习,重视“四基”“四能”与核心素养的综合评价,践行立德树人使命。

核心素养导向的数学课程目标是对“四基”“四能”课程目标的继承和发

展,“四基”“四能”是发展学生核心素养的有效载体。核心素养对“四基”“四能”课程目标提出了更高要求,因此数学中考命题力求在有效考查“四基”“四能”的过程中,进一步考查学生的数学核心素养。

2. 更多融入实际问题情境

《义务教育数学课程标准(2022 年版)》关于学业考试命题的原则中提到,题目设置要注重创设真实情境,提出有意义的问题,实现对核心素养导向的义务教育数学课程学业质量的全面考查。

中考命题将继续关注数学知识的实际应用,设计更多取材于社会生活的题目,如图表信息试题、统计分析试题、买卖打折试题、增长利率试题、测量实物高度试题、课题学习型试题等。这些题目旨在培养学生的数学应用意识和能力,精选试题背景,贴合学生认知与生活实际,融入数学文化,设计多维度情境问题,旨在激活学生思维,增强数学的应用性,提升学生发现问题、提出问题和解决问题的能力。重视利用数学概念、原理分析问题,开发数学应用的背景素材,通过解决具有真实背景的问题,引导学生在体会数学的作用、数学与生活之间联系的同时,也适当感受数学与其他学科之间的联系,通过对比关联找到数学与其他学科知识之间的重叠部分,设计出科学有效的问题,促进各学科之间的相互融合。创设真实问题情境,加强对学生理想信念、爱国主义、品德修养、知识见识、奋斗精神、综合素质等方面的考查,积极培育和践行社会主义核心价值观,弘扬中华优秀传统文化、革命文化和社会主义先进文化,引导学生树立正确的国家观、民族观、历史观和文化观,促进学生德智体美劳全面发展。

根据考查意图,结合学生认知水平和生活经验,设计合理的生活情境、科学情境,并关注情境的真实性。通过分析和解决问题的过程,使学生学会运用真实情境中的数据进行分析,以及从数据中挖掘信息等方法,同时,使学生学会用数学的语言表达世界,提升数据观念、模型观念,发展应用意识。更多融入实际问题情境,科学设计问题,达到基于真实情境并体现应用价值的考查目的。

3. 关注思维的生长过程

教育部基础教育教学质量评价专业委员会主任委员辛涛指出,过程评价是推动教育评价改革的重要环节,是“四个评价”的核心。强化过程评价是改进结果评价的必然趋势,强化过程评价内涵包含了探索增值评价,强化过程评价才能健全综合评价。

《义务教育数学课程标准(2022年版)》在课程内容组织方面指出,课程内容组织的重点是对内容进行结构化整合,关注初、高中数学知识的衔接,探索发展学生核心素养的路径。重视数学结果的形成过程,处理好过程与结果的关系;重视数学内容的直观表述,处理好直观与抽象的关系;重视学生直接经验的形成,处理好直接经验与间接经验的关系。试题的问题设置力求有利于考查对数学概念、性质、关系、规律的理解、表达和应用,注重考查学生的思维过程,发展学生的思维能力,如回归教材型试题、数学文化型试题、尺规作图型试题、阅读理解型试题、综合与实践型试题等。这些题目旨在挖掘数学本质,理解基本概念和法则的发生与发展,掌握基本思想和方法,探究知识之间的衔接、关联与转化,经历数学“再发现”的过程。

关注试题设计的思维启发性,激发学生的数学思维,强调数学知识的动态生成过程,构建完整的数学知识体系。将过程评价融入考试设计中,引领评价体系改革,达到凸显学科本质,聚焦思维生长的考查目的。

4. 增强创新试题的设计

基于素养的数学中考命题在不改变考查初中数学重要知识、技能与方法这一核心,确保试题的科学性、合理性的前提下,增强创新试题设计的求新、求变。试题的设计在注重灵活性、新颖性的同时,力求呈现出层次性和多样性,注重对学生创新意识与实践能力的考查,采用层层递进设问的方式,实现对知识的拓展与创新。

根据评价的目的合理地设计试题的类型,有效地发挥各种类型题目的功能,加强应用,适当开放,给学生一定的探索思考的空间,如开放型试题、新定义型试题、综合与探究型试题、跨学科融合型试题等。这些题目旨在考查学生的阅读理解能力、迁移能力和创新能力,培养学生自主学习、主动探究的品质。试题设计将增强开放性和灵活性,考查内容力求融合多个知识点,重点考查学生灵活运用数学知识的能力,鼓励学生从不同角度思考问题,尝试采用多种方法解题,这样有利于培养学生的发散思维。通过设计具有区分度的创新题目来选拔在数学方面具有潜力和优势的学生,发挥中考试题遴选功能的同时,促进学生终生学习能力的发展。

总之,中考命题将更加强化情境的真实性和思维的挑战性,提高应用性、探究性和综合性试题的比例,逐渐去模式化,减少对学生应试技巧和模式化解题方式的依赖,要求学生具备更强的思维能力和应变能力,使学生实现知识进阶的同时,体现学生核心素养的进阶,从而促进学生的全面发展。

1.2.3.2 数学中考命题在教学领域的影响

数学中考命题的发展为教育评价体系的理论建设增添了新的维度,尤其是围绕核心素养的培养与评价层面,为新时代教育理论研究提供了实证基础和新的思考方向。《义务教育数学课程标准(2022年版)》强调发挥评价的育人导向作用,坚持以评促学、以评促教。数学中考命题在教学领域发挥积极的导向作用,实现教学实践的优化升级,推动教育质量的整体提升。

1. 促进教学方式变革

数学中考命题的发展趋势将推动教学方式的变革,改变传统的单一讲授式教学,注重启发式、探究式、参与式、互动式等教学方式,探索大单元教学,积极开展跨学科的主题式学习和项目式学习等综合性教学活动。教师根据不同的学习任务和学习对象,选择合适的教学方式或多种方式相结合的方式,组织开展教学。通过丰富的教学方式,让学生在实践、探究、体验、反思、合作、交流等学习过程中感悟基本思想,积累基本活动经验,发挥每一种教学方式的育人价值,促进学生核心素养的发展。

改变过于注重以课时为单位的教学设计,推进单元整体教学设计,体现数学知识之间的内在逻辑关系,以及学习内容与核心素养表现的关联。单元整体教学设计要整体分析数学内容本质和学生认知规律,合理整合教学内容,分析主题-单元-课时的数学知识和核心素养主要表现,确定单元教学目标,并落实到教学活动各个环节,整体设计,分步实施,促进学生对数学教学内容的整体理解与把握,逐步培养学生的核心素养。

2. 强化情境设计与问题提出

注重创设真实情境。真实情境创设可从社会生活、科学和学生已有数学经验等方面入手,围绕教学任务,选择贴近学生生活经验、符合学生年龄特点和认知等特点的素材。

重视设计合理问题。在真实情境中提出能引发学生思考的数学问题,也可以引导学生提出合理问题。问题提出应引发学生认知冲突,激发学生学习动机,促进学生积极探究,让学生经历数学观察、数学思考、数学表达、概括归纳、迁移运用等学习过程,体会数学是认识、理解、表达真实世界的工具、方法和语言,增强认识真实世界、解决真实问题的能力,树立学好数学的自信心,养成良好的学习习惯。

3. 实践跨学科主题学习

跨学科主题学习作为“综合与实践”领域的主要教学活动形式,着力培养学生的创新意识、实践能力、社会担当等综合品质。跨学科主题学习可采用项目式学习的方式,以解决真实问题为导向,整合数学与其他学科的知识和思想方法,感受数学与科学、技术、经济、金融、地理、艺术等学科领域的融合,积累数学活动经验,体会数学的科学价值。

合理设计活动方案,在跨学科的背景下,提出相应学习任务,确定学习活动形式,明确学习成果的形式和要求,解决与阐释社会生活以及科学技术中遇到的现实问题。以教学目标为依据,对主题学习进行评价,关注学生在学习活动中的操作、思考、交流、创意等方面的表现,以及在学习过程中的作品、报告等物化成果的评价。

4. 规范作业实施与反馈

作业不仅是学生学习过程中的重要环节,也是教师评价学生学习效果、调整教学策略的重要依据。规范作业实施有利于提高学生的学习效果,促进学生自主学习。作业的反馈是检验学生学习成果、分析和反思评价结果、发现问题并及时改正的重要途径。

作业设计注重开发基础性、实践性和综合性,内容的选取以教学内容为主,关注数学的本质,关注通性通法,满足学生巩固、复习、应用、拓展的学习需要。

根据学生实际情况,对基础知识、基本技能、关键能力、核心素养等设计不同层次的要求,以适应学生的差异化选择。

作业反馈采用集中讲评、个别辅导、错题整理等方式,指导学生的学习方法,培养学生的学习习惯。依据作业评价结果,及时准确了解学情,探索教与学改进策略的同时,以适当的方式,将学生在作业方面的积极变化及时反馈给学生,增强学生学习的自信心。

5. 加强学法指导

科学的学法是优质、高效学习的保证,教师要有学法指导的意识,引导学生逐渐形成适合自己的科学学习方法,养成自主学习的好习惯。

帮助学生逐步掌握数学学习与研究的一般过程与方法,促进学生理解和掌握数学的基础知识和基本技能,体会和运用数学的思想与方法,获得数学的基本活动经验。培养学生严谨有序进行数学思维活动的意识和习惯,引导学生在真实情境中发现问题和提出问题,利用观察、猜测、实验、计算、推理、验证、数据分析、直观想象等方法分析问题和解决问题。指导学生做好预习、笔记、合作交流、作业、反思、改进等学习环节,鼓励学生认真审题、计算、看图识图等学习习惯的养成。积极探索综合实践活动的指导策略。

总之,以评价促进课堂教学改进的策略与方法,在作业设计改进中的路径探索,提升学生自主学习能力的方法,为教师提供了明确的教改方向,帮助教师在日常教学中更好地实施《义务教育数学课程标准(2022 年版)》,提升教学的有效性与针对性,旨在构建一个有利于学生终身发展的自主学习生态环境,促进各地在“以评促教”理念下实现教学实践的优化升级,推动教育质量的整体提升。

2 “以评促教”理念下的中考命题实践分析

2.1 基于真实情境，体现应用价值

2.1.1 应用型试题

初中数学应用型试题，主要侧重于考查学生将数学知识应用于实际情境的能力。试题会结合学生的生活实际，创设具有实际背景的问题情境，让学生感受到数学与生活的紧密联系，鼓励学生运用数学知识去分析和解决问题。试题具有情境化、综合、思维层次高、开放等特点，着重强调解决问题能力以及理论与实践相结合，能够促使学生将所学知识应用于实际情境中，培养学生的创新意识、实践能力和解决问题能力，助力学生在实践中不断探索和创新。

有代表性试题

1. 星期天，妈妈做饭，小峰和爸爸进行一次家庭卫生大扫除。根据这次大扫除的任务量，若小峰单独完成，需 4 h；若爸爸单独完成，需 2 h。当天，小峰先单独打扫了一段时间后，去参加篮球训练，接着由爸爸单独完成剩余的打扫任务。小峰和爸爸这次一共打扫了 3 h，求这次小峰打扫了多长时间。

目标分析：能根据具体问题中的数量关系列出一元一次方程，并能解一元一次方程。

解法分析：本题是一道工程问题的应用题。设这次小峰打扫了 x h，则爸爸

打扫了$(3-x)$h，根据“总工作量=各部分的工作量之和”列出一元一次方程，然后进行求解即可。

题源分析：本题主要考查的是一元一次方程的应用。一元一次方程是初中数学的重要内容之一，其核心思想就是从实际情境中提炼出等量关系，将实际问题转化成数学方程，从而解决问题，以此凸显方程是刻画现实世界数量关系的一种有效的数学模型。人教版《义务教育教科书·数学》七年级上册5.3实际问题与一元一次方程中的例2就属于工程问题类型的应用题。为了简单表示数量关系，在工程问题中，通常把全部工作量简单表示为1，如果一件工作需要n小时完成，那么平均每小时完成的工作量就是$\frac{1}{n}$。学生通过审题先判断此题为工程问题，再根据“总工作量=各部分的工作量之和”，设未知数，列方程，进而求解，从中体会数学的应用价值，提高分析问题、解决问题的能力。

2. 我国新能源汽车快速健康发展，续航里程不断提升，王师傅驾驶一辆纯电动汽车从A市前往B市，他驾车从A市一高速公路入口驶入时，该车的剩余电量是80 kW·h，行驶了240 km后，从B市一高速公路出口驶出，已知该车在高速公路上行驶的过程中，剩余电量y(kW·h)与行驶路程x(km)之间的关系如图所示。

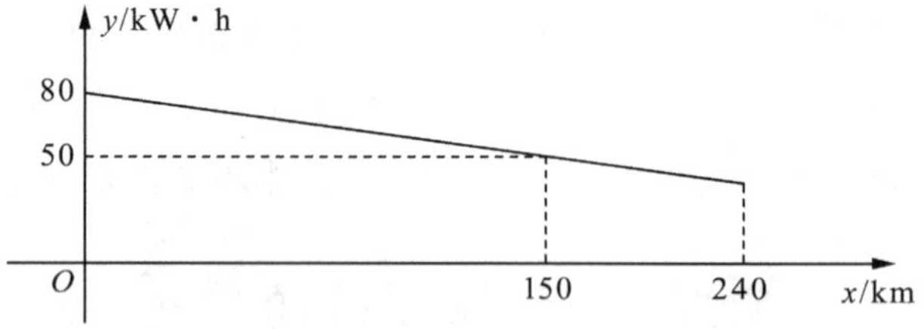

(1)求y与x之间的关系式；

(2)已知这辆车的“满电量”为100 kW·h，求王师傅驾车从B市这一高速公路出口驶出时，该车的剩余电量占“满电量”的百分之多少。

目标分析：结合具体情境体会一次函数的意义，会利用待定系数法确定一次函数的表达式，能用一次函数解决简单实际问题。

解法分析：(1)利用待定系数法求解即可；

(2)先求得当$x=240$时，y的值，再计算即可求解。

题源分析：本题主要考查教材中一次函数的应用，正确理解题意并求出一次函数关系式是解题的关键。学生结合具体情境,能深刻领悟函数作为刻画现实世界中变化规律的重要数学模型的意义,体会和理解一次函数的意义,能根据已知条件确定其表达式,能确定简单实际问题中函数自变量的取值范围,并会求函数值,本题自变量的取值范围是学生易忽视的一个问题。本题不仅能让学生体会数学建模思想,还能反映出函数的广泛应用性。用待定系数法确定一次函数的表达式,关系到函数解析式与函数图像的相互联系与转化,涉及方程组与解析式的联系,也是数形结合的思想方法的体现。这对今后进一步研究其他类型的函数具有启示作用,对提高学生的综合数学能力很有益,而利用一次函数分析和解决简单实际问题更是学生的基本能力。

3. 联欢会有 A,B,C,D 四个节目需要彩排,所有演员到场后节目彩排开始。一个节目彩排完毕,下一个节目彩排立即开始。每个节目的演员人数和彩排时长(单位:min)如下:

节目	A	B	C	D
演员人数	10	2	10	1
彩排时长	30	10	20	10

已知每位演员只参演一个节目。一位演员的候场时间是指从第一个彩排的节目彩排开始到这位演员参演的节目彩排开始的时间间隔(不考虑换场时间等其他因素)。若节目按“A—B—C—D”的先后顺序彩排,则节目 D 的演员的候场时间为________ min;若使这 23 位演员的候场时间之和最小,则节目应按________的先后顺序彩排。

目标分析:掌握有理数的混合运算,能运用有理数的运算解决简单的问题,考查学生阅读理解、信息提取、逻辑推理、最优解枚举等能力。

解法分析:本题解题思路如下:仔细阅读题目,理解其中的情境和要求;从题目中提取关键信息,如节目彩排的时间、顺序等;结合生活经验,进行逻辑推理,找出可能的解决方案;通过适当的枚举,找出最优的彩排方案,确保时间和资源的最优化利用。第一个问题根据候场时间的定义进行计算即可,若要使这 23 位演员的候场时间之和最小,则节目应按 C—A—B—D 的顺序排序,可以分别算出 A,B,C,D 四个节目中每位演员表演的时间分别为 3 min,5 min,2 min,10 min,每位演员表演的时间短的节目排在前面。

题源分析:本题主要考查学生从实际情境中发现数学问题,并灵活运用相关的数学知识的能力。利用有理数的混合运算解决问题,并熟练掌握其运算方法是解题的关键。本题的类型是近几年出现较多的推理问题,理解题意是解题的关键。本题有多种解法,还可以列式为$(10+2+1)\times20+(2+1)\times30+1\times10=360$(min)。本题创设了节目彩排的真实情境,考查学生的阅读理解能力,即对题目中的信息进行提取、加工和处理的能力,考查思维过程、应用意识和实践能力,通过生活经验加以推理后进行适当的枚举,从而达到最优化解决现实问题的目的。通过实际情境的创设,引导学生在运用数学知识和方法解决问题的过程中,感受数学表达现实世界的价值,并增强学生的社会责任感。

4. 黄金分割是汉字结构最基本的规律。借助如图的正方形习字格书写的汉字“晋”端庄稳重、舒展美观。已知一条分割线的端点 A,B 分别在习字格的边 MN,PQ 上,且 $AB/\!/NP$,“晋”字的笔画“丶”的位置在 AB 的黄金分割点 C 处,且$\dfrac{BC}{AB}=\dfrac{\sqrt{5}-1}{2}$,若 $NP=2$ cm,则 BC 的长为________ cm(结果保留根号)。

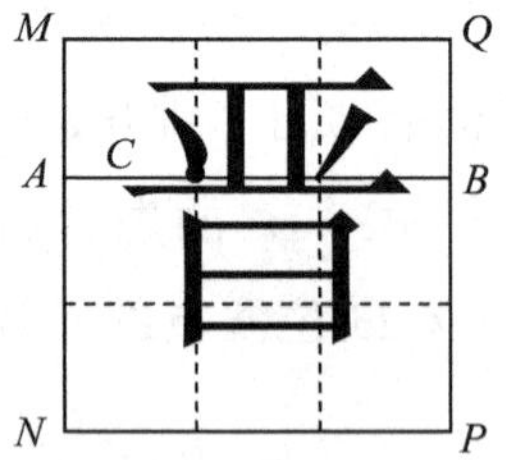

目标分析:掌握平行线的性质定理,了解黄金分割的定义,能运用正方形的性质,以及矩形的性质和判定进行证明和计算。

解法分析:根据题意可得出四边形 $ANPB$ 是矩形,进而得出 AB 的长,再根据 BC 与 AB 的比值即可解决问题。

题源分析:本题主要考查黄金分割及平行线的性质,熟知黄金分割的定义及平行线的性质是解题的关键。黄金分割在艺术和设计中被广泛认为是美的比例,它在汉字书写中也常常被用来创造平衡与和谐之美。在本题中,黄金分割的概念被用来分析汉字“晋”在习字格中的书写布局，题目中提到的“晋”字的笔画“丶”位于黄金分割点上，这意味着这个笔画的位置是经过精心设计的，这一设计符合黄金分割比例关系，从而使整个字看起来更加和谐。本题将黄金分割的概念转化为数学问题，即求解线段 AB 上的一个特定点，这一特定点满足黄金分割的比例关系，在这个问题中，已知线段 NP 的长度，需要求解的是 BC 的长度。这个问题不仅考查学生对黄金分割概念的理解，还考查他们将数学知识应用到实际问题中的能力，同时也能让学生感受到数学与艺术、文化的结合，通过数学建模和计算来分析和求解，从而培养学生的审美观念和跨学科的思考能力。

5. 如图，甲、乙两艘货轮同时从 A 港出发，分别向 B，D 两港运送物资，最后到达 A 港正东方向的 C 港装运新的物资。甲货轮沿 A 港的东南方向航行 40 海里后到达 B 港，再沿北偏东 60°方向航行一定距离到达 C 港。乙货轮沿 A 港的北偏东 60°方向航行一定距离到达 D 港，再沿南偏东 30°方向航行一定距离到达 C 港。

（参考数据：$\sqrt{2}\approx1.41$，$\sqrt{3}\approx1.73$，$\sqrt{6}\approx2.45$）

（1）求 A，C 两港之间的距离（结果保留小数点后一位）；

（2）若甲、乙两艘货轮的速度相同（停靠 B，D 两港的时间相同），哪艘货轮先到达 C 港？请通过计算说明。

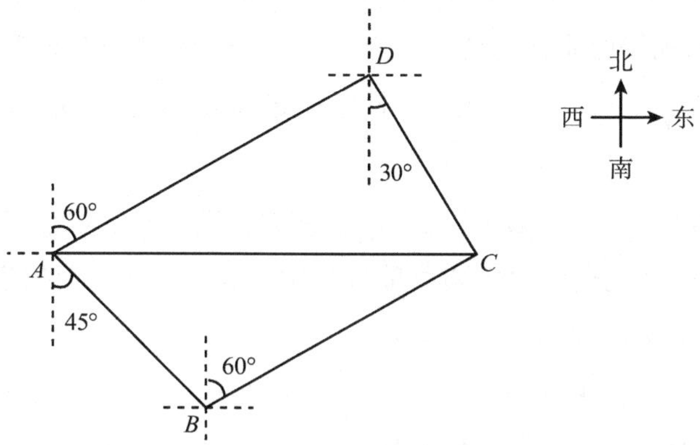

目标分析：能用锐角三角函数解直角三角形，能用相关知识解决简单的实际问题，掌握含 30°角的直角三角形的性质。

解法分析:(1)需要利用三角函数和几何知识,结合给定的角度和距离,计算两港之间的实际距离。可以通过构建直角三角形的方式,并利用三角函数关系进行求解。过点 B 作 $BE\perp AC$,垂足为 E,先在 Rt$\triangle ABE$ 中,利用锐角三角函数求出 AE 和 BE 的长,再在 Rt$\triangle BCE$ 中,利用锐角三角函数求出 CE 的长,从而利用线段的和差关系进行计算,即可求解。

(2)需要比较甲、乙两艘货轮的总航行距离,由于题目中提到两艘货轮的速度相同,因此航行距离较短的货轮将先到达目的地。可以计算两艘货轮的航行距离,比较得出结论。过点 D 作 $DF\perp AC$,垂足为 F,过点 A 作 $AG\perp AC$,垂足为 A,且 G 位于 A 的正北方向。根据题意可得 $\angle CDF=30°$,$DF/\!/AG$,从而可得 $\angle GAD=\angle ADF=60°$,然后利用角的和差关系可得 $\angle ADC=90°$,从而在 Rt$\triangle ACD$ 中,利用含 $30°$角的直角三角形的性质求出 CD 和 AD 的长,再在 Rt$\triangle BCE$ 中,利用锐角三角函数求出 BC 的长,最后进行计算、比较即可求解。

题源分析:本题主要考查直角三角形的应用中的方向角问题,根据题目的已知条件,在图形中添加适当的辅助线是解题的关键。题目涉及三角函数、几何知识和逻辑推理,综合性较强,将数学知识应用到实际问题中,考查学生的实际应用能力,需要学生根据给定条件进行推理和计算,具有一定的灵活性,体现了《义务教育数学课程标准(2022 年版)》命题原则中提到的试题的命题原则,即要坚持素养立意,凸显育人导向,适当提高应用性、探究性和综合性试题的比例,题目设置要注重创设真实情境,提出有意义的问题,实现对核心素养导向的义务教育数学课程学业质量的全面考查。本题既考查了学生的数学基础知识,也考查了他们解决实际问题的能力,教学中鼓励学生在解题中添加适当的辅助线。

6. 校团委开展以“我爱读书”为主题的演讲比赛活动,为奖励表现突出的学生,计划拿出 200 元钱全部用于购买单价分别为 8 元和 10 元的两种笔记本(两种都要购买)作为奖品,则购买方案有(　　)。

A. 5 种　　B. 4 种　　C. 3 种　　D. 2 种

目标分析:求二元一次方程的整数解。

解法分析:本题主要考查二元一次方程的应用。设购买单价为 8 元和 10 元的两种笔记本的数量分别为 x 个和 y 个,根据题意列出二元一次方程,由题意可知，x，y 应为正整数，求出的正整数解的个数，即为购买方案的种数。

题源分析：本题主要考查二元一次方程的应用，即求二元一次方程整数解问题。本题属于实际应用题，涉及购买笔记本的方案选择，解法不唯一。根据等量关系只能列出一个二元一次方程，不能列出二元一次方程组，需要结合问题的实际意义进行考虑，从而得到问题的答案。$8x+10y=200$ 可以先化简为 $4x+5y=100$，然后用枚举法求出该方程的正整数解。可以用 y 来表示 x，即 $x=-\frac{5y}{4}+25$，利用 y 为 4 的倍数，且 x，y 均为正整数来求解；也可以用 x 来表示 y，即 $y=-\frac{4x}{5}+20$，利用 x 为 5 的倍数，且 x，y 均为正整数来求解。因为题干中明确说明计划拿出 200 元钱全部用于购买奖品且两种都要购买，所以就不用考虑列不等式了，这也是学生易出错的地方。设计这样的题目，旨在检验学生对二元一次方程的理解和应用能力，同时也可以考查学生的计算能力和实际问题解决能力，题目具有较高实际应用价值，能够有效地培养学生的数学素养。

2.1.2 课题学习型试题

有代表性试题

1. 6 月 13 日，某港口的潮水高度 y(cm) 和时间 x(h) 的部分数据及函数图像如下：

x / h	…	11	12	13	14	15	16	17	18	…
y / cm	…	189	137	103	80	101	133	202	260	…

（数据来自某海洋研究所）

(1)【**数学活动**】

①根据表中数据，通过描点、连线（光滑曲线）的方式补全该函数的图像。

②观察函数图像，当 $x=4$ 时，y 的值为多少？当 y 的值最大时，x 的值为

多少？

(2)【**数学思考**】

请结合函数图像，写出该函数的两条性质或结论。

(3)【**数学应用**】

根据研究，当潮水高度超过 260 cm 时，货轮能够安全进出该港口。请问当天什么时间段适合货轮进出此港口？

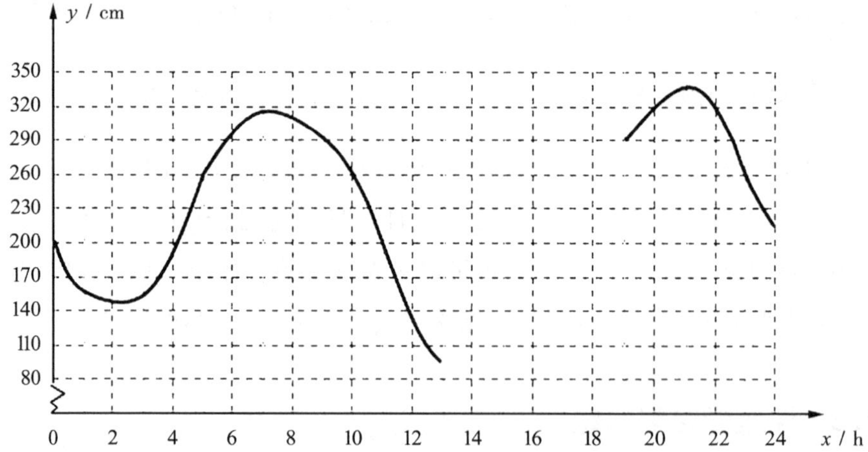

目标分析：会用描点法画函数图像，并能够准确识别函数图像，理解题意，利用数形结合思想确定关键点。结合研究一次函数、反比例函数和二次函数的一般方法研究该函数的性质，这是对类比思想的进一步渗透。

解法分析：(1)①先描点，然后画出函数图像；②利用数形结合思想分析求解。

(2)结合函数图像增减性及最值进行分析说明。

(3)结合函数图像确定关键点，从而求得取值范围。

题源分析：本题主要考查学生对材料信息的加工提炼和运用能力，以及对基本图形的发现和归纳能力，是中考的热点题型。在解决问题的过程中，让学生体验"观察—思考—应用"的解题过程，从而提升学生应用数学和进行数学创新的意识和能力，进一步加强学生对数学课题学习型试题解题方法和策略的探究。

2. 问题情境：如图 1，在 $\triangle ABC$ 中，$AB=AC=17$，$BC=30$，AD 是 BC 边上的中

线。如图 2,将△ABC 的两个顶点 B,C 分别沿 EF,GH 折叠,折叠后均与点 D 重合,折痕分别交 AB,AC,BC 于点 E,G,F,H。

(1)**【猜想证明】**

如图 2,试判断四边形 $AEDG$ 的形状,并说明理由。

(2)**【问题解决】**

如图 3,将图 2 中左侧折叠的三角形展开后,重新沿 MN 折叠,使得顶点 B 与点 H 重合,折痕分别交 AB,BC 于点 M,N,BM 的对应线段交 DG 于点 K,求四边形 $MKGA$ 的面积。

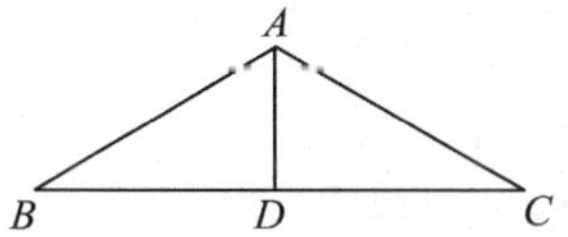

图 1

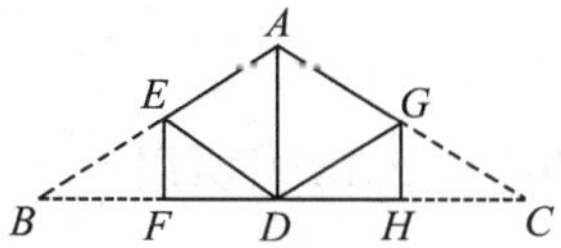

图 2

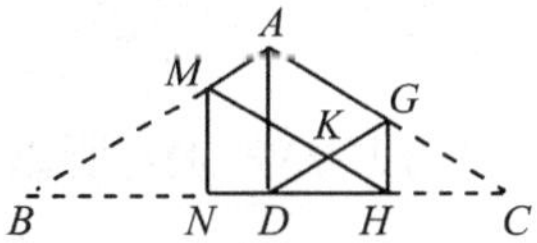

图 3

目标分析:本题以图形折叠为问题情境,在图形变换中考查菱形的性质和判定、平行线分线段成比例、勾股定理、相似三角形的性质及判定,以及三角函数等知识。

解法分析:(1)四边形 $AEDG$ 是菱形。

理由:因为 $AB=AC$,AD 是 BC 边上的中线,所以 $BD=CD=\frac{1}{2}BC$,$AD\perp BC$,

所以 $\angle ADB=\angle ADC=90°$。

由折叠得 $BF=DF=\frac{1}{2}BD$,$CH=DH=\frac{1}{2}CD$,$EF\perp BD$,$GH\perp CD$,

所以 $EF//GH//AD$,所以$\frac{BE}{AE}=\frac{BF}{DF}=1$,$\frac{CG}{AG}=\frac{CH}{DH}=1$,

所以 $BE=AE$,$CG=AG$,所以 $DE=AE=\frac{1}{2}AB$,$DG=AG=\frac{1}{2}AC$。

因为$\frac{1}{2}AB=\frac{1}{2}AC$,所以 $DE=AE=GD=AG$,所以四边形 $AEDG$ 是菱形。

(2)如图,作 $KI\perp DH$ 于点 I,则 $\angle KIH=90°$,

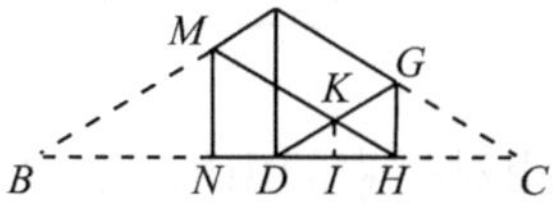

因为 $AB=AC=17$，$BC=30$，所以 $BD=CD=\frac{1}{2}BC=\frac{1}{2}\times30=15$，

所以 $AD=\sqrt{AB^2-BD^2}=\sqrt{17^2-15^2}=8$，

因为 $CH=DH=\frac{1}{2}CD=\frac{1}{2}\times15=\frac{15}{2}$，

所以 $GH=\frac{1}{2}AD=\frac{1}{2}\times8=4$，$BH=BC-CH=30-\frac{15}{2}=\frac{45}{2}$。

由折叠得 $BN=HN=\frac{1}{2}BH=\frac{1}{2}\times\frac{45}{2}=\frac{45}{4}$，$MN\perp BH$，

所以 $MN//AD$，所以 $\triangle MBN\backsim\triangle ABD$，所以 $\frac{MN}{AD}=\frac{BN}{BD}=\frac{\frac{45}{4}}{15}=\frac{3}{4}$，

所以 $MN=\frac{3}{4}AD=\frac{3}{4}\times8=6$。

因为 $\angle KHD=\angle B$，$\angle KDH=\angle C$，且 $\angle B=\angle C$，

所以 $\angle KHD=\angle KDH$，所以 $KD=KH$，

所以 $DI=HI=\frac{1}{2}DH=\frac{1}{2}\times\frac{15}{2}=\frac{15}{4}$。

因为 $\angle KHI=\angle B=\angle C$，所以 $\tan\angle KHI=\frac{KI}{HI}=\tan C=\frac{AD}{CD}=\frac{8}{15}$，

所以 $KI=\frac{8}{15}HI=\frac{8}{15}\times\frac{15}{4}=2$，所以 $S_{\text{四边形}MKGA}=S_{\triangle ABC}-S_{\triangle MBH}-S_{\triangle GDC}+S_{\triangle KDH}$，

所以 $S_{\text{四边形}MKGA}=\frac{1}{2}\times30\times8-\frac{1}{2}\times\frac{45}{2}\times6-\frac{1}{2}\times15\times4+\frac{1}{2}\times\frac{15}{2}\times2=30$。

所以四边形 $MKGA$ 的面积是 30。

题源分析：本题是一个图形的折叠问题，这类问题的实质是轴对称，解决问题的关键是理解折叠前后哪些量发生了变化，哪些量没变，折叠后哪些条件可用，充分利用折叠后图形全等和轴对称的性质，以及图形中边角的关系去解决问题。

3. 为测量学校后山高度，数学兴趣小组活动过程如下：

(1)【**测量坡角**】

如图 1，后山一侧有三段相对平直的山坡 AB，BC，CD，山的高度即为三段坡

面的铅直高度 BH, CQ, DR 之和，坡面的长度可以直接测量得到，要求山坡高度还需要知道坡角大小。

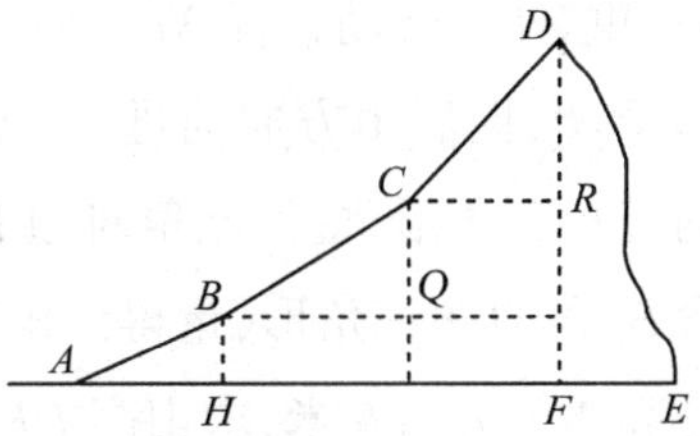

图 1

如图 2，同学们将两根直杆 MN, MP 的一端放在坡面起始端 A 处，直杆 MP 沿坡面 AB 方向放置，在直杆 MN 另一端 N 用细线系小重物 G，当直杆 MN 与铅垂线 NG 重合时，测得两杆夹角 α 的度数，由此可得山坡 AB 坡角 β 的度数。请直接写出 α, β 之间的数量关系。

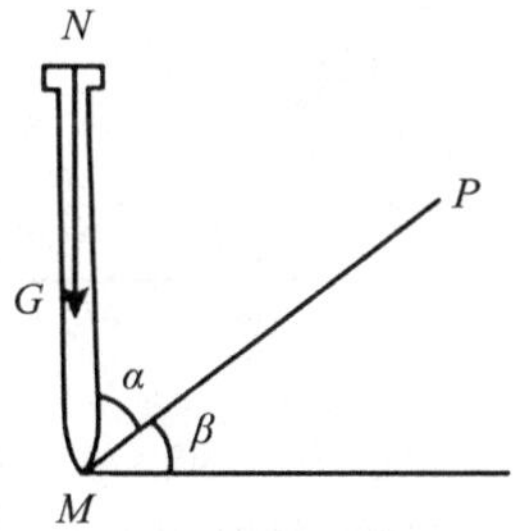

图 2

(2)【**测量山高**】

同学们测得山坡 AB, BC, CD 的坡长依次为 40 米，50 米，40 米，坡角依次为 $24°, 30°, 45°$；为求 BH，小熠同学在作业本上画了一个含 $24°$ 角的 $Rt\triangle TKS$（如图 3），量得 $KT \approx 5$ 厘米，$TS \approx 2$ 厘米，求山高 DF。（$\sqrt{2} \approx 1.41$，结果精确到 1 米）

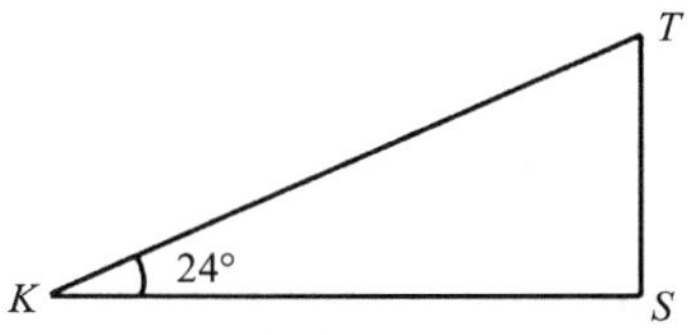

图 3

(3)【**测量改进**】

由于测量工作量较大，同学们围绕如何优化测量进行了深入探究，有了以下新的测量方法。

如图 4，图 5，在学校操场上，将直杆 PN 置于 MN 的顶端，当 MN 与铅垂线

NG 重合时，转动直杆 NP，使点 N,P,D 共线，测得 $\angle MNP$ 的度数，从而得到山顶仰角 β_1，向后山方向前进 40 米，采用相同方式，测得山顶仰角 β_2；画一个含 β_1 的直角三角形，量得该角对边和另一直角边分别为 a_1 厘米，b_1 厘米，再画一个含 β_2 的直角三角形，量得该角对边和另一直角边分别为 a_2 厘米，b_2 厘米。已知杆高 MN 为 1.6 米，求山高 DF。（结果用不含 β_1,β_2 的字母表示）

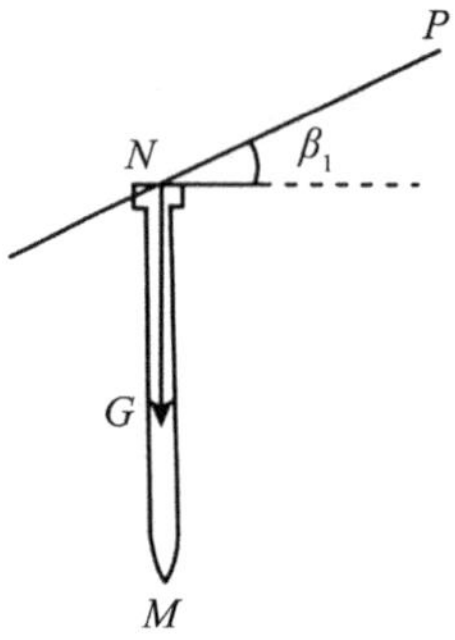

图 4

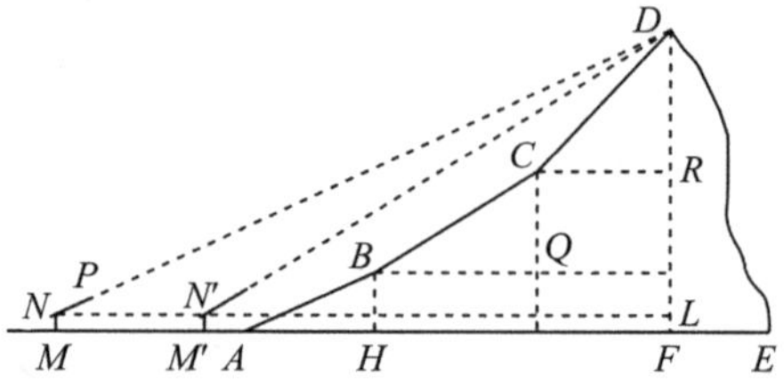

图 5

目标分析：本题考查解直角三角形的应用，能够正确地构建出直角三角形，将实际问题转化为解直角三角形的问题是解决问题的关键。

解法分析：(1) 因为铅直线与水平线垂直，所以 $\alpha+\beta=90^\circ$，

故 α,β 之间的数量关系为：$\alpha+\beta=90^\circ$。

(2) 在 Rt$\triangle ABH$ 中，因为 $AB=40$ 米，$\angle BAH=24^\circ$，$\sin\angle BAH=\dfrac{BH}{AB}$，

所以 $\sin 24^\circ=\dfrac{BH}{40}$。

在 Rt$\triangle TKS$ 中，因为 $KT\approx 5$ cm，$TS\approx 2$ cm，$\angle TKS=24^\circ$，$\sin\angle TKS=\dfrac{TS}{KT}$，

所以 $\sin 24^\circ=\dfrac{2}{5}$，所以 $\dfrac{BH}{40}=\dfrac{2}{5}$，解得 $BH=16$。

在 Rt$\triangle CBQ$ 中，因为 $BC=50$ 米，$\angle CBQ=30^\circ$，所以 $CQ=\dfrac{1}{2}CB=25$。

在 Rt$\triangle DCR$ 中，因为 $CD=40$ 米，$\angle DCR=45^\circ$，$\sin\angle DCR=\dfrac{DR}{CD}$，

所以 $DR=CD\cdot\sin\angle DCR=40\cdot\sin 45^\circ=20\sqrt{2}$。

所以 $DF=BH+CQ+DR=16+25+20\sqrt{2}\approx 69$。

答：山高 DF 约为 69 米。

(3)由题意，得 $\tan\beta_1=\dfrac{a_1}{b_1}$，$\tan\beta_2=\dfrac{a_2}{b_2}$，

在 Rt△DNL 中，因为 $\tan\beta_1=\dfrac{DL}{NL}$，所以$\dfrac{DL}{NL}=\dfrac{a_1}{b_1}$，所以 $NL=\dfrac{b_1}{a_1}DL$。

在 Rt△$DN'L$ 中，因为 $\tan\beta_2=\dfrac{DL}{N'L}$，所以$\dfrac{DL}{N'L}=\dfrac{a_2}{b_2}$，所以 $N'L=\dfrac{b_2}{a_2}DL$。

因为 $NL-N'L=NN'=40$，所以$\dfrac{b_1}{a_1}DL-\dfrac{b_2}{a_2}DL=40$，解得 $DL=\dfrac{40a_1a_2}{b_1a_2-b_2a_1}$，

所以山高 $DF=DL+LF=\dfrac{40a_1a_2}{b_1a_2-b_2a_1}+1.6$。

答：山高 DF 为$\dfrac{40a_1a_2}{b_1a_2-b_2a_1}$ 米。

题源分析：本题具有综合性、探究性。以解决问题为主线，充分运用已经学习过的知识和数学方法，在科学探究中，促进学生思维的发展，为学生创造性思维及创造力的发展奠定基础。

4.**【情境】**

图 1 是由正方形纸片去掉一个以中心 O 为顶点的等腰直角三角形后得到的。该纸片通过裁剪，可拼接为图 2 所示的钻石型五边形，数据如图所示。（说明：纸片不折叠，拼接不重叠无缝隙无剩余）

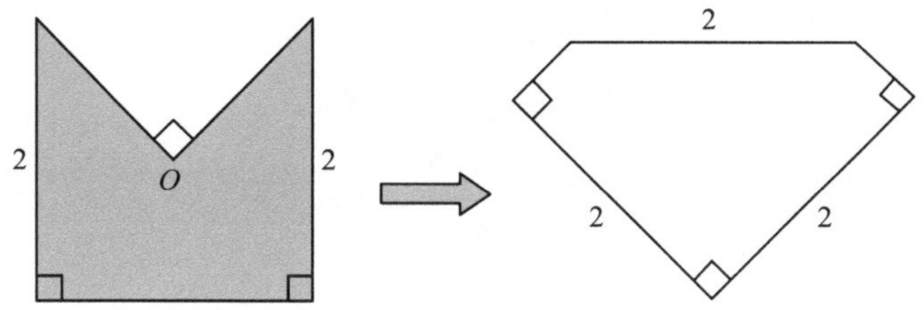

图 1　　**图** 2

【操作】

嘉嘉将图 1 所示的纸片通过裁剪，拼成了钻石型五边形。如图 3，嘉嘉沿虚

线 EF，GH 裁剪，将该纸片剪成①，②，③三块，再按照图 4 所示进行拼接。根据嘉嘉的剪拼过程，解答问题：

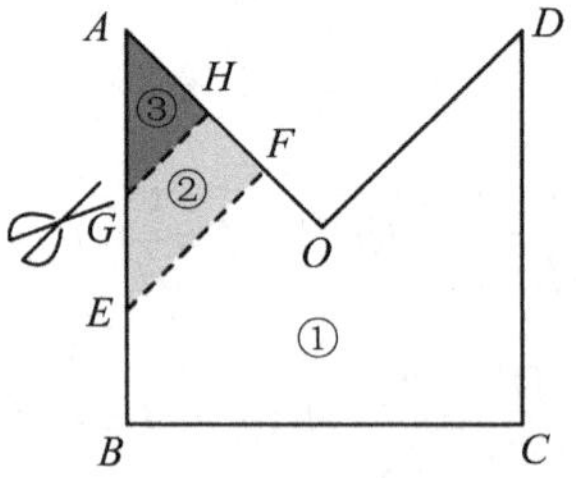

图 3

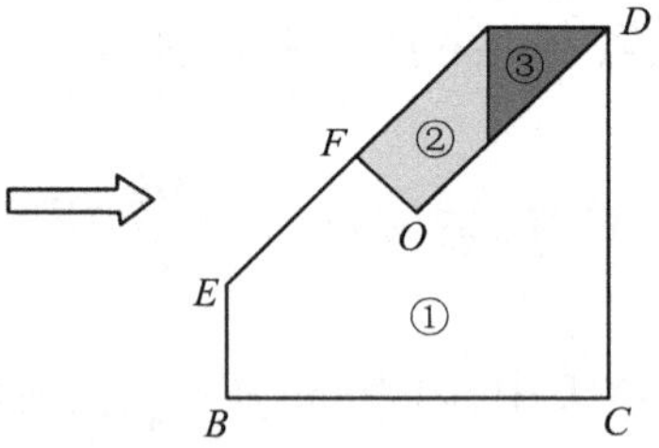

图 4

（1）直接写出线段 EF 的长；

（2）直接写出图 3 中所有与线段 BE 相等的线段，并计算 BE 的长。

【探究】

淇淇说：将图 1 所示纸片沿直线裁剪，剪成两块，就可以拼成钻石型五边形。

请你按照淇淇的说法设计一种方案：在图 5 所示纸片的 BC 边上找一点 P（可以借助刻度尺或圆规），画出裁剪线（线段 PQ）的位置，并直接写出 BP 的长。

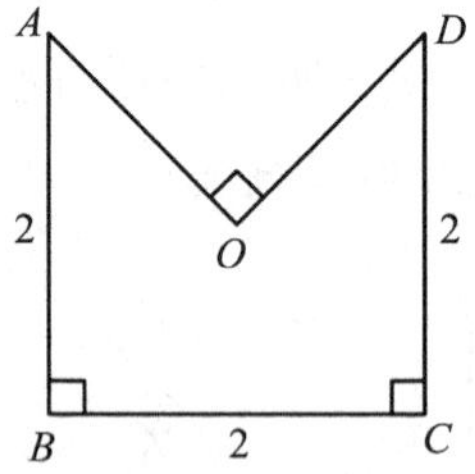

图 5

目标分析：本题主要考查的知识内容为正方形的性质、等腰直角三角形的性质与判定、勾股定理的应用、二次根式的混合运算。要解决此问题，要求学生有较高的操作能力、想象能力和创新能力。

解法分析：解：如图，过点 G' 作 $G'K \perp FH'$ 于点 K，

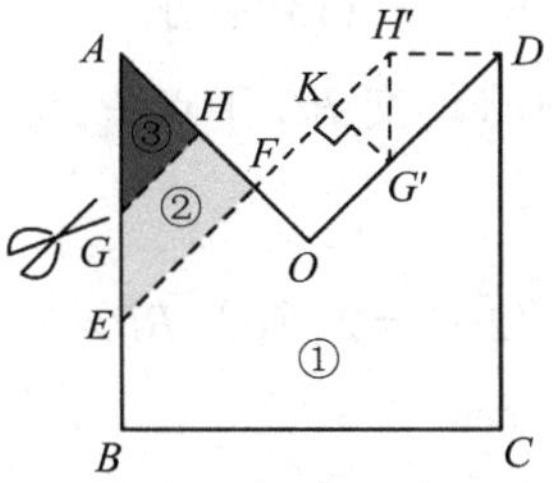

结合题意可得:四边形 $FOG'K$ 为矩形,所以 $FO=KG'$。

由拼接可得:$HF=FO=KG'$,$AH=H'G'$,

由正方形的性质可得:$\angle A=45°$,

所以$\triangle AGH$,$\triangle H'G'D$,$\triangle AFE$ 为等腰直角三角形,

所以$\triangle G'KH'$为等腰直角三角形。

设 $H'K=KG'=x$,所以 $H'G'=H'D=\sqrt{2}x$,

所以 $AH=HG=\sqrt{2}x$,$HF=FO=x$。

因为正方形的边长为 2,所以对角线长$\sqrt{2^2+2^2}=2\sqrt{2}$,所以 $OA=OD=\sqrt{2}$,

所以 $x+x+\sqrt{2}x=\sqrt{2}$,解得:$x=\sqrt{2}-1$,

所以 $EF=AF=(\sqrt{2}+1)x=(\sqrt{2}+1)(\sqrt{2}-1)=1$。

(2)因为$\triangle AFE$ 为等腰直角三角形,$EF=AF=1$,所以 $AE=\sqrt{2}EF=\sqrt{2}$,

所以 $BE=2-\sqrt{2}$,

因为 $GE=H'G'=\sqrt{2}x=\sqrt{2}(\sqrt{2}-1)=2-\sqrt{2}$,$AH=GH=\sqrt{2}x=2-\sqrt{2}$,

所以 $BE=GE=AH=GH$。

如图,以 B 为圆心,BO 为半径画弧交 BC 于点 P',交 AB 于点 Q',

则直线 $P'Q'$为分割线,

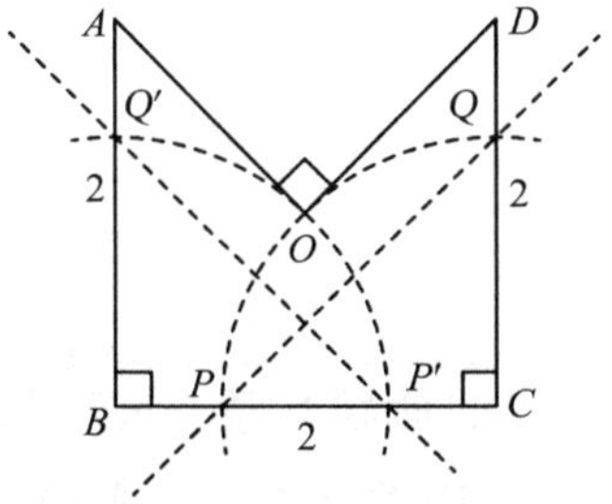

此时 $BP'=\sqrt{2}$，$P'Q'=\sqrt{2+2}=2$，符合要求，

或以 C 圆心，CO 为半径画弧，交 BC 于点 P，交 CD 于点 Q，

则直线 PQ 为分割线，

此时 $CP=CQ=\sqrt{2}$，$PQ=\sqrt{2+2}=2$，所以 $BP=2-\sqrt{2}$。

综上：BP 的长为$\sqrt{2}$或 $2-\sqrt{2}$。

题源分析：本题以图形的拼接为问题背景，为学生提供了一个可以动手实践的数学环境，让学生在“做数学”的过程中体验知识的形成过程，发现解决问题的思维方法，让学生经历从简单到复杂，从特殊到一般的过程，然后总结概括出解决问题的策略，通过类比，发现解决问题的方案，有助于学生数学思维的形成和发展。

2.2 凸显学科本质，聚焦思维生长

在数学教育中，凸显学科本质和聚焦思维生长，是至关重要的目标。这不仅有助于培养学生的数学素养，还能促进他们的思维发展和问题解决能力的提升。初中数学试题的命制坚持以教材为源头，课标评价要求为主线，尊重学生认知，进行科学严谨的设计与合理有序的编排，关注学生终身学习所需的数学知识和学习方法，注重思维方式与思维品格的塑造，彰显学科素养。试题在关注学生对基础知识、基本技能理解的同时，更注重其对基本思想的领悟，对基本活动经验的积累，以及对数学问题的思考过程，落实到学生的思维生长点的情况。实现这一目标的落脚点为：数学概念与原理、问题分析与解决、逻辑推理与证明、数学思维方法、实践能力与应用以及数学文化与历史。这些内容充分体现“回归教材，能力引领，素养立意，实践综合，思维发展”的评价理念，有效提升学生的综合素养。

2.2.1 回归教材型试题

初中数学回归教材型试题的命题立意，在于试题立足于数学基础，严格遵循新课程标准的要求，强调运用教材中的基本内容、基本原理、基本方法来

解题。中考中的绝大部分试题都能在教材中找到原型,这体现了中考命题回归教材的导向。当然,回归教材并不是原题原做,而是对教材中的题目进行巧妙的整合和改编,考查学生思维的灵活性,拓宽其思维的深度和广度,促进学生数学思维能力的提高和发展,从而更好地评价学生的学习成果和潜力,为高中阶段的数学学习打下坚实的基础。

总之,初中数学回归教材型试题的命题立意,在于全面考查学生数学知识点的掌握情况,检验学生数学基本方法的使用情况,检测学生发现问题、提出问题、分析问题和解决问题的能力。通过这类试题的学习,学生可以体会到解决数学问题的思想、方法和依据都来自教材,来自日常学习的点滴积累。这也凸显了数学学习对教材的依托性,以及创造性使用教材的重要性,对教与学都具有导向作用。

有代表性试题

1. 为了解七年级男生体能情况,某校随机抽取了七年级 20 名男生进行体能测试,并对测试成绩(单位:分)进行了统计分析:

【收集数据】

100　94　88　88　52　79　83　64　83　87

76　89　91　68　77　97　72　83　96　73

【整理数据】

该校规定:$x \leqslant 59$ 为不合格,$59<x \leqslant 75$ 为合格,$75<x \leqslant 89$ 为良好,$89<x \leqslant 100$ 为优秀。(成绩用 x 表示)

等次	频数(人数)	频率
不合格	1	0.05
合格	a	0.20
良好	10	0.50
优秀	5	b
合计	20	1.00

【分析数据】

此组数据的平均数是 82,众数是 83,中位数是 c;

【解决问题】

(1)填空:$a=$________,$b=$________,$c=$________;

(2)若该校七年级共有300名男生,估计体能测试能达到优秀的男生约有多少人?

(3)根据上述统计分析情况,写一条你的看法。

目标分析:体会抽样的必要性,通过实例认识简单随机抽样,进一步体验收集、整理、描述、分析数据的活动过程,了解数据处理的过程,会制作扇形统计图,能用统计图直观、有效地描述数据,理解平均数、中位数、众数的意义,能计算中位数、众数以及加权平均数,了解它们是对数据集中趋势的描述。

解法分析:(1)根据"随机抽取了七年级20名男生"可得 a 的值,1减去其他组的频率可得 b,根据中位数的定义求解可得 c 的值;

(2)总人数乘以样本中体能测试能达到优秀的男生的频率可得答案;

(3)根据上述统计分析情况写一条看法,只要合理即可。

题源分析:本题来源于人教版《义务教育教科书·数学》八年级下册20.1.2中位数和众数,是第116页问题2的改编,本题考查中位数、平均数、众数、利用样本估计总体、频数分布直方图。对于本题来说,读懂统计图,从统计图中得到必要的信息是解决问题的关键。

2. 甲乙两人各自加工120个零件,甲由于个人原因没有和乙同时进行,乙先加工30分钟后,甲开始加工。甲为了追赶上乙的进度,加工的速度是乙的1.2倍,最后两人同时完成。求乙每小时加工零件多少个?设乙每小时加工 x 个零件,可列方程为(　　)。

A. $\dfrac{120}{1.2x}-\dfrac{120}{x}=30$　　　　B. $\dfrac{120}{x}-\dfrac{120}{1.2x}=30$

C. $\dfrac{120}{1.2x}-\dfrac{120}{x}=\dfrac{30}{60}$　　　　D. $\dfrac{120}{x}-\dfrac{120}{1.2x}=\dfrac{30}{60}$

目标分析:能根据具体问题的实际意义列方程,建立模型观念。

解法分析:根据题意可以得到相等关系:乙用的时间−甲用的时间$=\dfrac{30}{60}$,据此列出方程即可。设乙每小时加工 x 个零件,则甲每小时加工 $1.2x$ 个零件,根据题意得$\dfrac{120}{x}-\dfrac{120}{1.2x}=\dfrac{30}{60}$。故选D。

题源分析:本题来源于人教版《义务教育教科书·数学》八年级上册 15.3 分式方程,是第 55 页习题第 8 题的改编,本题考查由实际问题抽象出分式方程的解题方法,对于这类题目,找到等量关系是解题的关键。

3. 如图,菱形 $ABCD$ 中,点 E,F 分别是 AB,BC 边上的点,$BE=BF$,求证:$\angle DEF=\angle DFE$。

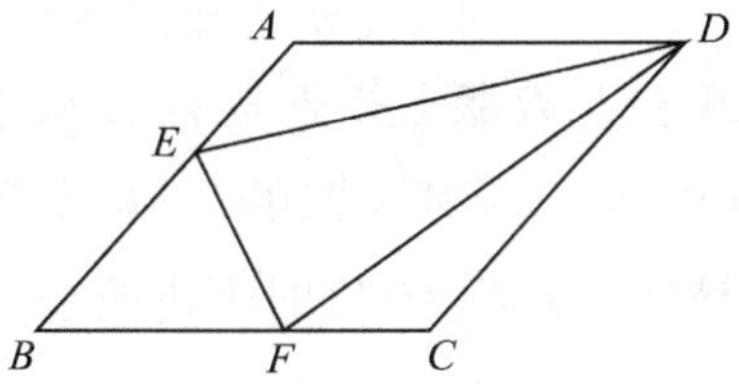

目标分析:探索并证明菱形的性质定理,即菱形的四条边相等,对角线互相垂直。探索并证明菱形的判定定理,即四边相等的四边形是菱形,对角线互相垂直的平行四边形是菱形。了解矩形、菱形、正方形之间的包含关系,明确正方形既是矩形,又是菱形。

解法分析:由菱形的性质推出 $AB=BC=CD=AD$,$\angle A=\angle C$,而 $BE=BF$,得到 $AE=CF$,由 SAS 推出 $\triangle DAE\cong\triangle DCF$,得到 $DE=DF$,因此 $\angle DEF=\angle DFE$。

题源分析:本题来源于人教版《义务教育教科书·数学》八年级下册 18.2.2 菱形的性质,是第 61 页习题第 10 题的改编,本题考查菱形的性质、全等三角形的判定和性质。由菱形的性质推出 $\triangle DAE\cong\triangle DCF$,从而得到 $DE=DF$ 是解题的关键。

4. 将常温中的温度计插入一杯 60 ℃ 的热水(恒温)中,温度计的读数 y(℃)与时间 x(min)的关系用图像可近似表示为(　　)。

A.
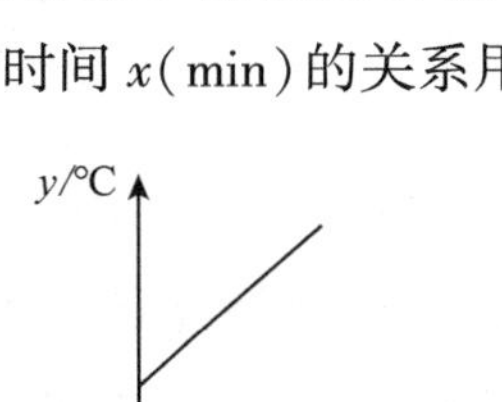

B.
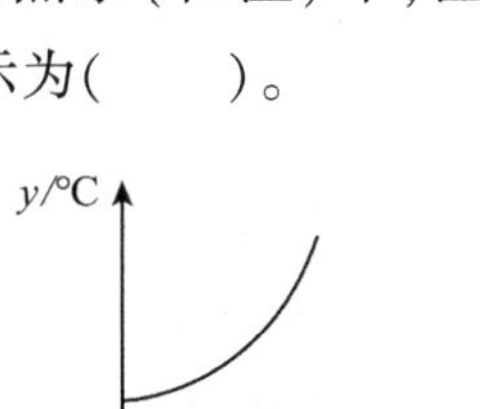

C.
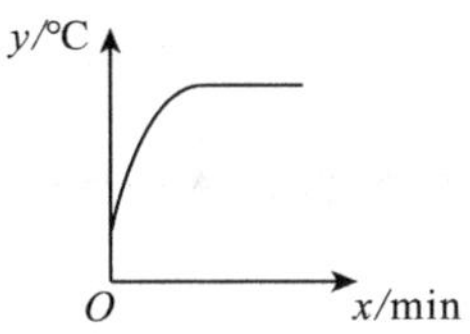

D.
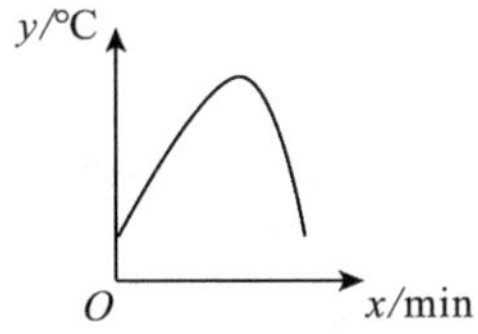

目标分析：能根据函数图像分析出实际问题中变量的信息，发现变量间的变化规律；能结合函数图像对简单实际问题中的函数关系进行分析，并结合分析结果，对变量的变化趋势进行初步推测。

解法分析：根据温度计上升到一定的温度后，读数将不再改变，可得答案；将常温中的温度计插入一杯 60 ℃的热水中，温度计的读数与时间的关系图像是 C 选项。

题源分析：本题来源于人教版《义务教育教科书 · 数学》八年级下册 19.1.1 变量与函数，是第 82 页习题第 8 题的改编，本题考查函数图像，需要注意的是，本题中温度计的读数升高到 60 度时不再改变。

5. 如图，一次函数 $y=kx+b$（k，b 为常数，$k\neq0$）的图像与反比例函数 $y=\dfrac{m}{x}$（m 为常数，$m\neq0$）的图像交于点 $A(2,3)$，$B(a,-2)$。

(1)求反比例函数和一次函数的解析式；

(2)若点 C 是 x 轴正半轴上的一点，且 $\angle BCA=90°$，求点 C 的坐标。

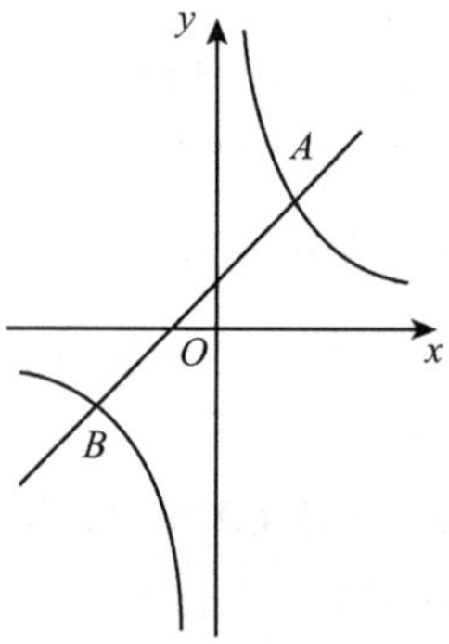

目标分析：会用待定系数法确定一次函数的表达式；会根据一次函数的表达式求其图像与坐标轴的交点坐标；会根据已知条件确定反比例函数的表达式。

解法分析：(1)由 A 点坐标可求反比例函数的表达式，由 B 点的纵坐标可求其横坐标，再由 A、B 两点坐标，用待定系数法，求一次函数表达式；将点 A、B 的坐标代入反比例函数表达式得 $m=2\times3=-2a$，解得 $a=-3$，$m=6$，即反比例函数的表达式为 $y=\dfrac{6}{x}$，点 B 坐标为$(-3,-2)$，将点 A，B 的坐标代入一次函数表达式可得一次函数的表达式。

(2) $\angle BCA=90°$，利用 $AB^2=AC^2+BC^2$，即可求解。

解：(1)将点 A，B 的坐标代入反比例函数表达式得：$m=2\times3=-2a$，

解得：$a=-3$，$m=6$，

即反比例函数的表达式为：$y=\dfrac{6}{x}$，点 B 的坐标为 $(-3,-2)$，

将点 A，B 的坐标代入一次函数表达式得 $\begin{cases}3=2k+b\\-2=-3k+b\end{cases}$，解得：$\begin{cases}k=1\\b=1\end{cases}$，

则一次函数的表达式为：$y=x+1$。

(2)设点 C 的坐标为 $(x,0)$，

由点 A，B，C 的坐标得，$AB^2=50$，$AC^2=(x-2)^2+9$，$BC^2=(x+3)^2+4$，

因为 $\angle BCA=90°$，则 $AB^2=AC^2+BC^2$，

即 $50=(x-2)^2+9+(x+3)^2+4$，解得：$x=3$ 或 -4(舍去)，

即点 C 的坐标为 $(3,0)$。

题源分析：本题来源于人教版《义务教育教科书·数学》九年级上册 26.1.2 反比例函数图像和性质，是第 9 页第 8 题的改编，本题考查的是反比例函数与一次函数的综合运用，涉及直角三角形的性质、待定系数法求函数表达式，解题的关键是要注重有序思考，组合已知条件求出有关的量，同时寻找所得的结论与要解决的问题之间的关联。

6. 如图，某校学生开展综合实践活动，测量一建筑物 CD 的高度，在建筑物旁边有一高度为 10 米的小楼房 AB，小李同学在小楼房楼底 B 处测得 C 处的仰角为 $60°$，在小楼房楼顶 A 处测得 C 处的仰角为 $30°$(AB，CD 在同一平面内，B，D 在同一水平面上)，则建筑物 CD 的高为(　　)米。

A. 20　　B. 15　　C. C. 12　　D. $10+5\sqrt{3}$

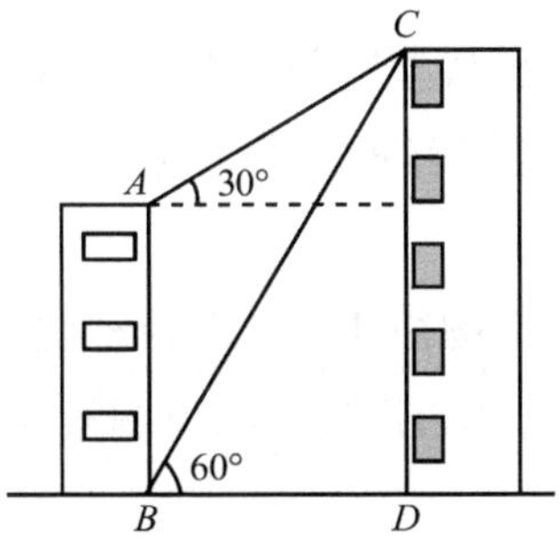

目标分析:能用锐角三角函数解直角三角形,能用相关知识解决一些简单的实际问题。

解法分析:设过点 A 的水平线与 CD 交于点 E,在 $\mathrm{Rt}\triangle BCD$ 中,用 CD 表示 BD,在 $\mathrm{Rt}\triangle ACE$ 中,用 CE 表示 AE,再利用 $CE=CD-AB$,$AE=BD$ 列方程即可求出 CD。

题源分析:本题来源于人教版《义务教育教科书 · 数学》九年级下册 34. 2. 2 解直角三角形应用举例,是第 79 页习题第 8 题的改编,本题考查解直角三角形的应用中的仰角俯角问题。对于本题来说,通过作辅助线构造直角三角形是解题的关键。

回归教材型试题在初中数学教学中具有多方面的教学功能,特别是中考试题中回归教材型试题的解答,不仅有助于学生巩固基础知识,还能提升他们的数学素养和解题能力。学习回归教材型试题是实现教学功能、进行教学方法指导和实施中考复习策略的有效途径。

2. 2. 1. 1 巩固基础知识

1. 强化教材重点。回归教材型试题紧密围绕教材中的核心知识点进行设计,通过反复练习,可加深学生对这些知识点的理解和记忆。这种试题类型能够帮助学生构建扎实的知识基础,为后续学习提供有力支撑,形成必备的知识体系。

2. 查漏补缺。学生在解答这类试题时,能够及时发现自己在知识掌握上的薄弱环节。通过教师的讲解和同学的讨论,学生可以有针对性地进行查漏补缺,并完善自己的知识体系。

2. 2. 1. 2 提升解题能力

1. 培养审题能力。回归教材型试题通常注重考查学生的审题能力,要求学生能够准确理解题目要求,把握解题方向。通过反复练习,学生可以逐渐提高审题的准确性和效率。

2. 锻炼解题技巧。这类试题往往包含多种解题方法和技巧,学生在解答过程中需要灵活运用所学知识,并选择最优的解题策略。这有助于培养学生的解题技巧和灵活应变能力。

3. 提高综合运用能力。回归教材型试题不仅考查学生单一知识点的掌握情况,还考查学生综合运用多个知识点解决问题的能力。通过这类试题的练习,学生可以逐步提升自己的综合运用能力。

2.2.1.3 培养数学思维

1. 促进逻辑思维发展。数学是一门逻辑性很强的学科,回归教材型试题在命制过程中着重强化对学生的逻辑思维能力的培养。学生在解答这类试题时,需要运用逻辑推理和演绎归纳等方法,从而促进自身逻辑思维的发展。

2. 激发创新思维。一些回归教材型试题还具有开放性和探究性,鼓励学生从不同角度思考问题,进而提出创新性的解题方案。这有助于激发学生的创新思维和创造力。

2.2.1.4 促进教学相长

1. 教师备课依据。回归教材型试题是教师备课的重要参考依据之一。教师可以通过分析这类试题的命题特点和考查重点,准确把握教学重点和难点,制订合理的教学计划。

2. 教学效果反馈。学生在解答回归教材型试题时的表现,可以作为教师教学效果的反馈。教师可以通过分析学生的答题情况,了解学生对知识点的掌握程度和解题能力水平,从而及时调整教学策略和方法。

总之,初中数学学科的回归教材型试题在初中数学教学中具有巩固基础知识、提升解题能力、培养数学思维和促进教学相长等方面的教学功能。因此,在日常教学中,教师应充分重视这类试题的命题和练习工作,以发挥其最大的教学效益。

2.2.2 数学文化型试题

数学文化指数学的思想、精神、方法、观点、语言及数学的概念和思想方法在形成和发展中所体现的文化特征与文化价值,包括数学家的故事、数学发展史的脉络、数学教育中的人文精神,以及数学与社会及各种文化的关系等。

初中数学文化型试题的命题立意主要体现在以下几个方面:

1. 弘扬数学文化,传承历史价值

数学文化型试题往往以古代名著、数学史、数学家等文化元素为蓝本,通过试题的形式让学生了解和感受数学文化的深厚底蕴。例如,以《九章算术》《孙子算经》《周髀算经》中的问题为蓝本设计试题,这类试题旨在让学生感受到数学在人类历史发展中的重要地位和作用,从而激发学生对数学文化的兴趣和热爱。

2. 结合现实生活,展示数学应用

数学文化型试题还注重将数学知识与实际生活相结合,通过试题的形式展示数学在现实生活中的应用价值。试题背景应来源于学生所能理解的或所具有的生活现实、数学现实和其他学科现实,这类试题让学生体会到数学不仅是抽象的符号和公式,更是解决实际问题的重要工具。

3. 培养综合能力,提升数学素养

数学文化型试题在考查学生数学基础知识的同时,更注重培养学生的综合能力、分析能力和解题能力。通过试题的设计,让学生在学习过程中形成良好的求解技巧和思路,建立数学解题的自信,并体会数学解题的乐趣和美感。

4. 注重创新引导,培养创新精神

数学文化型试题在命题时还注重创新引导,鼓励学生从多角度、多层面去思考和解决问题。通过试题的设计,激发学生的创新意识和创新精神,让学生在学习数学的过程中不断发掘自身的潜力,同时,拓展自身的能力。

总之,初中数学文化型试题的命题立意旨在渗透数学文化,不仅可以弘扬古今中外数学所取得的卓越成就,推广数学经典著作,还可以帮助学生开阔眼界,提升数学素养,激发学生的创新意识和创新精神。

有代表性试题

1.《孙子算经》是我国古代著名的数学典籍,其中有一道题:“今有木,不知长短。引绳度之,余绳四尺五寸;屈绳度之,不足一尺。木长几何?”意思是:用一根绳子去量一根长木,绳子还剩余 4.5 尺;将绳子对折再量长木,长木还剩余 1 尺。问木长多少尺?设木长 x 尺,绳子长 y 尺,则可以列出的方程组为(　　)。

A. $\begin{cases} y-x=4.5 \\ x-0.5y=1 \end{cases}$　　B. $\begin{cases} y-x=4.5 \\ x+0.5y=1 \end{cases}$

C. $\begin{cases} x+y=4.5 \\ x-y=1 \end{cases}$　　D. $\begin{cases} x+y=4.5 \\ y-x=1 \end{cases}$

目标分析:能根据现实情境理解方程的意义,能针对具体问题列出方程组。

解法分析:根据“用绳子去量长木,绳子还剩余 4.5 尺;将绳子对折再量长木,长木还剩余 1 尺”,即可列出关于 x,y 的二元一次方程组,用绳子去量长木,绳子还剩余 4.5 尺,可得 $y-x=4.5$;所以将绳子对折再量长木,长木还剩余 1 尺,可得 $x-0.5y=1$。所以根据题意可列方程组$\begin{cases} y-x=4.5 \\ x-0.5y=1 \end{cases}$,故选 A。

题源分析:本题考查学生对二元一次方程组的理解,即对于找准等量关系,明确未知数,建立等量关系,列出方程组的相关知识掌握情况,解决此类问题的策略是先理解题目背景,再求解方程组。《孙子算经》是我国古代重要的数学著作,本题以《孙子算经》中绳长问题为背景,不仅是构建方程模型的良好素材,还能很好地渗透数学史中的数学思想,不仅能够帮助学生掌握数学知识,还能够丰富数学文化内涵,激发学生的学习兴趣,通过解决实际问题,还可以培养学生的逻辑思维和推理能力,以及数学应用意识。

2. 我国汉代数学家赵爽在他所著《勾股圆方图注》中,运用弦图(如图所示)巧妙地证明了勾股定理。“赵爽弦图”曾作为 2002 年第 24 届国际数学家大会的会徽图案。下列关于“赵爽弦图”说法正确的是(　　)。

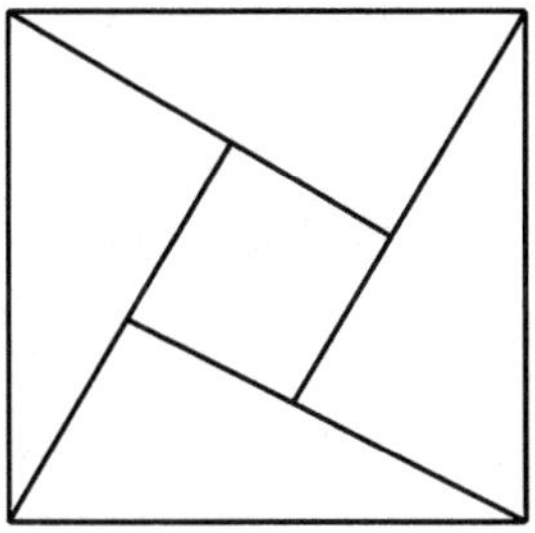

A. 是轴对称图形

B. 是中心对称图形

C. 既是轴对称图形又是中心对称图形

D. 既不是轴对称图形也不是中心对称图形

目标分析:认识并欣赏自然界和现实生活中的轴对称图形和中心对称图形。

解法分析:“赵爽弦图”是中心对称图形,但不是轴对称图形。故选 B。

题源分析:此题考查的是轴对称图形与中心对称图形,确认轴对称图形的关键是寻找对称轴,并且图形被对称轴分辖成的两部分折叠后可重合,而中心对称图形则是要寻找对称中心,并且图形绕对称中心旋转 180 度后与自身重合,据此逐一判断选项即可。

3. 我国古代数学家张衡将圆周率取值为 $\sqrt{10}$,祖冲之给出圆周率的一种分数形式的近似值为$\frac{22}{7}$。比较大小:$\sqrt{10}$________$\frac{22}{7}$(填“>”或“<”)。

目标分析:能比较实数的大小。

解法分析:无理数与有理数比较大小,可以先将无理数化成有理数来运算,也就是对两个数都进行乘方运算,结果越大,底数也就越大,所以$(\sqrt{10})^2=10$,$(\frac{22}{7})^2=\frac{484}{49}$,而$10>\frac{484}{49}$,因此$\sqrt{10}>\frac{22}{7}$。故答案为“>”。

题源分析:比较实数的大小,难点在于无理数与有理数的比较,可以将数统一都化成无理数,或者都化成有理数,此题选择将数都化成有理数来解。而对于无理数,我国古代数学家早有研究,数学家和数学名著都是数学文化的重要组成部分,以数学家和数学名著作为试题情境材料,可以培养学生学习数学的兴趣,进一步弘扬中国优秀传统文化,增强学生的爱国主义情感。

4. 哥德巴赫提出“每个大于 2 的偶数都可以表示为两个质数之和”的猜想,我国数学家陈景润在哥德巴赫猜想的研究中取得了世界领先的成果。在质数 2,3,5 中,随机选取两个不同的数,其和是偶数的概率是(　　)。

A. $\frac{1}{4}$　　B. $\frac{1}{3}$　　C. $\frac{1}{2}$　　D. $\frac{2}{3}$

目标分析:能通过列表、画树状图等方法列出简单随机事件所有可能的结果，以及指定随机事件发生的所有可能结果，了解随机事件的概率的计算方法。

解法分析：列表如下。

第1个数	第2个数		
	2	3	5
2		(2,3)	(2,5)
3	(3,2)		(3,5)
5	(5,2)	(5,3)	

共有6种等可能的结果，其中和是偶数的结果有(3,5)，(5,3)，共2种，所以和是偶数的概率为$\frac{2}{6}=\frac{1}{3}$。故选B。

题源分析：列表可得出所有等可能的结果数以及和是偶数的结果数，再利用概率公式可得出答案。本题以哥德巴赫猜想为背景，不仅是构建概率模型的良好素材，能够考查学生基础知识的掌握程度和基本的解题能力，还能够丰富数学文化内涵，激发学生的学习兴趣。

5. 我国明朝数学家程大位写过一本数学著作《直指算法统宗》，其中有一道与荡秋千有关的数学问题是使用《西江月》词牌写的：

平地秋千未起，踏板一尺离地。

送行二步与人齐，五尺人高曾记。

仕女佳人争蹴，终朝笑语欢嬉。

良工高士素好奇，算出索长有几？

词写得很优美，翻译成现代汉语的大意是：有一架秋千，当它静止时，踏板离地1尺，将它往前推进10尺(5尺为一步)，秋千的踏板就和某人一样高，这个人的身高为5尺。(假设秋千的绳索拉得很直)

(1)如图1，请你根据词意计算秋千绳索OA的长度；

(2)如图2，将秋千从与竖直方向夹角为α的位置OA'释放，秋千摆动到另一侧与竖直方向夹角为β的地方OA''，两次位置的高度差$PQ=h$. 根据上述条件能否求出秋千绳索OA的长度？如果能，请用含α、β和h的式子表示；如果不能,请说明理由。

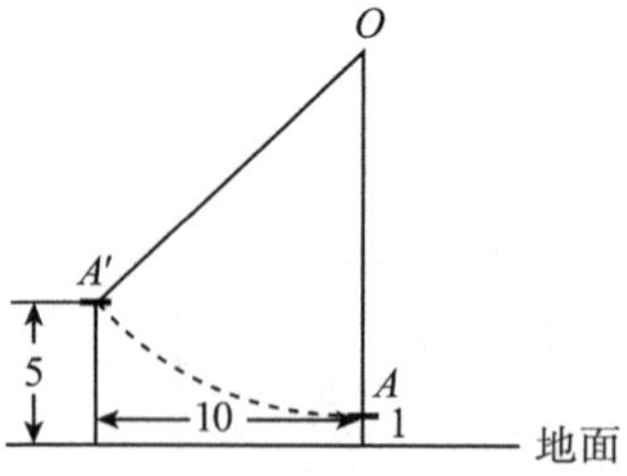

图1

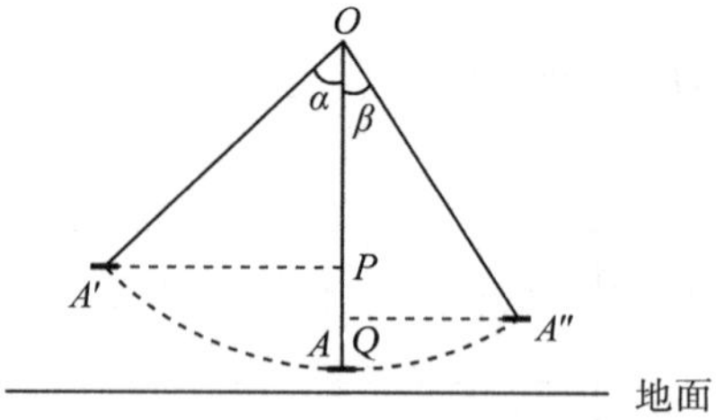

图2

目标分析:能运用勾股定理解决实际问题,能利用锐角三角函数解直角三角形,能利用相关知识解决一些简单的实际问题。

解法分析:(1)设绳索有 x 尺长,由勾股定理列出方程,解方程即可。

(2)在 Rt△$OA'P$ 和 Rt△$OA''Q$ 中,利用解直角三角形,得到 $OP=OA'\cdot\cos\alpha=OA\cdot\cos\alpha$,$OQ=OA''\cdot\cos\beta=OA\cdot\cos\beta$,即可求得答案。

解:(1)如图,过点 A' 作 $A'B\perp OA$ 于点 B,设秋千绳索 OA 的长度为 x 尺。

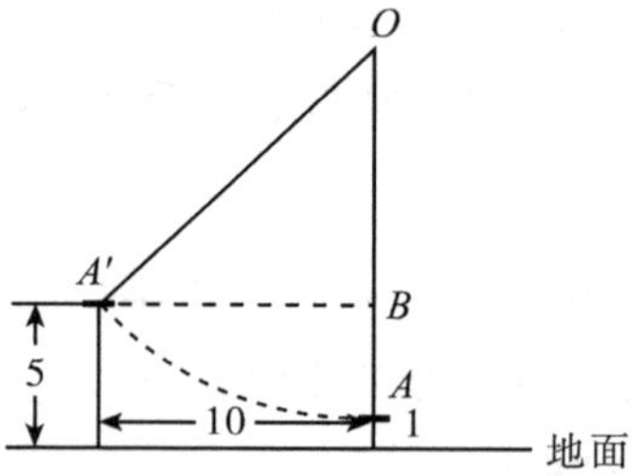

由题可知,$OA=OA'=x$ 尺,$AB=5-1=4$ 尺,$A'B=10$ 尺,

所以 $OB=OA-AB=(x-4)$ 尺。

在 Rt△$OA'B$ 中,由勾股定理得 $A'B^2+OB^2=OA'^2$,

所以 $10^2+(x-4)^2=x^2$,解得 $x=14.5$。

答:秋千绳索 OA 的长度为 14.5 尺。

(2)能。

解:由题可知,$\angle OPA'=\angle OQA''=90°$,$OA'=OA''=OA$,

在 Rt△$OA'P$ 中,$\cos\alpha=\dfrac{OP}{OA'}$,所以 $OP=OA'\cdot\cos\alpha=OA\cdot\cos\alpha$,

同理,$OQ=OA''\cdot\cos\beta=OA\cdot\cos\beta$,

因为 $OQ-OP=h$，所以 $OA \cdot \cos\beta - OA \cdot \cos\alpha = h$，

所以 $OA \cdot (\cos\beta - \cos\alpha) = h$，所以 $OA = \dfrac{h}{\cos\beta - \cos\alpha}$。

题源分析：本题主要考查解直角三角形的应用及勾股定理的应用，把实际问题转化为直角三角形问题是解决问题的关键。以古代数学著作《直指算法统宗》为背景，不仅有利于弘扬博大精深的数学文化，还能激发学生的数学学习兴趣，开阔学生视野，帮助学生理解数学、热爱数学，使学生体会数学的应用价值，从而不断提升学生的数学核心素养。

数学，作为人类璀璨文化的一颗明珠，其重要性不言而喻。在数学课程的教授过程中，不仅要传授数学知识，还应融入对数学历史、实际应用及其发展趋势的解读。这一教学理念旨在引导学生领略数学学科独特的思想架构、美学魅力，以及数学家们不懈的创新精神。通过这样的教育，我们期望学生能更深刻地理解数学在人类文明演进过程中的重要作用，从而塑造出更为全面和正确的数学观念。而当我们提及“数学文化”时，其内涵丰富且层次多样。狭义地说，数学文化涵盖了数学的思想、精神、方法、观点、语言，以及这些元素的形成和发展过程。但当我们以更广阔的视角来看，数学文化还包含了数学家们的贡献、数学的历史脉络、数学的美学价值、数学教育的模式，以及数学与其他学科、社会乃至各种文化间的千丝万缕的联系。

中考数学命题中数学文化型试题对教学功能、教学方法指导和复习策略的影响，主要体现在以下几个方面。

1. 教学功能

（1）提升数学应用意识。数学文化型试题强调数学知识在实际问题中的应用，通过解决这些问题，学生能够更深刻地理解数学的价值，提升学生应用数学解决实际问题的意识。

（2）传承数学文化。这类试题往往以古代数学名著或经典问题为背景，能够让学生在学习数学的同时，了解和传承我国的数学文化。

（3）激发兴趣，提高动力。具有趣味性和历史背景的题目能够激发学生对数学的兴趣，提高他们学习数学的主动性和积极性。

2. 教学方法指导

（1）融入数学文化。教师在教学过程中可以适当引入数学文化的内容，让

学生在了解数学历史、文化的同时,更好地理解和掌握数学知识。

(2)强调应用实践。教师可以设计一些与现实生活相关的数学问题,让学生在解决问题的过程中体会数学的应用价值。

(3)采用情境教学法。教师可以通过创设问题情境,让学生在具体情境中学习数学,提高学习的针对性和实效性。

3. 复习策略

(1)重视数学文化的复习。在复习过程中,学生应该注重对数学文化的学习和理解,这不仅能够提高解题能力,还能够拓宽知识面。

(2)加强应用题的训练。针对数学文化型试题的特点,学生应该加强应用题的训练,提高解决实际问题的能力。

(3)归纳总结解题技巧。在复习过程中,学生应该总结归纳解题技巧和方法,特别是对于一些常见的数学文化型试题,要掌握其解题规律和技巧。

(4)制订合理的复习计划。结合自身的实际情况和考试要求,制订切实可行的复习计划,将时间合理分配到各个知识点和题型上,确保复习的全面性和针对性。

(5)充分利用资源。可以利用各种学习资源,如教材、辅导书、网络等,进行针对性的复习和练习。同时,也可以参加一些模拟考试或在线测试,检验自己的学习效果和应试能力。

通过以上教学功能、教学方法指导和复习策略的实施,可以帮助学生更好地应对中考数学中的数学文化型试题,提高学生的数学核心素养。

2.2.3 尺规作图型试题

数学尺规作图型试题的命题立意,是在画图的过程中,培养学生的动手操作能力和作图的能力,考查学生会用无刻度的直尺和圆规准确作图,能体会尺规作图语言和几何图形的互相转化,在尺规作图的过程中让学生感受数学语言的简洁性、严谨性、规范性。数学尺规作图型试题通常需要学生运用所学的数学基础知识去更好地理解图形,从而进行推理、判断、分类等思维活动,以找出问题的解决方案。通过尺规作图,学生可以掌握图形之间的相互关系,从而更好地理解几何问题的本质。尺规作图能培养学生的几何直观、推理能力、逻辑思维能力、分析问题和解决问题的能力、创新意识和创造能力。在尺规作图中，学生需要运用逻辑推理和数学思维方法来解决问题。尺规作图既能培养学生的画图技能，又是常见的解决问题的方法。在尺规作图的过程中，学生可以更好地理解问题中的条件和限制，找到问题的关键点，并使用合适的工具和方法来解决问题。通过尺规作图，学生在学习数学知识的同时，还可以锻炼思维能力和实践能力，为后续的学习和职业生涯发展打下坚实的基础。

有代表性试题

1. 某班开展“用直尺和圆规作角平分线”的探究活动，各组展示作图痕迹如下，其中射线 OP 为 $\angle AOB$ 的平分线的有(　　)。

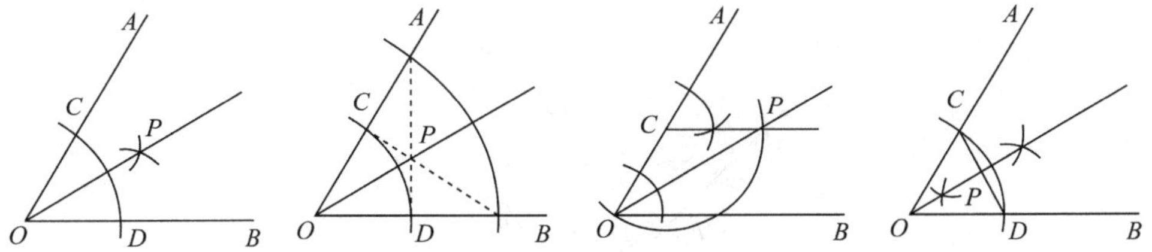

A. 1 个　　B. 2 个　　C. 3 个　　D. 4 个

目标分析：本题主要考查基本作图，以及角平分线的定义，正确地识别图形是本题解题的关键。

解法分析：根据角平分线的定义即可得到结论。

解：第一个图形中的射线 OP 为 $\angle AOB$ 的平分线；

第二个图形中的射线 OP 为 $\angle AOB$ 的平分线；

第三个图形中的射线 OP 为 $\angle AOB$ 的平分线；

第四个图形中的射线 OP 为 $\angle AOB$ 的平分线；

故选：D。

题源分析：第一个图形是基本作图中的作已知角的角平分线，第二个图形通过证明三角形全等得到 $\angle AOP=\angle BOP$，从而证明出 OP 为角平分线，第三个图形是基本作图中的作出一个角等于已知角，然后利用同位角相等证明直线 $CP/\!/OB$，通过基本作图得到等腰三角形 COP，等腰三角形 COP 结合 $CP/\!/OB$，证明出 OP 是角平分线，第四个图形通过基本作图得到等腰三角形 COD，再作线段 CD 的垂直平分线，结合等腰三角形的性质，证明 OP 是角平分线，本题可以培养学生观察、分析、推理的能力,要求学生可以灵活运用全等三角形的判定、平行线的性质和判定、垂直平分线的性质,教师在教学过程中要渗透这几个性质的综合运用,让学生能快速找到解决问题的方法,借助几何直观和空间想象感知事物的形态与变化,利用图形理解和解决数学问题,发展核心素养。

2. 如图,已知$\angle MAN$,以点A为圆心,以适当长为半径作弧,分别与AM、AN相交于点B,C;分别以B,C为圆心,以大于$\frac{1}{2}BC$的长为半径作弧,两弧在$\angle MAN$内部相交于点P,作射线AP。分别以A,B为圆心,以大于$\frac{1}{2}AB$的长为半径作弧,两弧相交于点D,E,作直线DE分别与AB,AP相交于点F,Q。若$AB=4$,$\angle PQE=67.5°$,则F到AN的距离为________。

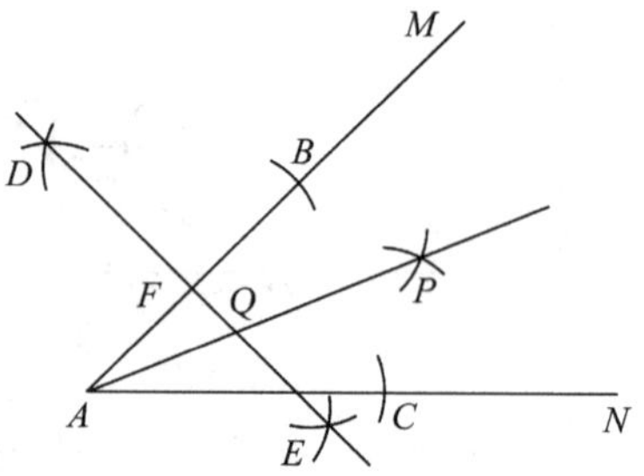

目标分析:本题主要考查基本作图中的作已知角的角平分线和作已知线段的垂直平分线,以及三角形内角和定理及勾股定理的应用。

解法分析:如图,过点F作$FH\perp AC$于点H,证明$\angle BAP=\angle CAP$,$DE\perp AB$,$AF=BF=\frac{1}{2}AB=2$,再证明$\angle FAH=45°$,再结合勾股定理可得答案。

题源分析:将基本作图中的作已知角的角平分线和作已知线段的垂直平分线结合起来,学生在掌握了三角形内角和定理、勾股定理及等腰三角形的判定的基础上,得到三角形AFH为等腰直角三角形。这道题考查学生的综合能力,学生需要会分析角的转化,并会利用已知角求出未知角,同时能够灵活应用勾股定理求出边的长度,教师在教学中要夯实学生的双基(基础知识、基本技能)的同时,引导学生学会解决问题。解决此类题目的关键是熟悉几何图形的基本性质。

3. 如图,已知线段 AB,按以下步骤作图:①过点 B 作 $BC\perp AB$,使 $BC=\frac{1}{2}AB$,连接 AC;②以点 C 为圆心,以 BC 长为半径画弧,交 AC 于点 D;③以点 A 为圆心,以 AD 长为半径画弧,交 AB 于点 E。若 $AE=mAB$,则 m 的值为(　　)。

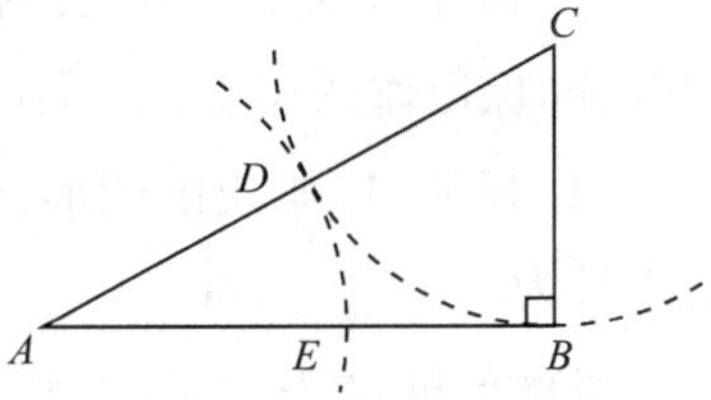

A. $\frac{\sqrt{5}-1}{2}$　　B. $\frac{\sqrt{5}-2}{2}$　　C. $\sqrt{5}-1$　　D. $\sqrt{5}-2$

目标分析:考查基本作图及勾股定理。

解法分析:令 AB 的长为 $2a$,根据题中所给作图步骤,可得出 BC 的长为 a,再用勾股定理表示出 AC 的长,进而可得出 AD(即 AE)的长,据此可解决问题。

题源分析:此题利用基本作图进行线段的转化,结合勾股定理进行求解,要求学生能准确找到相等的线段,通过设未知数并结合勾股定理将三角形的边用未知数表示出来,从而求出 m。在教学中要渗透设未知数的方法,然后结合已知条件去表示未知边,在表示的过程中,观察如何表示待求的线段 AE 和 AB,然后解决问题。

4. 马家窑文化以发达的彩陶著称于世,其陶质坚固,器表细腻,红、黑、白彩共用,彩绘线条流畅细致,图案繁缛多变,形成了绚丽典雅的艺术风格,创造了一大批令人惊叹的彩陶艺术精品,体现了古代劳动人民的智慧。如图 1 的彩陶纹样呈现的是三等分圆周,古人用等边三角形三点定位的方法确定圆周的三等分点,这种方法和下面三等分圆周的方法相通。如图 2,已知⊙O 和圆上一点 M。作法如下:

①以点 M 为圆心,OM 长为半径,作弧交⊙O 于 A,B 两点;

②延长 MO 交⊙O 于点 C;

即点 A,B,C 将⊙O 的圆周三等分。

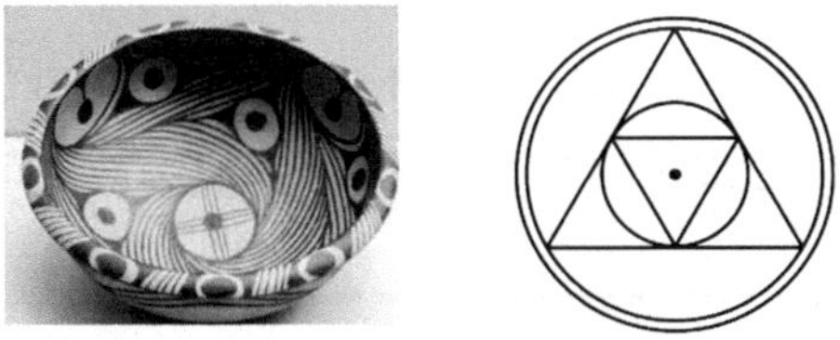

彩陶纹样　　三点定位法三等分圆周

图 1

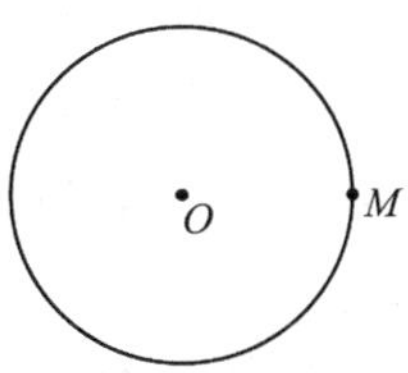

图 2

(1)请你依据以上步骤,用不带刻度的直尺和圆规在图 2 中将⊙O 的圆周三等分(保留作图痕迹,不写作法);

(2)根据(1)画出的图形,连接 AB,AC,BC,若⊙O 的半径为 2 cm,则△ABC 的周长为________ cm。

目标分析:掌握基本尺规作图。

解法分析:(1)根据尺规作图的基本步骤解答即可;

(2)连接 AM,设 AB,OM 的交点为 E,得到 $AE\perp OM$,根据⊙O 的半径为 2 cm,MC 是直径,△ABC 是等边三角形,计算即可得到答案。

题源分析:本题虽然考查的是基本作图,但是题目结合了等边三角形的判定、锐角三角函数、圆的相关性质、正多边形与圆等知识,解题的关键是理解题意,并灵活运用所学知识(例如直径对直角、等弧对等弦等)来解决问题。本题具有一定的综合性,需要学生会分析三角形与圆结合在一起所呈现的图形的一些特殊性质,培养学生运用直观想象力解决综合问题的能力、分解复杂图形的能力,引导学生用严谨的逻辑推理和所掌握的数学建模巧妙地解决问题。

5. 如图,直线 $l_1/\!/l_2$,点 C,A 分别在 l_1,l_2 上,以点 C 为圆心,CA 长为半径画弧,交 l_1 于点 B,连接 AB。若∠BCA=150°,则∠1 的度数为(　　)。

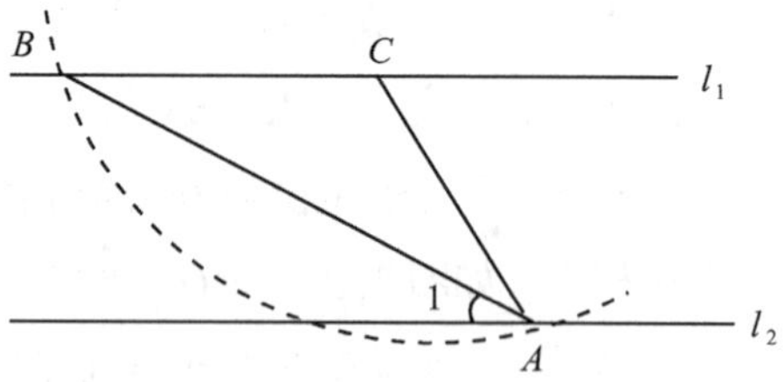

A. 10°　　*B*. 15°　　*C*. 20°　　*D*. 30°

目标分析:会利用基本作图得到等腰三角形,运用等腰三角形性质和平行线的性质解决角的转化问题。

解法分析:由题意可得 $AC=BC$,则∠CAB=∠CBA,由∠BCA=150°,∠BCA+∠CAB+∠CBA=180°,可得∠CAB=∠CBA=15°,再结合平行线的性质可得∠1=∠CBA=15°。

解:由题意可得 $AC=BC$,

所以∠CAB=∠CBA,

因为$\angle BCA=150°$，$\angle BCA+\angle CAB+\angle CBA=180°$，

所以$\angle CAB=\angle CBA=15°$，

因为$l_1//l_2$，

所以$\angle 1=\angle CBA=15°$。

故选 B。

题源分析：本题考查基本作图、等腰三角形的性质、平行线的性质、三角形内角和定理。需要学生能根据题意，找到等边对等角，并利用平行线的内错角相等，进而将要求的角和已知角紧密联系起来，利用内角和为 180°或者两直线平行同旁内角互补，巧妙的进行数形的结合，从而求出∠1 的度数，加强学生对等腰三角形与平行线的复合基本图形的认识，并且引导学生证明出图形中的角平分线。

五种基本作图：作一条线段等于已知线段、作一个角等于已知角、作已知线段的垂直平分线、作已知角的角平分线、过一点作已知直线的垂线。学生需要掌握尺规作图规范语言，掌握尺规作图基本步骤，掌握基础的尺规作图型试题，尺规作图型试题可能会涉及一些实际问题的应用，如建筑或地图上的尺规作图等，要求学生能够将抽象的几何概念与实际问题相结合，从而进行综合分析并解决问题。总之，尺规作图的考查方式多种多样，并不仅仅局限于简单的痕迹判断，还可以与其他几何图形相结合，或者涉及实际问题的应用，要求学生具备很强的逻辑思维能力与推理分析能力，因此，学生在学习过程中需要注重多角度的练习和思考，以应对不同类型的试题，并且可以结合所学知识综合灵活地解决问题。

2.2.4 阅读理解型试题

初中数学阅读理解型试题作为一种独特的题型，它的立意深远而广泛。它不仅考查学生的数学知识与技能，更侧重于评估学生对多种能力的综合运用与提升。这类题目通过构建丰富的情境，融入复杂的数学概念与逻辑，旨在促进学生全面发展。阅读理解型试题首先考查的是学生对基本概念、定理、公式的深入理解，阅读理解型试题还考查学生的逻辑推理能力，这类题目常融入文字、图表等多元信息，要求学生能够准确提取有用信息，排除干扰

项,进而对问题形成全面的理解,还可以培养学生将实际问题抽象为数学模型的能力。面对复杂多变的数学阅读理解型试题,学生需要掌握并运用多种问题解决策略,如分解复杂问题为简单子问题,利用已知条件进行假设推理,采用试错法寻找解决方案等。这些策略的运用不仅有助于快速解决问题,还能提升学生的问题解决能力与自主学习能力。

总之,初中数学阅读理解型试题,不仅要求学生阅读并理解题目,还需要学生能够灵活运用所学知识进行分析、计算,最终得出正确答案。因此,在数学教学中应充分重视并有效利用这一题型,以促进学生的全面发展与成长,提高学生数学学习的兴趣和动力。

有代表性试题

1. 下面是博学小组研究性学习报告的部分内容,请认真阅读,并完成相应任务。

关于“等边半正多边形”的研究报告

博学小组

研究对象:等边半正多边形。

研究思路:类比三角形、四边形,按“概念—性质—判定”的路径,由一般到特殊进行研究。

研究方法:观察(测量、实验)—猜想—推理证明。

研究内容:

【一般概念】对于一个凸多边形(边数为偶数),若其各边都相等,且相间的角相等、相邻的角不相等,我们称这个凸多边形为等边半正多边形。如图1,我们学习过的菱形(正方形除外)就是等边半正四边形,类似地,还有等边半正六边形、等边半正八边形……

【特例研究】根据等边半正多边形的定义,对等边半正六边形研究如下。

概念理解:如图2,如果六边形$ABCDEF$是等边半正六边形,那么$AB=BC=CD=DE=EF=FA$,$\angle A=\angle C=\angle E$,$\angle B=\angle D=\angle F$,且$\angle A\neq\angle B$。

性质探索:根据定义,探索等边半正六边形的性质,得到如下结论:

内角:等边半正六边形相邻两个内角的和为__▲__°。

对角线：……

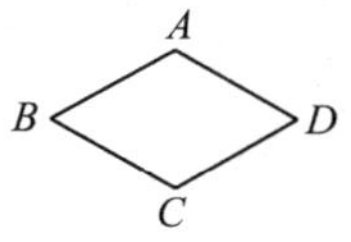

图 1

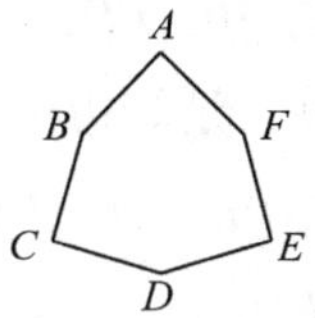

图 2

任务：

(1)直接写出研究报告中“▲”处空缺的内容：________。

(2)如图 3，六边形 $ABCDEF$ 是等边半正六边形。连接对角线 AD，猜想 $\angle BAD$ 与 $\angle FAD$ 的数量关系，并说明理由。

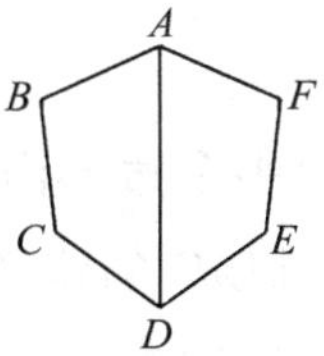

图 3

(3)如图 4，已知 $\triangle ACE$ 是正三角形，$\odot O$ 是它的外接圆。请在图 4 中作一个等边半正六边形 $ABCDEF$（要求：尺规作图，保留作图痕迹，不写作法）。

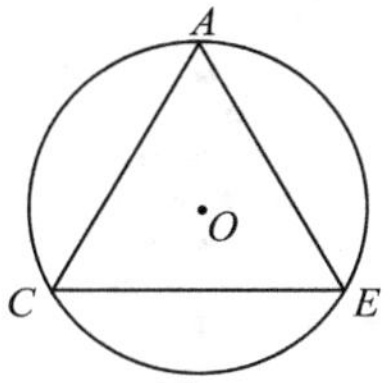

图 4

目标分析：根据阅读材料，解决有关等边半正六边形相邻两个内角和的问题。

解法分析：(1)六边形内角和为 720°，由等边半正六边形的定义即可得出相邻两内角和为 240°；

(2)如图，连接 BD，FD，通过全等很容易证出 $\angle BAD=\angle FAD$；

(3)作 AC，CE，AE 的垂直平分线，在圆内线上取一点或者圆外取一点都行，切记不能取在圆上，否则就是正六边形了。

解:(2) $\angle BAD=\angle FAD$。

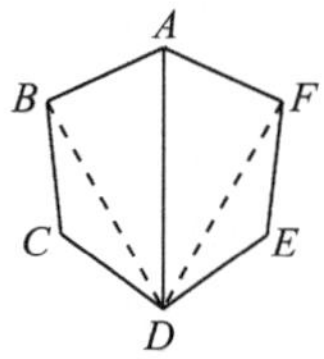

理由如下:如图连接 BD,FD,

因为六边形 $ABCDEF$ 是等边半正六边形,

所以 $AB=BC=CD=DE=EF=FA$,$\angle C=\angle E$,

所以 $\triangle BCD\cong\triangle FED$,

所以 $BD=FD$,

在 $\triangle ABD$ 与 $\triangle AFD$ 中,

$$\begin{cases}AB=AF,\\BD=FD,\\AD=AD,\end{cases}$$

所以 $\triangle BAD\cong\triangle FAD$,

所以 $\angle BAD=\angle FAD$。

题源分析:本题主要考查教材中多边形内角和以及全等的相关知识,类比三角形、四边形,按"概念—性质—判定"的路径,由一般到特殊进行研究。在复习时,学生要注意知识的理解和夯实,还要会灵活运用。

2. 阅读下面材料,并解决相关问题:

下图是一个三角点阵,从上向下数有无数多行,其中第一行有 1 个点,第二行有 2 个点,……,第 n 行有 n 个点……

容易发现,三角点阵中前 4 行的点数之和为 10。

(1)探索:三角点阵中前 8 行的点数之和为________,前 15 行的点数之和为________,那么,前 n 行的点数之和为________。

(2)体验:三角点阵中前 n 行的点数之和________(填"能"或"不能")为 500。

(3)运用:某广场要摆放若干种造型的盆景,其中一种造型要用 420 盆同样规格的花,按照第一排 2 盆,第二排 4 盆,第三排 6 盆……第 n 排 $2n$ 盆的规律摆放而成,则一共能摆放多少排?

目标分析:能够发现规律,总结规律。

解法分析:(1)根据图形,总结规律,列式计算即可求解;

(2)假设前 n 行的点数和是 500,即可得出关于 n 的一元二次方程,解方程即可判断;

(3)先得到前 n 行的点数和是 $\frac{1}{2}n(n+1)$,再根据题意得出关于 n 的一元二次方程,解方程即可得出 n 的值。

解:(1)三角点阵中前 8 行的点数之和为 $1+2+3+4+5+6+7+8=\frac{1}{2}(1+8)\times8=36$,

前 15 行的点数之和为 $1+2+3+\cdots+14+15=\frac{1}{2}(1+15)\times15=120$,

那么,前 n 行的点数之和为 $1+2+3+\cdots+n=\frac{1}{2}(1+n)\times n=\frac{1}{2}n(n+1)$。

故答案为:36;120;$\frac{1}{2}n(n+1)$。

(2)不能,理由如下:

由题意得 $\frac{1}{2}n(n+1)=500$,得 $n^2+n-1000=0$,

$\Delta=1^2-4\times(-1000)=4001$,所以此方程无正整数解,

所以三角点阵中前 n 行的点数和不能是 500。

故答案为:不能。

(3)同理,前 n 行的点数之和为 $2+4+6+\cdots+2n=2\times\frac{1}{2}(1+n)\times n=n(n+1)$,

由题意得 $n(n+1)=420$,得 $n^2+n-420=0$,即 $(n+21)(n-20)=0$,

解得 $n=20$ 或 $n=-21$(舍去)。

答:一共能摆放 20 排。

题源分析:本题考查一元二次方程的应用。找准等量关系,正确列出一元二次方程是解题的关键。

3. 数学兴趣小组开展探究活动,研究了“正整数 N 能否表示为 x^2-y^2(x,y 均为自然数)”的问题。

(1)指导教师将学生的发现进行整理,部分信息如下(n 为正整数):

N	奇数	4 的倍数
表示结果	$1=1^2-0^2$ $3=2^2-1^2$ $5=3^2-2^2$ $7=4^2-3^2$ $9=5^2-4^2$ …	$4=2^2-0^2$ $8=3^2-1^2$ $12=4^2-2^2$ $16=5^2-3^2$ $20=6^2-4^2$ …
一般结论	$2n-1=n^2-(n-1)^2$	$4n=$

按上表规律,完成下列问题:

(ⅰ)$24=(\quad\quad)^2-(\quad\quad)^2$;

(ⅱ)$4n=$____________________;

(2)兴趣小组还猜测:像 2,6,10,14,…这些形如 $4n-2$(n 为正整数)的正整数 N 不能表示为 x^2-y^2(x,y 均为自然数)。师生一起研讨,分析过程如下:

假设 $4n-2=x^2-y^2$,其中 x,y 均为自然数。

分下列三种情形分析:

①若 x,y 均为偶数,设 $x=2k,y=2m$,其中 k,m 均为自然数,

则 $x^2-y^2=(2k)^2-(2m)^2=4(k^2-m^2)$为 4 的倍数。

而 $4n-2$ 不是 4 的倍数,矛盾。故 x,y 不可能均为偶数。

②若 x,y 均为奇数,设 $x=2k+1,y=2m+1$,其中 k,m 均为自然数,

则 $x^2-y^2=(2k+1)^2-(2m+1)^2=$__________为 4 的倍数。

而 $4n-2$ 不是 4 的倍数,矛盾。故 x,y 不可能均为奇数。

③若 x,y 一个是奇数一个是偶数,则 x^2-y^2 为奇数。

而 $4n-2$ 是偶数,矛盾。故 x,y 不可能一个是奇数一个是偶数。

由①②③可知,猜测正确。

阅读以上内容,请在情形②的横线上填写所缺内容。

目标分析:能够发现规律,总结规律。

解法分析:(1)由所给数据可推出 $24=4\times6=(6+1)^2-(6-1)^2=7^2-5^2$;

(2)结合第一问发现规律:$4n=4\cdot n=(n+1)^2-(n-1)^2$;

(3)利用平方差公式、因式分解,即可得到答案。

解:(1)$4=4\times1=(1+1)^2-(1-1)^2$,

$8=4\times2=(2+1)^2-(2-1)^2$,

$12=4\times3=(3+1)^2-(3-1)^2$,

$20=4\times5=(5+1)^2-(5-1)^2$,

$24=4\times6=(6+1)^2-(6-1)^2=7^2-5^2$,

……

$4n=(n+1)^2-(n-1)^2$,

故答案为:7;5。

(2)由(1)推导的规律可知 $4n=(n+1)^2-(n-1)^2$,

故答案为:$4n=(n+1)^2-(n-1)^2$。

(3)$(2k+1)^2-(2m+1)^2=(2k+1+2m+1)(2k+1-2m-1)=4(k^2-m^2+k-m)$。

故答案为:$4(k^2-m^2+k-m)$。

题源分析:本题主要考查因式分解的应用,同时还考查数字规律变化,与往年中考形式一致,理解题意,掌握因式分解等相关知识是解题关键。

数学阅读是掌握数学语言的前提,是顺利、有效地进行数学学习活动的重要基础之一,数学阅读的教学,使学生在不断的数学阅读中逐步领悟数学语言,提升数学素养。新课程标准明确指出“动手实践、自主探索与合作交流是学生学习数学的重要方式”,数学阅读是学生自主探索和自主学习的必要途径。

总之,初中数学学科的阅读理解型试题在教学上具有重要的功能,能够提高学生的数学思维能力、实践能力、学习兴趣和全面发展水平。因此,教师在教学中应重视阅读理解型试题的选编和使用,注重培养学生的应用意识和实践能力。

2.2.5 综合与实践型试题

初中数学综合与实践型试题是近年来数学教育领域中的一个重要内容,

旨在通过实际应用场景和综合性问题，考查学生对数学知识的综合运用能力和对问题的解决能力。初中数学综合与实践试题的特点主要体现在以下几个方面。

1. 综合与实践型试题注重数学知识的整体性和综合性。这些试题不仅涵盖了代数、几何、概率统计等多个数学分支的知识，还要求学生能够将这些知识有机地结合起来，形成系统的思维框架。这样的试题设计有助于打破章节和学科的界限，提高学生的综合运用能力和迁移能力。

2. 综合与实践型试题具有高度的实践性和探究性。这些试题往往与社会和生活紧密相连，让学生在解题的过程中获得实践经验，满足他们的求知欲和探索欲。通过研究式的探索活动，学生可以在原有知识的基础上通过自主探索形成新的知识体系。

3. 综合与实践型试题还具有开放性。这种开放性不仅体现在课题的来源上，还体现在学习的形式、学习的空间和解决问题的方法上。学生可以通过走访调查、查阅资料、数学建模、操作性实验等多种形式来学习，学习的空间也不局限于课堂，还可以走出课堂进行实践。同时，解决问题的方法也不唯一，结果也不唯一，这为学生提供了更多的思考空间和创新机会。

4. 综合与实践型试题还注重过程性。这些试题不仅关注问题的结果，更关注学生在解题过程中的参与和体验。通过让学生在过程中充分体会数学的价值、数学与生活的密切联系，可以培养学生的动手能力、交流能力和探索能力。这种过程的价值有时甚至超越了结果的价值。

综上所述，初中数学综合与实践型试题具有整体性、实践性、探究性、综合性和开放性等特点，这些特点使得这些试题在培养学生的数学素养和综合能力方面具有重要意义。初中数学综合与实践型试题通过其独特的设计和丰富的内涵，为学生提供了一个全面、深入、具有实践性的学习平台。在这个平台上，学生不仅能够掌握数学知识，还能够培养各种重要的技能，为学生的全面发展奠定坚实的基础。

中考真题赏析

1. 综合与实践

主题：制作无盖正方体形纸盒。

素材：一张正方形纸板。

步骤1：如图1，将正方形纸板的边长三等分，画出九个相同的小正方形，并剪去四个角上的小正方形；

步骤2：如图2，把剪好的纸板折成无盖正方体形纸盒。

猜想与证明：(1)直接写出纸板上$\angle ABC$与纸盒上$\angle A_1B_1C_1$的大小关系；

(2)证明(1)中你发现的结论。

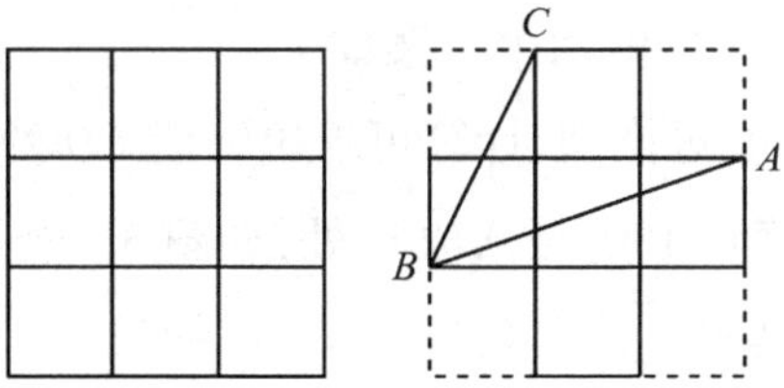

图1

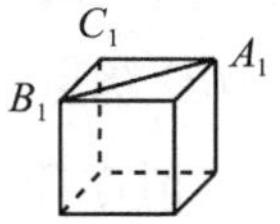

图2

目标分析：本题考查正方形的性质、勾股定理和勾股定理的逆定理、等腰直角三角形的判定与性质，以及展开图折叠成几何体。

解法分析：(1)根据等腰直角三角形的性质即可求解；

(2)根据勾股定理和勾股定理的逆定理以及正方形的性质即可求解。

解：(1) $\angle ABC=\angle A_1B_1C_1$；

(2)因为A_1B_1为正方形对角线，所以$\angle A_1B_1C_1=45°$，

设每个方格的边长为1，则$AB=\sqrt{1^2+3^2}=\sqrt{10}$，$AC=BC=\sqrt{1^2+2^2}=\sqrt{5}$，

因为$AC^2+BC^2=AB^2$，

所以由勾股定理的逆定理可得$\triangle ABC$是等腰直角三角形，

所以$\angle ABC=45°$，所以$\angle ABC=\angle A_1B_1C_1$。

题源分析：此题是对教材中“空间与图形”部分立体图形及角等知识的综合考查，同时还考查学生对于平面图形和立体图形的相互转化，学生能将立体图

形中角的确定转化为平面图形中角的确定，即利用俯视图来求解，这种转化思想是解决问题的关键。

2.【问题背景】

如图1，数学实践课上，学习小组进行探究活动，老师要求大家对矩形$ABCD$进行如下操作：①分别以点B，C为圆心，以大于$\frac{1}{2}BC$的长度为半径作弧，两弧相交于点E，F，作直线EF交BC于点O，连接AO；②将$\triangle ABO$沿AO翻折，点B的对应点落在点P处，作射线AP交CD于点Q。

【问题提出】

在矩形$ABCD$中，$AD=5$，$AB=3$，求线段CQ的长；

【问题解决】

经过小组合作、探究、展示，其中的两个方案如下：

方案一：连接OQ，如图2。经过推理、计算可求出线段CQ的长。

方案二：将$\triangle ABO$绕点O旋转180°至$\triangle RCO$处，如图3。经过推理、计算可求出线段CQ的长。请你任选其中一种方案求线段CQ的长。

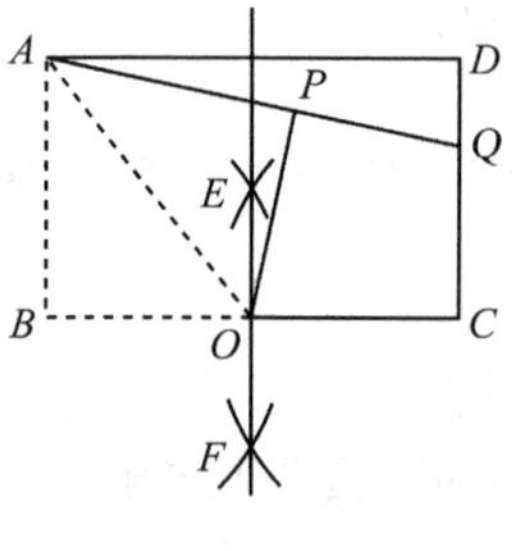

图1

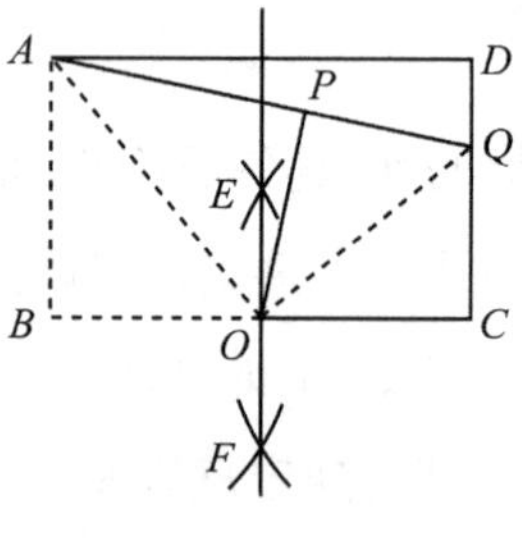

图2

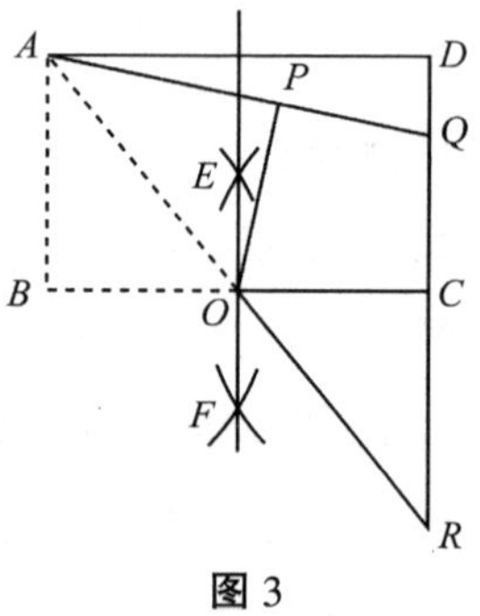

图3

目标分析：本题综合运用矩形的性质、等腰三角形的性质、轴对称性质、尺规作图、全等、勾股定理和一元二次方程等知识解决综合与实践型试题。

解法分析：根据折叠性质及旋转性质得到三角形全等，进而得到相等角及相等线段，通过线段的数量关系，然后利用方程思想进行计算。认真审题，运用数学知识和方法进行求解。利用两种方案进行计算，明确解法的多样性。

解:方案一:如图,连接 OQ,

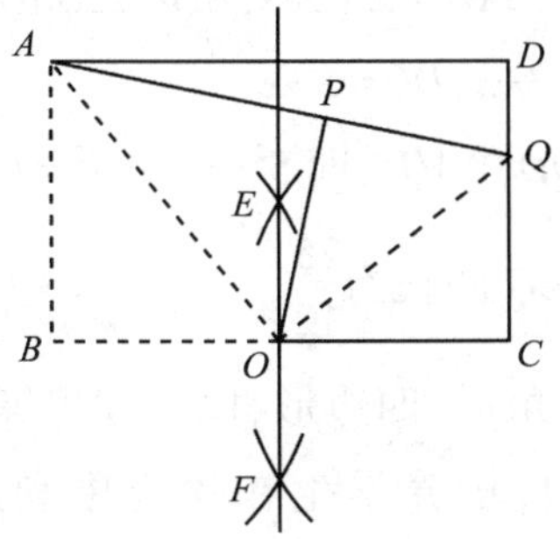

因为四边形 $ABCD$ 是矩形,所以 $AB=CD=3$,$AD=BC=5$,

由尺规作图可知 $BO=OC=\frac{1}{2}BC=2.5$,

由翻折的不变性可知 $AP=AB=3$,$OP=OB=2.5$,$\angle APO=\angle B=90°$,

所以 $OP=OC=2.5$,$\angle QPO=\angle C=90°$,

又因为 $OQ=OQ$,所以 $\triangle QPO\cong\triangle QCO$,所以 $PQ=CQ$,

设 $PQ=CQ=x$,则 $AQ=3+x$,$DQ=3-x$,

在 Rt$\triangle ADQ$ 中,$AD^2+QD^2=AQ^2$,即 $5^2+(3-x)^2=(3+x)^2$,

解得 $x=\frac{25}{12}$,所以线段 CQ 的长为$\frac{25}{12}$。

方案二:如图,将$\triangle ABO$ 绕点 O 旋转 180°至$\triangle RCO$ 处,

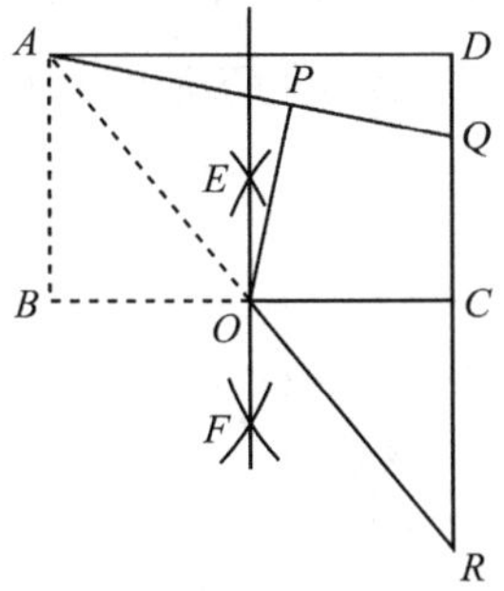

因为四边形 $ABCD$ 是矩形,所以 $AB=CD=3$,$AD=BC=5$,

由尺规作图可知 $BO=OC=\frac{1}{2}BC=2.5$,

由旋转的不变性可知 $RC=AB=3$,$\angle BAO=\angle R$,$\angle B=\angle OCR=90°$,

则$\angle OCR+\angle OCD=90°+90°=180°$,所以 D,C,R 共线,

由翻折的不变性可知$\angle BAO=\angle OAQ$,所以$\angle OAQ=\angle R$,所以 $QA=QR$,

设 $CQ=x$,则 $QA=QR=3+x$,$DQ=3-x$,

在 Rt$\triangle ADQ$ 中,$AD^2+QD^2=AQ^2$,即 $5^2+(3-x)^2=(3+x)^2$,

解得 $x=\frac{25}{12}$,所以线段 CQ 的长为$\frac{25}{12}$。

题源分析:此题是对三角形、四边形,以及方程等知识的综合考查,同时还考查学生综合运算的能力,培养学生在探究中利用所学知识解决问题的能力。

3. 数学活动课上,同学们将两个全等的三角形纸片完全重合放置,固定一个顶点,然后将其中一个纸片绕这个顶点旋转,来探究图形旋转的性质。已知三角形纸片 ABC 和 ADE 中,$AB=AD=3$,$BC=DE=4$,$\angle ABC=\angle ADE=90°$。

【初步感知】

(1)如图 1,连接 BD,CE,在纸片 ADE 绕点 A 旋转过程中,试探究$\frac{BD}{CE}$的值。

【深入探究】

(2)如图 2,在纸片 ADE 绕点 A 旋转过程中,当点 D 恰好落在$\triangle ABC$ 的中线 BM 的延长线上时,延长 ED 交 AC 于点 F,求 CF 的长。

【拓展延伸】

(3)在纸片 ADE 绕点 A 旋转过程中,试探究 C,D,E 三点能否构成直角三角形。若能,直接写出所有直角三角形 CDE 的面积;若不能,请说明理由。

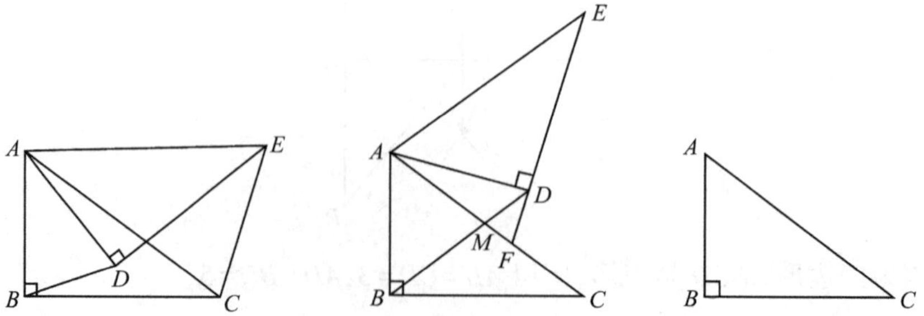

图 1　　图 2　　备用图

目标分析:本题考查图形旋转、全等三角形的判定与性质、三角函数、相似、

勾股定理等知识点。

解法分析：(1)因为 $AB=AD=3$，$BC=DE=4$，$\angle ABC=\angle ADE=90°$，

所以 $\triangle ADE\cong\triangle ABC$，$AC=AE=\sqrt{3^2+4^2}=5$，所以 $\angle DAE=\angle BAC$，

所以 $\angle DAE-\angle DAC=\angle BAC-\angle DAC$ 即 $\angle CAE=\angle BAD$，

因为 $\frac{AD}{AB}=\frac{AE}{AC}=1$，所以 $\triangle ADB\backsim\triangle AEC$，所以 $\frac{BD}{CE}=\frac{AB}{AC}$，

因为 $AB=3$，$AC=5$，所以 $\frac{BD}{CE}=\frac{3}{5}$。

(2)如图，连接 CE，延长 BM 交 CE 于点 Q，连接 AQ 交 EF 于点 P，延长 EF 交 BC 于点 N，

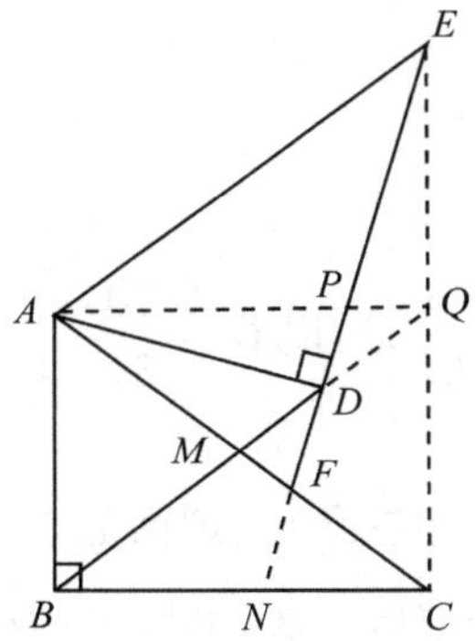

由(1)可知 $\triangle ADB\backsim\triangle AEC$，所以 $\angle ABD=\angle ACE$，

因为 BM 是 $\triangle ABC$ 的中线，所以 $BM=AM=CM=\frac{1}{2}AC=\frac{5}{2}$，

所以 $\angle MBC=\angle MCB$，

因为 $\angle ABD+\angle MBC=90°$，所以 $\angle ACE+\angle MCB=90°$，即 $\angle BCE=90°$，

所以 $AB/\!/CE$，

所以 $\angle BAM=\angle QCM$，$\angle ABM=\angle CQM$，

又因为 $AM=CM$，所以 $\triangle BAM\cong\triangle QCM$，

所以 $BM=QM$，所以四边形 $ABCQ$ 是平行四边形，

因为 $\angle ABC=90°$，所以四边形 $ABCQ$ 是矩形，

所以 $AB=CQ=3$，$BC=AQ=4$，$\angle AQC=90°$，$PQ/\!/CN$，

所以 $EQ=\sqrt{AE^2-AQ^2}=\sqrt{5^2-4^2}=3$，所以 $EQ=CQ$，

所以 PQ 是 $\triangle CEN$ 的中位线，所以 $PQ=\frac{1}{2}CN$，

设 $PQ=x$，则 $CN=2x$，$AP=4-x$，

因为 $\angle EPQ=\angle APD$，$\angle EQP=90°=\angle ADP$，$EQ=AD=3$，

所以 $\triangle EQP \cong \triangle ADP$，

所以 $EP=AP=4-x$，

因为 $EP^2=PQ^2+EQ^2$，所以 $(4-x)^2=x^2+3^2$，

解得：$x=\frac{7}{8}$，所以 $AP=4-x=\frac{25}{8}$，$CN=2x=\frac{7}{4}$，

因为 $PQ/\!/CN$，所以 $\triangle APF \backsim \triangle CNF$，所以 $\frac{AP}{CN}=\frac{AF}{CF}$，

所以 $\frac{AP+CN}{CN}=\frac{AF+CF}{CF}=\frac{AC}{CF}$，

因为 $AC=5$，所以 $\frac{\frac{25}{8}+\frac{7}{4}}{\frac{7}{4}}=\frac{5}{CF}$，所以 $CF=\frac{70}{39}$。

(3) C，D，E 三点能构成直角三角形，理由如下：

①如图，当 AD 在 AC 上时，$DE\perp AC$，此时 $\triangle CDE$ 是直角三角形，

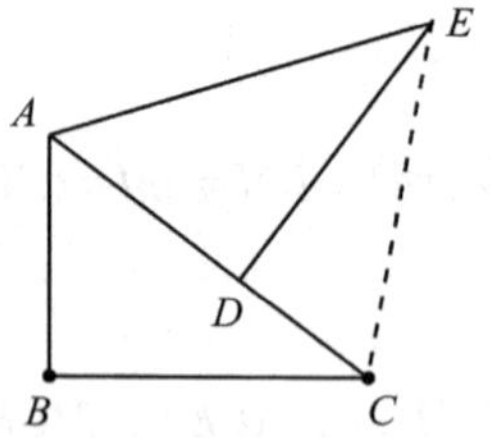

所以 $S_{\triangle CDE}=\frac{1}{2}CD\cdot DE=\frac{1}{2}\times(5-3)\times 4=4$。

②如图，当 AD 在 CA 的延长线上时，$DE\perp AC$，此时 $\triangle CDE$ 是直角三角形，

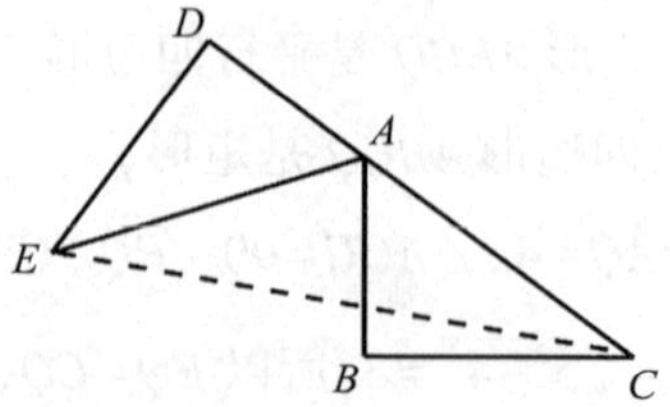

所以 $S_{\triangle CDE}=\frac{1}{2}CD\cdot DE=\frac{1}{2}\times(5+3)\times4=16$。

③如图，当 $DE\perp EC$ 时，$\triangle CDE$ 是直角三角形，过点 A 作 $AQ\perp EC$ 于点 Q，

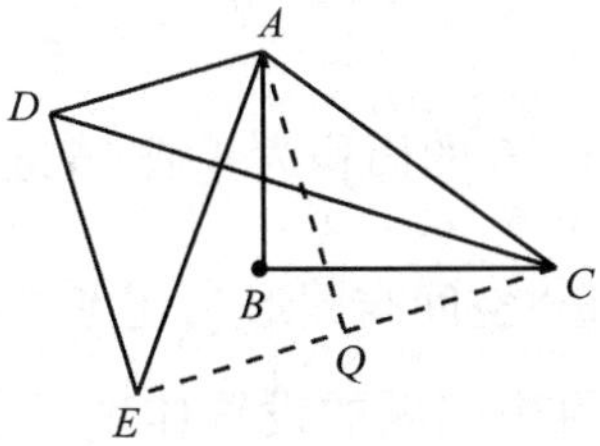

因为 $AQ\perp EC$，$DE\perp EC$，$DE\perp AD$，所以四边形 $ADEQ$ 是矩形，

所以 $AD=EQ=3$，$AQ=DE=4$，

因为 $AE=AC=5$，所以 $EQ=CQ=\frac{1}{2}CE$，所以 $\frac{1}{2}CE=3$，所以 $CE=6$，

所以 $S_{\triangle CDE}=\frac{1}{2}AQ\cdot CE=\frac{1}{2}\times4\times6=12$。

④如图，当 $DC\perp EC$ 时，$\triangle CDE$ 是直角三角形，

过点 A 作 $AQ\perp EC$ 交 EC 于点 Q，交 DE 于点 N，

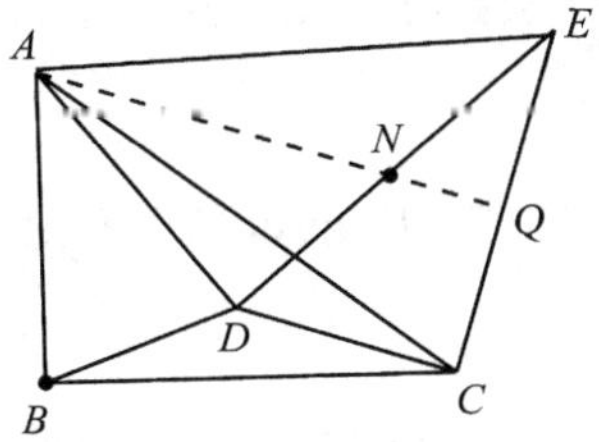

因为 $DC\perp EC$，$AQ\perp EC$，所以 $AQ/\!/DC$，

因为 $AC=AE$，$AQ\perp EC$，所以 $EQ=CQ$，所以 NQ 是 $\triangle CDE$ 的中位线，

所以 $ND=NE=\frac{1}{2}DE=2$，$CD=2NQ$，

因为 $\angle AND=\angle ENQ$，$\angle ADN=\angle EQN=90°$，所以 $\angle DAN=\angle QEN$，

所以 $\tan\angle DAN=\tan\angle QEN$，所以 $\frac{DN}{AD}=\frac{NQ}{EQ}$，所以 $\frac{NQ}{EQ}=\frac{2}{3}$，所以 $NQ=\frac{2}{3}EQ$，

因为 $NQ^2+EQ^2=NE^2$，所以 $(\frac{2}{3}EQ)^2+EQ^2=2^2$，解得 $EQ=\frac{6\sqrt{13}}{13}$，

所以 $CE=2EQ=\frac{12\sqrt{13}}{13}$，$NQ=\frac{2}{3}EQ=\frac{4\sqrt{13}}{13}$，

所以 $CD=2NQ=\frac{8\sqrt{13}}{13}$，所以 $S_{\triangle CDE}=\frac{1}{2}CD\cdot CE=\frac{1}{2}\times\frac{8\sqrt{13}}{13}\times\frac{12\sqrt{13}}{13}=\frac{48}{13}$。

综上所述，直角三角形 CDE 的面积为 4 或 16 或 12 或 $\frac{48}{13}$。

题源分析：本题主要考查“空间与图形”，还考查如何借助勾股定理、相似等知识处理几何旋转问题，题目中问题的设置体现了由一般到特殊的设计理念。通过设计的开放性问题能激发学生的思考和创造力，鼓励学生从多个角度、多个层面去分析问题，从而得到更全面、更深入的答案。这种深度思考的过程，有助于挖掘出更多潜在的信息和见解，为解决问题或做出决策提供有力的支持。

4. 综合与实践

如图 1，这个图案是 3 世纪我国汉代的赵爽在注解《周髀算经》时给出的，人们称它为“赵爽弦图”，受这幅图的启发，数学兴趣小组建立了“一线三直角模型”。如图 2，在 $\triangle ABC$ 中，$\angle A=90°$，将线段 BC 绕点 B 顺时针旋转 90°得到线段 BD，作 $DE\perp AB$ 交 AB 的延长线于点 E。

(1)**【观察感知】**

如图 2，通过观察，线段 AB 与 DE 的数量关系是________________；

(2)**【问题解决】**

如图 3，连接 CD 并延长交 AB 的延长线于点 F，若 $AB=2$，$AC=6$，求 $\triangle BDF$ 的面积；

(3)**【类比迁移】**

在(2)的条件下，连接 CE 交 BD 于点 N，则 $\frac{BN}{BC}=$________________；

(4)**【拓展延伸】**

在(2)的条件下，在直线 AB 上找点 P，使 $\tan\angle BCP=\frac{2}{3}$，请直接写出线段 AP 的长度。

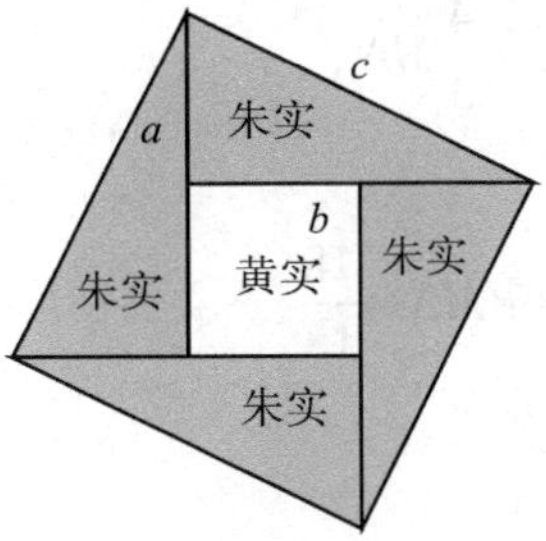

图1

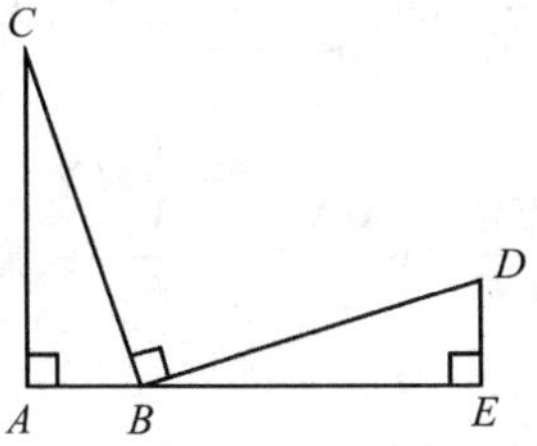

图2

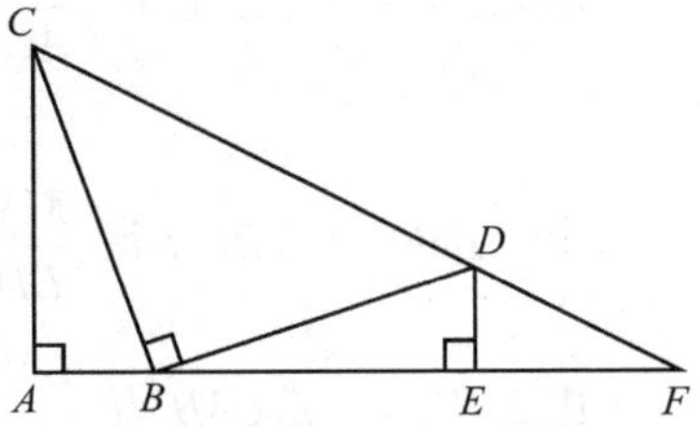

图3

目标分析:本题是以“赵爽弦图”为素材设计的综合与实践型试题,主要考查旋转、全等三角形的性质与判定、相似三角形的性质与判定、勾股定理、三角函数等知识,解题的关键是将问题以勾股定理或相似为切入点进行分析,从而建立方程进行求解。

解法分析:(1)因为线段 BC 绕点 B 逆时针旋转90°得到线段 BD,所以 $BC=BD$,$\angle CBD=90°$,

所以 $\angle BCA=\angle DBE=90°-\angle ABC$,

因为 $\angle A=\angle E=90°$,所以 $\triangle ABC\cong\triangle EDB$(AAS),所以 $AB=ED$,

故答案为:$AB=DE$。

(2)由(1)可知 $\triangle ABC\cong\triangle EDB$,所以 $AB=ED$,$AC=EB$,

因为 $AB=2$,$AC=6$,所以 $ED=2$,$EB=6$,所以 $AE=AB+BE=8$,

因为 $\angle DEB+\angle A=180°$,所以 $DE/\!/AC$,所以 $\triangle DEF\backsim\triangle CAF$,

所以$\dfrac{DE}{CA}=\dfrac{EF}{AF}$,即$\dfrac{2}{6}=\dfrac{EF}{EF+8}$,所以 $EF=4$,

所以 $BF=BE+EF=10$,所以 $S_{\triangle BDF}=\dfrac{1}{2}BF\cdot DE=10$。

(3)如图,过 N 作 $NM\perp AE$ 于点 M,

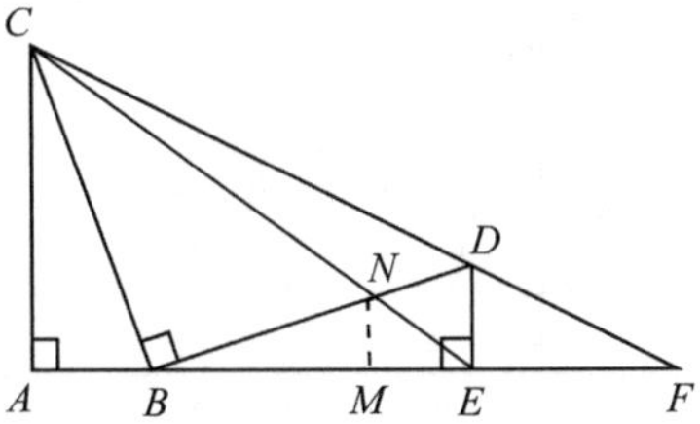

由$\triangle EMN\backsim\triangle EAC$得，$\frac{MN}{AC}=\frac{EM}{EA}$，即$\frac{MN}{6}=\frac{EM}{8}$，所以$EM=\frac{4}{3}MN$，

由$\triangle BMN\backsim\triangle BED$得，$\frac{MN}{ED}=\frac{BM}{BE}$，即$\frac{MN}{2}=\frac{6-\frac{4}{3}MN}{6}$，解得$MN=\frac{18}{13}$，

由$\triangle BMN\backsim\triangle CAB$得，$\frac{BN}{CB}=\frac{MN}{AB}=\frac{9}{13}$。

故答案为：$\frac{9}{13}$。

(4)①当点P在点B左侧时，如图所示，过P作$PQ\perp BC$于点Q，

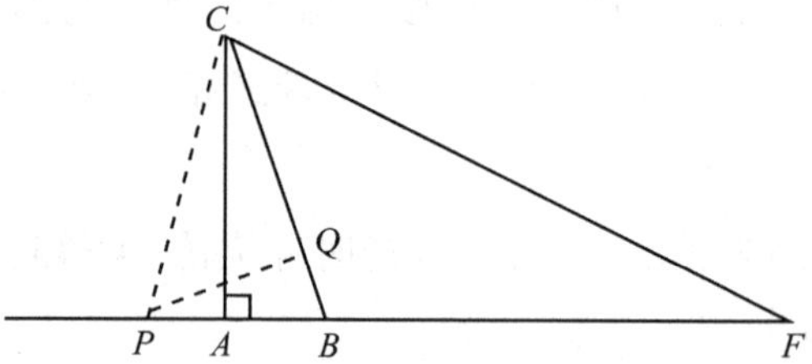

因为$\tan\angle BCP=\frac{PQ}{CQ}=\frac{2}{3}$，$\tan\angle ABC=\frac{PQ}{BQ}=\frac{AC}{AB}=3$，

所以$PQ=\frac{2}{3}CQ$，$PQ=3BQ$，

设$BQ=2a$，则$PQ=6a$，$CQ=9a$，所以$BC=BQ+CQ=11a$，

因为$BC=\sqrt{AB^2+AC^2}=2\sqrt{10}=11a$，所以$a=\frac{2\sqrt{10}}{11}$，

所以$BP=\sqrt{BQ^2+PQ^2}=2\sqrt{10}a=\frac{40}{11}$，

所以$AP=BP-AB=\frac{18}{11}$。

②当点P在点B右侧时，如图所示，作$PG\perp BC$交BC延长线于点G，

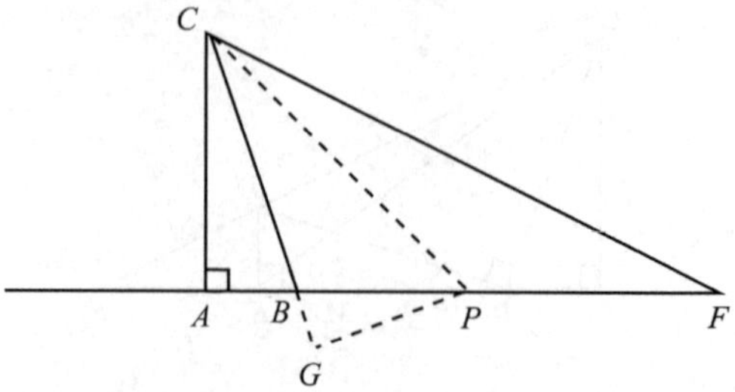

$\tan\angle BCP=\dfrac{PG}{CG}=\dfrac{2}{3}$，$\tan\angle PBG=\tan\angle ABC$，即$\dfrac{PG}{BG}=\dfrac{AC}{AB}=3$，

所以 $PC=\dfrac{2}{3}CG$，$PG=3BG$，

设 $BG=2b$，则 $PG=6b$，$CG=9b$，

所以 $BC=CG-BG=7b$，

因为 $BC=\sqrt{AB^2+AC^2}=2\sqrt{10}=7b$，

所以 $b=\dfrac{2\sqrt{10}}{7}$，

所以 $BP=\sqrt{BG^2+PG^2}=2\sqrt{10}b=\dfrac{40}{7}$，

所以 $AP=AB+BP=\dfrac{54}{7}$。

综上，AP 的长度为$\dfrac{18}{11}$或$\dfrac{54}{7}$。

题源分析：此题是对教材中“空间与图形”部分的几何推理与运算的综合考查，将传统文化有机结合到综合实践问题中，使学生感受到勾股定理在解决问题中的重要作用，同时使学生明白数形结合及分类讨论的思想也是初中数学需要考查的重要思想。

5.**【问题情境】**

(1)如图 1，圆与大正方形的各边都相切，小正方形是圆的内接正方形，那么大正方形面积是小正方形面积的几倍？小昕将小正方形绕圆心旋转 45°(如图 2)，这时候就容易发现大正方形面积是小正方形面积的________倍。由此可见，图形变化是解决问题的有效策略。

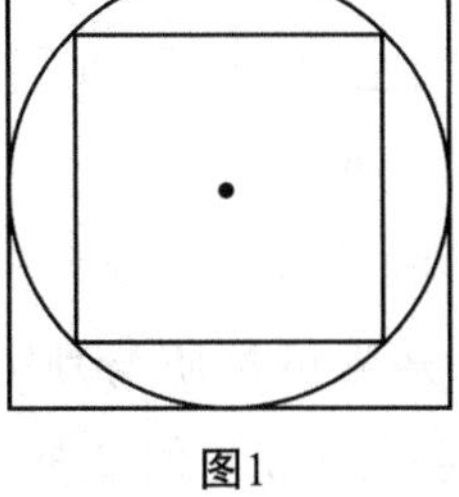

图1

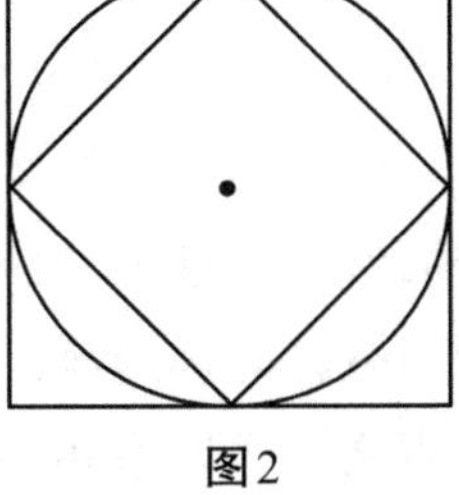

图2

【操作实践】

(2)如图3,图①是一个对角线互相垂直的四边形,四边 a,b,c,d 之间存在某种数量关系。小昕按所示步骤进行操作,并将最终图形抽象成图4。请你结合整个变化过程,直接写出图4中以矩形内一点 P 为端点的四条线段之间的数量关系。

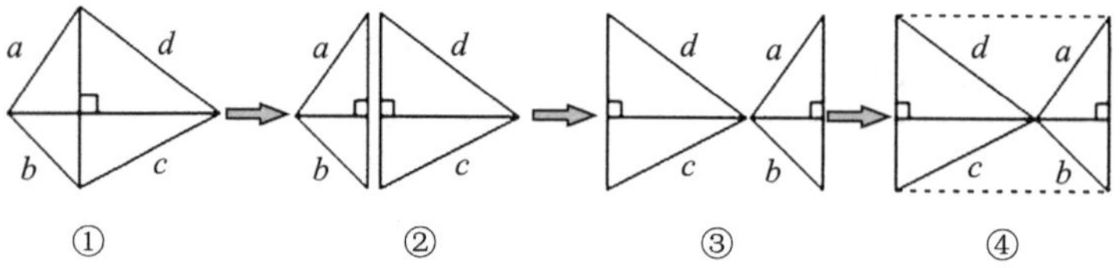

图3

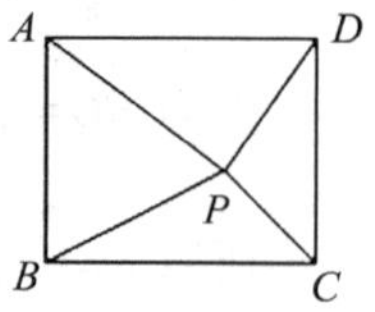

图4

【探究应用】

(3)如图5,在图3中"④"的基础上,小昕将$\triangle PDC$绕点 P 逆时针旋转,他发现旋转过程中$\angle DAP$存在最大值。若 $PE=8$,$PF=5$,当$\angle DAP$最大时,求 AD 的长。

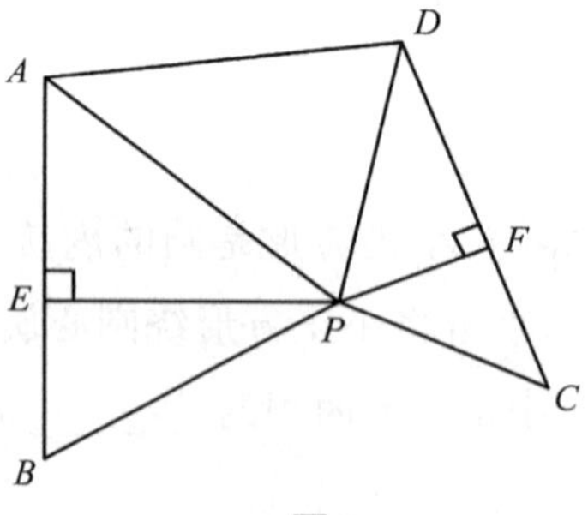

图5

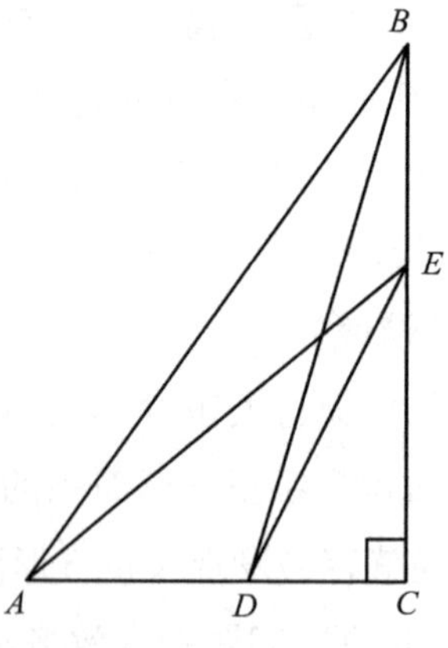

图6

(4)如图6,在 Rt$\triangle ABC$ 中,$\angle C=90°$,点 D,E 分别在边 AC 和 BC 上,连接 DE,AE,BD。若 $AC+CD=5$,$BC+CE=8$,求 $AE+BD$ 的最小值。

目标分析:本题是"空间与图形"中三角形、四边形的综合与实践型试题,主要考查平移、轴对称、旋转、全等三角形的性质与判定、矩形的性质与判定、勾股定理、两点之间线段最短、圆等知识,解题时可以将问题通过几何变换进行转化,然后运用勾股定理建立关系或进行相关运算。

解法分析:(1)如图,

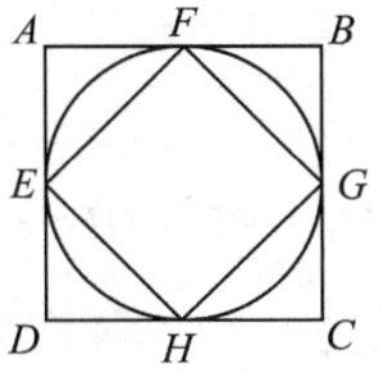

因为圆为正方形 $ABCD$ 的内切圆,正方形 $ABCD$ 为正方形 $EFGH$ 的外接正方形,所以设 $AE=DE=DH=CH=CG=BG=AF=BF=m$, $\angle A=90°$,

所以 $AB-AD-2m$, $EF-\sqrt{m^2+m^2}-\sqrt{2}m$,

所以 $S_{正方形ABCD}=4m^2$, $S_{正方形EFGH}=(\sqrt{2}m)^2=2m^2$,所以大正方形面积是小正方形面积的 2 倍。

故答案为:2。

(2)如图,

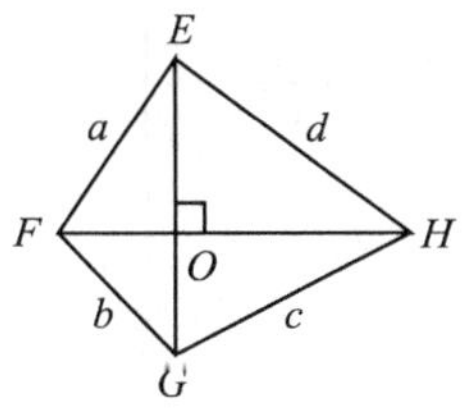

因为 $EG\perp FH$,

所以 $a^2=OF^2+OE^2$, $c^2=OG^2+OH^2$, $d^2=OE^2+OH^2$, $b^2=OF^2+OG^2$,

所以 $a^2+c^2=b^2+d^2$,结合图形变换可得:$PA^2+PC^2=PB^2+PD^2$。

(3)如图,因为将 $\triangle PDC$ 绕点 P 逆时针旋转,所以点 D 在以点 P 为圆心,PD 为半径的圆上运动,

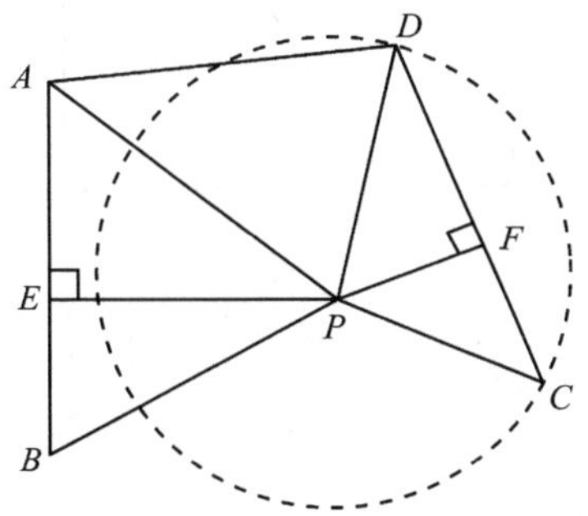

因为 A 为圆外一个定点,所以当 AD 与 $\odot P$ 相切时,$\angle DAP$ 最大,

所以 $PD\perp AD$,所以 $AD^2=AP^2-PD^2$,

由(2)可得:$AE=DF$,

因为 $PE=8,PF=5$,

所以 $AD^2=AP^2-PD^2=PE^2+AE^2-PF^2-DF^2=8^2-5^2=39$,

所以 $AD=\sqrt{39}$。

(4)如图,将$\triangle BDC$ 沿 BC 对折,D 的对应点为 D_1,

将$\triangle AEC$ 沿 AC 对折,E 的对应点为 E_1,连接 D_1E_1,

所以 $CD=CD_1,CE=CE_1$,

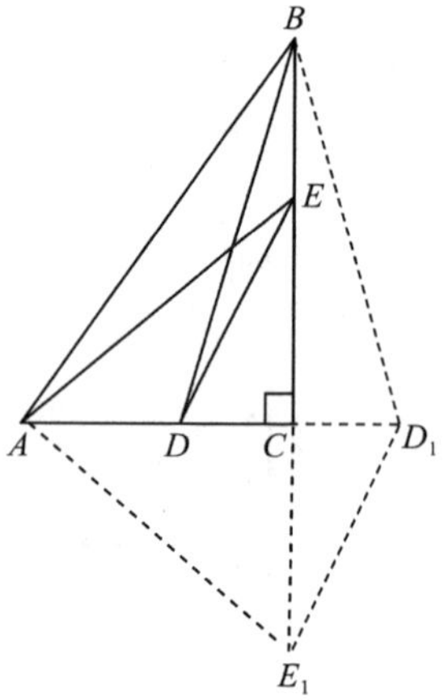

如图,再将$\triangle ABE_1$ 沿 AC 方向平移,使 A 与 D_1 重合,得$\triangle B_1D_1E_2$,

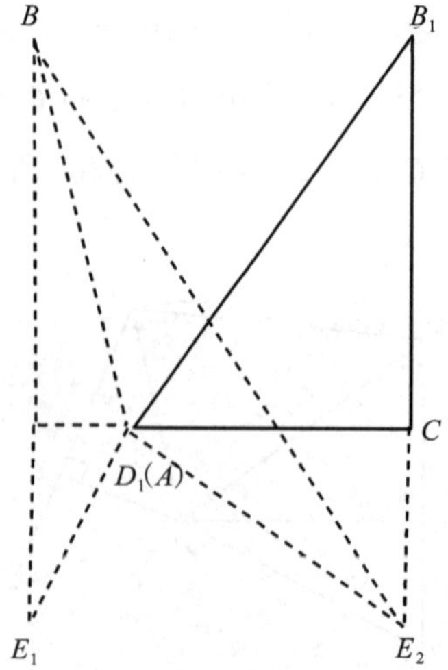

由(2)可知：$AE+BD=D_1E_2+BD_1$，所以当 E_2,D_1,B 三点共线时，$AE+BD=D_1E_2+BD_1$ 最短，

因为 $AC+CD=5$，$BC+CE=8$，所以 $E_1E_2=5$，$BE_1=8$，

所以 $BE_2=\sqrt{BE_1^2+E_1E_2^2}=\sqrt{8^2+5^2}=\sqrt{89}$，

所以 $AE+BD$ 的最小值为 $\sqrt{89}$。

题源分析：此题是对教材中“空间与图形”部分的综合考查，通过问题情景的设置为后续问题的解决提供方法，通过实践操作将图形进行平移变换，转化为矩形内一点到四个顶点距离关系的问题，通过图形旋转变换的应用，进一步把问题进行转化。本题将几何中的三种变换进行充分的考查，是一个综合性很强的实践型试题。

6. 在综合实践活动中，“特殊到一般”是一种常用方法，我们可以先研究特殊情况，猜想结论，然后再研究一般情况，证明结论。

如图，已知△ABC，$CA=CB$，⊙O 是△ABC 的外接圆，点 D 在⊙O 上（$AD>BD$），连接 AD，BD，CD。

【特殊化感知】

(1)如图 1，若 $\angle ACB=60°$，点 D 在 AO 延长线上，则 $AD-BD$ 与 CD 的数量关系为 ________________；

【一般化探究】

(2)如图 2，若 $\angle ACB=60°$，点 C，D 在 AB 同侧，判断 $AD-BD$ 与 CD 的数量关系并说明理由；

【拓展性延伸】

(3)若 $\angle ACB=\alpha$，直接写出 AD，BD，CD 满足的数量关系。（用含 α 的式子表示）

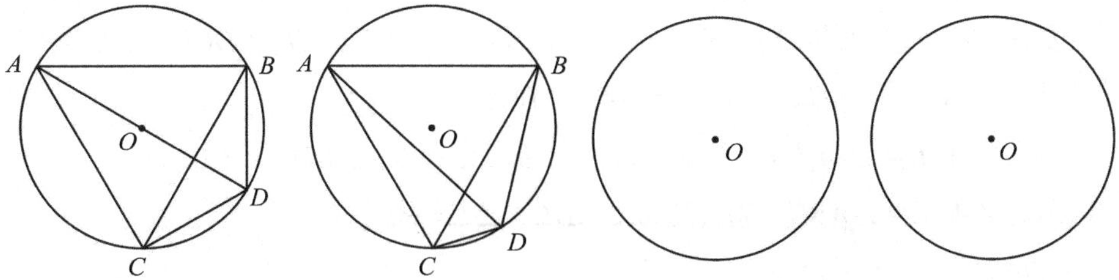

图1　　图2　　备用图1　　备用图2

目标分析:本题主要考查圆的综合题以及圆中等弦问题,考查等边三角形的性质与判定、锐角三角函数、勾股定理、全等三角形的性质与判定、相似的判定和性质,以及圆周角、圆内接四边形等知识。同时还考查分类思想及从特殊到一般的数学思想。

解法分析:(1)因为 $CA=CB$,$\angle ACB=60°$,

所以$\triangle ABC$为等边三角形,所以$\angle BAC=60°$,

因为AD为$\odot O$的直径,

所以$\angle ABD=\angle ACD=90°$,$\angle BAD=\angle CAD=\frac{1}{2}\angle BAC=30°$,

所以$CD=BD=\frac{1}{2}AD$,所以$AD-BD=CD$。

故答案为:$AD-BD=CD$。

(2)若$\angle ACB=60°$,点C,D在AB向侧,$AD-BD$与CD的数量关系为$AD-BD=CD$,理由:

如图,延长BD至点E使$DE=CD$,连接CE,

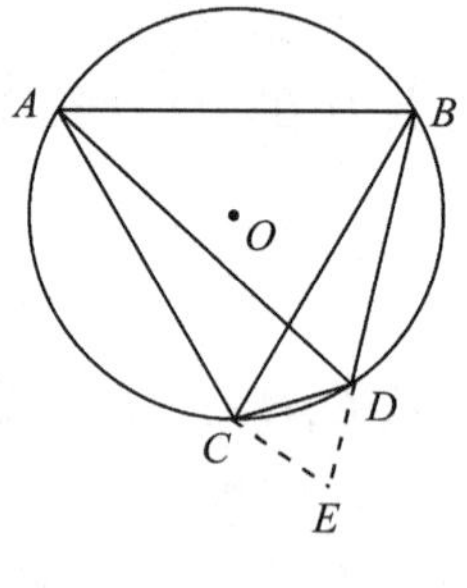

因为$CA=CB$,$\angle ACB=60°$,所以$\triangle ABC$为等边三角形,

所以$\angle BAC=\angle ACB=\angle ABC=60°$,

因为四边形$ABDC$为圆的内接四边形,所以$\angle CDE=\angle BAC=60°$,

因为$DE=CD$,所以$\triangle CDE$为等边三角形,所以$CE=CD$,$\angle DCE=\angle E=60°$,

所以$\angle ACD=\angle ACB+\angle BCD=60°+\angle BCD$,

因为$\angle BCE=\angle BCD+\angle DCE=60°+\angle BCD$,所以$\angle ACD=\angle BCE$。

因为$\angle ADC=\angle ABC=60°$,所以$\angle ADC=\angle E=60°$。

在$\triangle ACD$和$\triangle BCE$中，$\begin{cases}\angle ACD=\angle BCE\\CD=CE\\\angle ADC=\angle E\end{cases}$，

所以$\triangle ACD\cong\triangle BCE$(ASA)，所以$AD=BE$，

因为$BE=BD+DE=BD+CD$，所以$AD=BD+CD$，所以$AD-BD=CD$。

(3)①当点C，D在AB同侧时，

如图，延长BD至点E，连接CE，使$CE=CD$，过点C作$CF\perp DE$于点F，

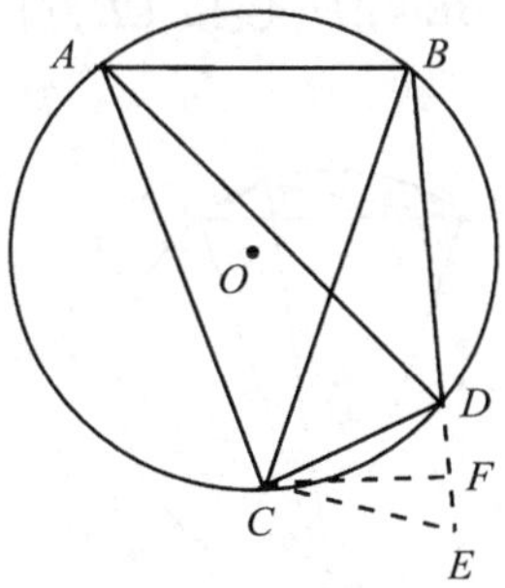

因为$CA=CB$，$\angle ACB=\alpha$，所以$\angle CAB=\angle CBA=90°-\frac{1}{2}\alpha$，

因为四边形$ABDC$为圆的内接四边形，所以$\angle CDE=\angle BAC=90°-\frac{1}{2}\alpha$，

因为$CE=CD$，所以$\angle CDE=\angle E=90°-\frac{1}{2}\alpha$，$\angle DCE=\alpha$。

因为$CF\perp DE$，所以$\angle DCF=\angle ECF=\frac{1}{2}\alpha$，$DF=EF=CD\cdot\sin\frac{1}{2}\alpha$，

所以$DE=2DF=2CD\cdot\sin\frac{1}{2}\alpha$，

因为$\angle ACD=\angle ACB+\angle BCD=\alpha+\angle BCD$，$\angle BCE=\angle BCD+\angle DCE=\alpha+\angle BCD$，所以$\angle ACD=\angle BCE$，

因为$\angle ADC=\angle ABC=90°-\frac{1}{2}\alpha$，所以$\angle ADC=\angle E$。

在$\triangle ACD$和$\triangle BCE$中，$\begin{cases}\angle ACD=\angle BCE\\ CD=CE\\ \angle ADC=\angle E\end{cases}$，

所以$\triangle ACD\cong\triangle BCE$(ASA)，所以$AD=BE$，

又因为$BE=BD+DE=BD+2CD\cdot\sin\frac{1}{2}\alpha$，所以$AD-BD=2CD\cdot\sin\frac{1}{2}\alpha$。

②当点C、D在AB两侧时，

如图，延长DB至点E，使$BE=AD$，连接CE，过点C作$CF\perp DE$于点F，

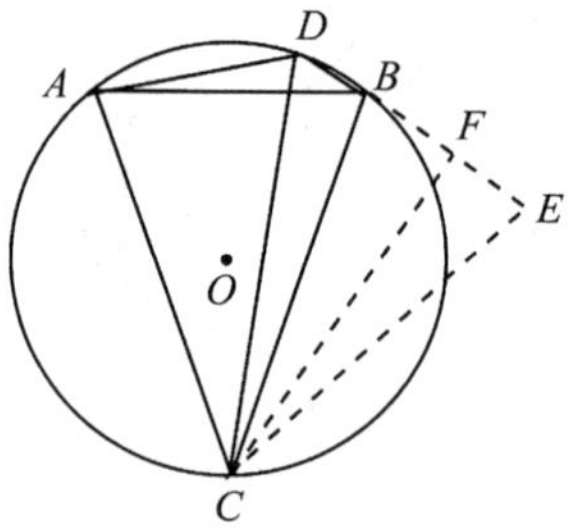

因为$CA=CB$，$\angle ACB=\alpha$，所以$\angle CAB=\angle CBA=90°-\frac{1}{2}\alpha$，

因为四边形$ADBC$为圆的内接四边形，所以$\angle CBE=\angle DAC$，

在$\triangle CAD$和$\triangle CBE$中，$\begin{cases}CA=CB\\ \angle CAD=\angle CBE,\\ AD=BE\end{cases}$

所以$\triangle CAD\cong\triangle CBE$(SAS)，所以$CD=CE$，$\angle ADC=\angle E$，

因为$\angle ADC=\angle ABC=90°-\frac{1}{2}\alpha$，所以$\angle E=90°-\frac{1}{2}\alpha$，

因为$CF\perp DE$，所以$\angle DCF=\angle ECF=\frac{1}{2}\alpha$，$DF=EF=CD\cdot\sin\frac{1}{2}\alpha$，

所以$DE=2CD\cdot\sin\frac{1}{2}\alpha$，

因为$DE=BD+BE=AD+BD$，所以$AD+BD=2CD\cdot\sin\frac{1}{2}\alpha$。

综上,若$\angle ACB=\alpha$,AD、BD、CD满足的数量关系为:

当点C、D在AB同侧时$AD-BD=2CD\cdot\sin\frac{1}{2}\alpha$;当点$C$、$D$在$AB$两侧时,$AD+BD=2CD\cdot\sin\frac{1}{2}\alpha$。

题源分析:此题是对教材中“空间与图形”部分的圆中推理的综合考查,问题设置是从特殊到一般,体现了解决问题的一般处理方法,这种设计不仅可以锻炼学生的解题能力,还可以培养学生的思维能力和创新精神。将三角形和圆相结合,进行图形变换,再利用全等、三角函数等知识来解决问题。同时,分类讨论的设计有助于全面、系统地分析问题,避免遗漏或误解,也是培养学生逻辑思维和问题解决能力的重要途径。

通过对初中数学综合与实践型试题的深入研究和实践探索,可以更好地发挥这类试题的教育价值,提高学生的数学素养和综合能力。

初中数学综合与实践型试题,通常会涵盖多个知识点,并且考查学生的综合运用能力,旨在培养学生的实际问题解决能力、创新思维及综合处理问题能力。这些试题往往结合生活实例、科学探索或社会现象,通过设计情境、提出问题、引导分析、促进探究等环节,让学生在解决实际问题的过程中,深化对数学概念、原理和方法的理解。在内容上,初中数学综合与实践型试题可能涉及代数、几何、统计与概率等多个领域,而且更注重它们之间的交叉融合。在形式上,这类试题往往采用项目式、探究式等模式,鼓励学生主动探究。这样的过程不仅发展了学生的数学素养,还培养了他们的解决问题的能力、信息处理的能力以及综合运用知识的能力。

总之,初中数学综合与实践型试题的总结强调了数学知识的实际应用与综合运用能力的重要性。通过这类试题的训练,学生能够更好地将所学知识应用于实际生活中,提高解决问题的能力,同时也能为未来的学习和生活打下坚实的基础。

2.3 增强创新意识,发展关键能力

在当今社会,教育的核心不仅仅是传授知识,更在于培养学生的创新意识

和关键能力,以适应快速发展的时代需求。中考,作为学生学习生涯中的一个重要节点,其命题实践不仅要检验学生的知识掌握程度,更要以此为契机,推动教育教学方式的创新与发展。在“以评促教”的理念下,中考命题实践显得尤为重要,它不仅能够为教育教学提供反馈与指导,还能够激发学生的创新意识,发展其关键能力。“以评促教”理念强调评价的教育性和发展性,认为评价应该是教育过程中的一个重要环节,而不仅仅是教育结果的一种检验。在这种理念下,中考命题实践不仅是对学生知识掌握程度的考查,更是对学生学习能力、创新意识和关键能力的全面检验。

2.3.1 开放性试题

开放性试题在命题立意上体现了一种深度和广度的结合,旨在培养学生的创新意识、批判性思维和问题解决能力。这类试题往往不设定固定的答案或解决路径,而是鼓励学生从多个角度、多个层面去思考问题,提出自己的观点和解决方案。

在命题立意上,开放性试题有以下几个显著特点。

1. 创新性和启发性。开放性试题的设计注重激发学生的创新意识,通过问题的设定引导学生去探索未知的领域,挑战传统的思维模式。这类试题往往具有一定的启发性,能够激发学生的好奇心和求知欲,促使他们主动去寻找答案。

2. 多元性和包容性。开放性试题在答案上具有多元性,鼓励学生从不同的角度、不同的层面去思考问题,提出自己的见解。同时,这类试题也具有很强的包容性,允许学生之间存在思维差异和意见分歧,尊重每个学生的独立思考和个性表达。

3. 实践性和应用性。开放性试题往往与现实生活密切相关,注重考查学生将所学知识应用于实际问题的能力。这类试题的设计往往具有实践性,要求学生通过实践、研究等方式来解决问题,从而培养他们的实践能力和应用能力。

4. 批判性和独立性。开放性试题往往需要学生对问题进行全面的分析和评价,包括对信息的筛选、整理、归纳和推理等。这类试题能够帮助学生形成独立思考的能力,提高他们的批判性思维能力,使他们能够更好地应对复杂多变的社会环境。

总之,从命题立意的角度来看,开放性试题注重培养学生的创新意识、批判性思维能力和问题解决能力,强调多元性、包容性、实践性、应用性和独立性。这类试题的设计旨在促进学生的全面发展,提高他们的综合素质和竞争力。

有代表性试题

一、条件开放型

1. 如图,$\triangle ABC$ 中,D 是 AB 上一点,$CF /\!/ AB$,D,E,F 三点共线,请添加一个条件 ________,使得 $AE=CE$。(只添一种情况即可)

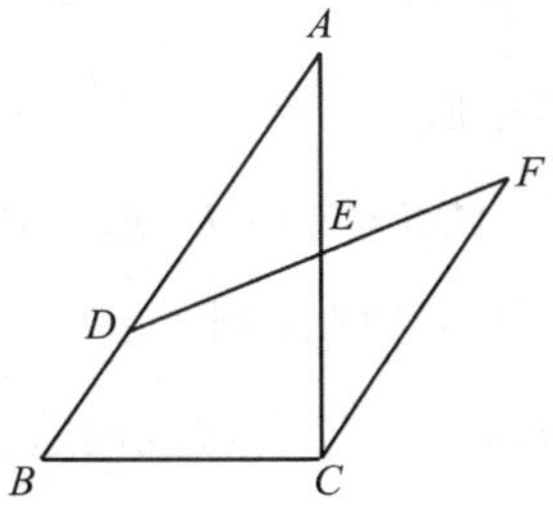

目标分析:根据题目中的条件和全等三角形的判定,可以写出添加的条件,注意本题答案不唯一。

解法分析:因为 $CF /\!/ AB$,

所以 $\angle A=\angle ECF$,$\angle ADE=\angle CFE$,

所以添加条件 $DE=FE$,可以使得 $\triangle ADE \cong \triangle CFE$(AAS),

添加条件 $AD=CF$,可以使得 $\triangle ADE \cong \triangle CFE$(ASA),

故答案为:$DE=FE$ 或 $AD=CF$(答案不唯一)。

题源分析:本题考查全等三角形的判定,解答本题的关键是明确题意,并能灵活运用全等三角形的判定。此题由人教版《义务教育教科书 · 数学》八年级上册习题 12.2 第 12 题改编而成。

2. 在四边形 $ABCD$ 中,$AD /\!/ BC$,$AB=CD$。下列说法能使四边形 $ABCD$ 为矩形的是(　　)。

A. $AB /\!/ CD$　　B. $AD=BC$　　C. $\angle A=\angle B$　　D. $\angle A=\angle D$

目标分析:会运用矩形的判定以及平行四边形的判定与性质。

解法分析:利用矩形的判定分别对各个选项进行判断即可。

题源分析:本题主要考查矩形的判定以及平行四边形的判定与性质等知识,能熟练掌握矩形的判定,并结合题目画出目标图形,注重发展学生的几何直观、数形结合能力。

3. 如图,AC 和 BD 相交于点 O,请你添加一个条件 ________,使得 $\triangle AOB \backsim \triangle COD$。

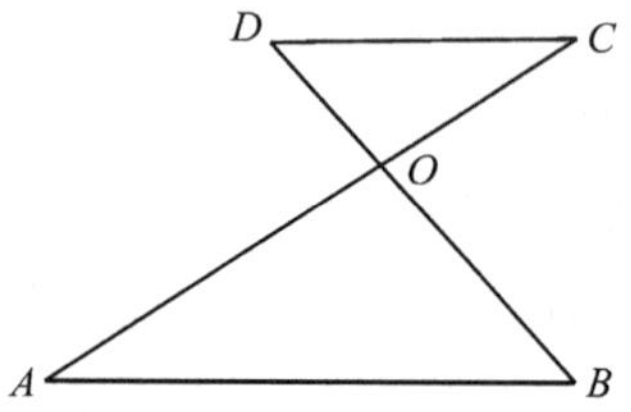

目标分析:会判断三角形相似。

解法分析:由 $\angle A = \angle C$, $\angle AOB = \angle COD$(或 $\angle B = \angle D$, $\angle AOB = \angle COD$),根据"两角分别相等的两个三角形相似"证明 $\triangle AOB \backsim \triangle COD$,也可以由 $AB /\!/ CD$,根据"平行与三角形一边的直线和其他两边或两边的延长线相交所构成的三角形与原三角形相似"证明 $\triangle AOB \backsim \triangle COD$,从而得到答案。

题源分析:此题重点考查相似三角形的判定。适当选择相似三角形的判定定理证明 $\triangle AOB \backsim \triangle COD$,是解题的关键。

4. 当分式 $\frac{1}{x+1}$ 的值为正数时,写出一个满足条件的 x 的值为 ________。

目标分析:会根据分式的意义确定分式的值的正负。

解法分析:根据分式的值为正数,即分式的值大于 0,又根据分子大于 0,得到分母大于 0,求出 x 的范围,即可确定满足条件的 x 的值。

解:因为 $\frac{1}{x+1}>0$, $1>0$,所以 $x+1>0$,即 $x>-1$,则满足条件的 x 的值可以为 0(答案不唯一)。

题源分析:此题主要考查分式的值,解题时应认真审题,抓住关键词语,然后结合定义进行解答。

二、结论开放型

5. 已知实数 a,b 满足 $a-b+1=0$，$0<a+b+1<1$，则下列判断正确的是(　　)。

A. $-\frac{1}{2}<a<0$　　　　B. $\frac{1}{2}<b<1$

C. $-2<2a+4b<1$　　　　D. $-1<4a+2b<0$

目标分析：本题是一元一次不等式性质的灵活应用，会判断不等式根据性质变形后的式子的正误。

解法分析：由 $a-b+1=0$ 得出 $b=a+1$，将其代入 $0<a+b+1<1$ 可得 $-1<a<-\frac{1}{2}$，再根据 $b=a+1$，得出 $0<b<\frac{1}{2}$，然后将 a、b 的范围分别代入选项判断即可。

题源分析：本题主要考查解一元一次不等式，掌握解一元一次不等式的基本性质并且灵活应用是解题关键。教学中要多做这方面的针对性训练，培养学生的代数逻辑推理的能力。

6. 如图，抛物线 $y=ax^2+bx+c(a<0)$ 的图像交 x 轴于点 $A(-3,0)$，$B(1,0)$，交 y 轴于点 C。以下结论：①$a+b+c=0$；②$a+3b+2c<0$；③当以点 A,B,C 为顶点的三角形是等腰三角形时，$c=\sqrt{7}$；④当 $c=3$ 时，在 $\triangle AOC$ 内有一动点 P，若 $OP=2$，则 $CP+\frac{2}{3}AP$ 的最小值为 $\frac{\sqrt{97}}{3}$。其中正确结论有(　　)。

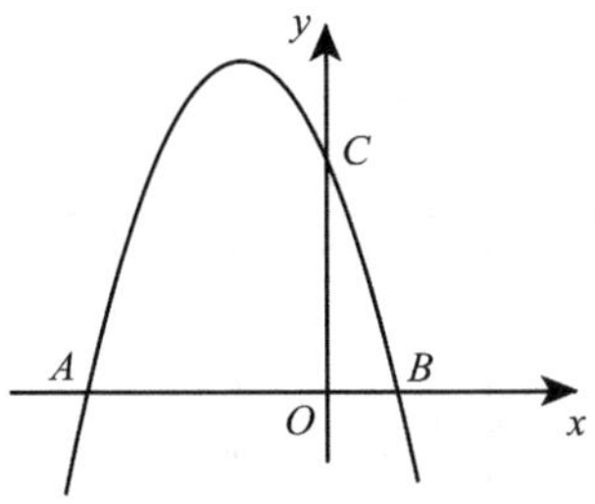

A. 1 个　　　　B. 2 个　　　　C. 3 个　　　　D. 4 个

目标分析：会利用二次函数图像与系数的关系、等腰三角形、勾股定理及相似等知识解答综合题。

解法分析：抛物线过点(1,0)，可得 $a+b+c=0$，即可判断①是否正确；根据抛物线与 x 轴交于 $A(-3,0)$，$B(1,0)$，求得对称轴为直线 $x=-1$，即可求得 $b=2a$，再由 $a+b+c=0$，可求得 $c=-3a$，则 $a+3b+2c=a<0$，即可判断②是否正确；分 $AC=AB=4$ 和 $AB=BC=4$ 两种情况求得 c 的值即可判断③是否正确；取点 $H(-\frac{4}{3},0)$，连接 PH，则 $OH=\frac{4}{3}$，可证明 $\triangle HOP\backsim\triangle POA$，由相似三角形的性质可得 $PH=\frac{2}{3}PA$，则 $CP+\frac{2}{3}AP=CP+PH$，故当 C、P、H 共线时，$CP+PH$ 的值最小，即此时 $CP+\frac{2}{3}AP$ 的值最小，最小值为 CH，利用勾股定理求得 CH 即可判断④是否正确。

题源分析：本题主要考查二次函数图像与系数的关系、抛物线与 x 轴的交点、二次函数的性质、相似三角形的判定和性质、勾股定理以及等腰三角形的定义，熟练掌握二次函数的相关知识是解题的关键。教师在教学中不但要让学生掌握上述基础知识，更要渗透数形结合思想，引导学生把各个知识点进行有效的结合来解决数学问题。

7. 如图是 4×4 的正方形网格，请仅用无刻度的直尺按要求完成以下作图（保留作图痕迹）。

(1)在图 1 中作锐角△ABC，使点 C 在格点上；

(2)在图 2 中的线段 AB 上作点 Q，使 PQ 最短。

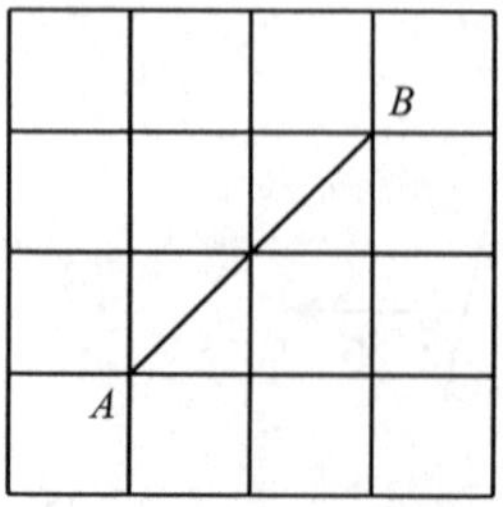

图1

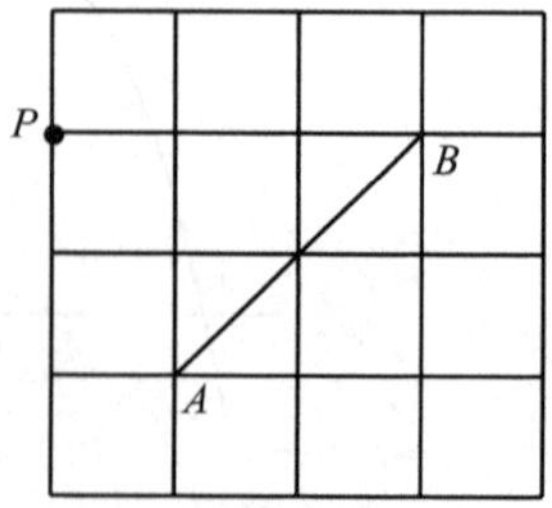

图2

目标分析：根据锐角三角形的定义及网格线的特点作图；根据网格线的特

点及垂线段最短作图。

解法分析:解:如图,

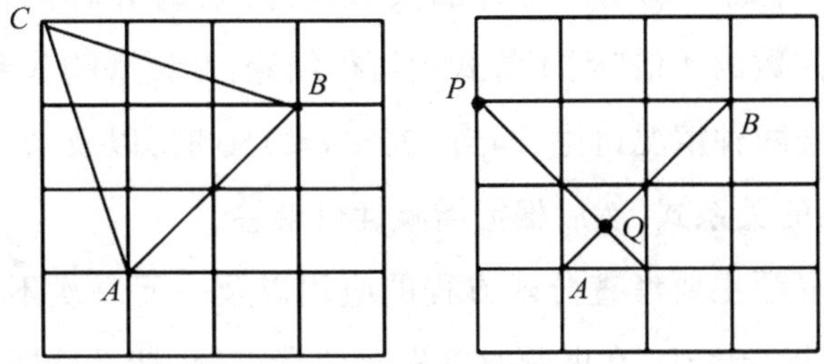

图1　　　　图2

(1)$\triangle ABC$ 即为所求(答案不唯一);

(2)点 Q 即为所求。

题源分析:本题主要考查作图的应用与设计、对网格线的特征的掌握以及垂线段的做法。

三、综合开放型

8. 荆州古城旁“荆街”某商铺打算购进 A,B 两种文创饰品对游客销售。已知 1400 元采购 A 种的件数是 630 元采购 B 种件数的 2 倍,A 种的进价比 B 种的进价每件多 1 元,两种饰品的售价均为每件 15 元;计划采购这两种饰品共 600 件,采购 B 种的件数不低于 390 件,不超过 A 种件数的 4 倍。

(1)求 A,B 饰品每件的进价分别为多少元?

(2)若采购这两种饰品只有一种情况可优惠,即一次性采购 A 种超过 150 件时,A 种超过的部分按进价打 6 折。设购进 A 种饰品 x 件,

①求 x 的取值范围;

②设计能让这次采购的饰品获利最大的方案,并求出最大利润。

目标分析:分式方程的应用;一元一次不等式组的应用。

解法分析:(1)设 A 种饰品每件的进价为 a 元,则 B 种饰品每件的进价为 $(a-1)$ 元,利用数量=总价÷单价,结合用 1400 元采购 A 种的件数是 630 元采购 B 种件数的 2 倍,即可得出关于 a 的分式方程,解方程并检验方程的解,即

可得出每台 A 种电器的进价，再将其代入(a-1)中即可求出每台 B 种电器的进价。

(2)①利用“计划采购这两种饰品共 600 件，采购 B 种的件数不低于 390 件，不超过 A 种件数的 4 倍”列不等式组可得结论；②设采购 A 种饰品 x 件时的总利润为 w 元，分两种情况讨论，即当 $120\leqslant x\leqslant 150$ 时，以及当 $150<x\leqslant 210$ 时，分别列出 w 与 x 的关系式，然后根据增减性可解答。

题源分析：本题主要考查分式方程的应用以及一元一次不等式组的应用，教师在教学中应指导学生，在做题时首先要认真审题，精准读题，其次是找准等量关系，正确列出分式方程，然后根据各未知量之间的关系，正确列出一元一次不等式组，最后是结合实际情况合理作答。

9.【问题背景】

如图 1，数学实践课上，学习小组进行探究活动，老师要求大家对矩形 $ABCD$ 进行如下操作：①分别以点 B，C 为圆心，以大于$\frac{1}{2}BC$ 的长度为半径作弧，两弧相交于点 E，F，作直线 EF 交 BC 于点 O，连接 AO；②将 $\triangle ABO$ 沿 AO 翻折，点 B 的对应点落在点 P 处，作射线 AP 交 CD 于点 Q。

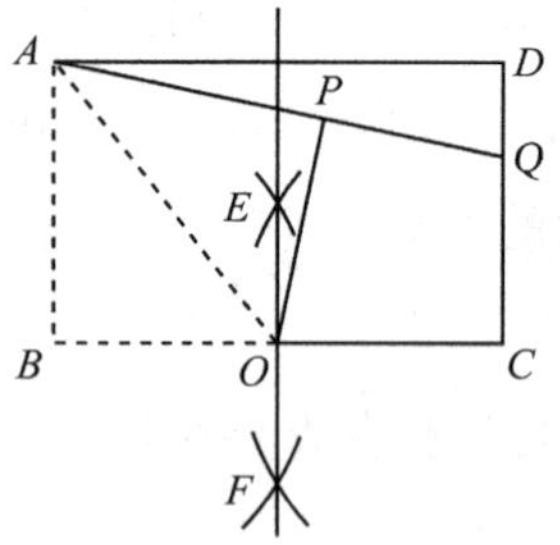

图1

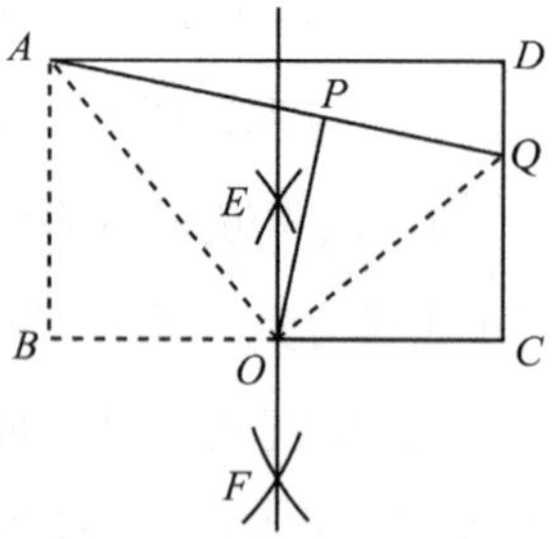

图2

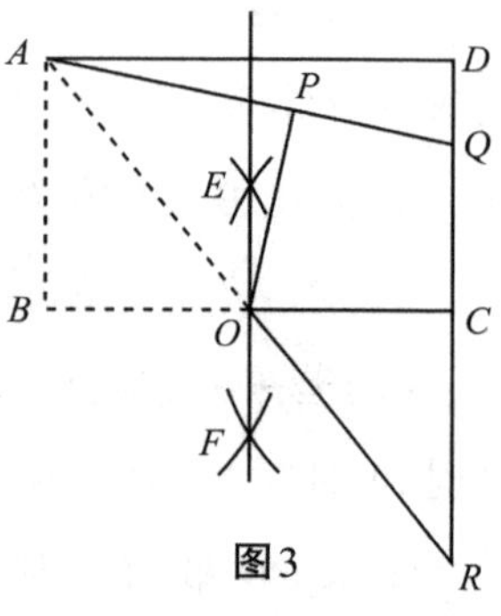

图3

【问题提出】

在矩形 $ABCD$ 中，$AD=5$，$AB=3$，求线段 CQ 的长。

【问题解决】

经过小组合作、探究、展示，其中的两个方案如下：

方案一：连接 OQ，如图 2。经过推理、计算可求出线段 CQ 的长；

方案二：将$\triangle ABO$绕点O旋转$180°$至$\triangle RCO$处，如图3。经过推理、计算可求出线段CQ的长。请你任选其中一种方案求线段CQ的长。

目标分析：矩形、菱形、正方形；推理能力。

解法分析：方案一：连接OQ，由翻折的不变性，知$AP=AB=3$，$OP=OB=2.5$，证明$\triangle QPO\cong\triangle QCO$（HL），推出$PQ=CQ$，设$PQ=CQ=x$，在$\mathrm{Rt}\triangle ADQ$中，利用勾股定理进行列式、计算，即可求解；

方案二：将$\triangle ABO$绕点O旋转$180°$至$\triangle RCO$处，证明$\angle OAQ=\angle R$，推出$QA=QR$，设$CQ=x$，后续步骤同方案一，即可求解。

题源分析：本题主要考查矩形的性质、作线段的垂直平分线、翻折的性质、旋转的性质、勾股定理、全等三角形的判定和性质以及等腰三角形的判定和性质，解题的关键是学会利用参数构建方程来解决问题。

10.【**探究**】

（1）已知$\triangle ABC$和$\triangle ADE$都是等边三角形。

①如图1，当点D在BC上时，连接CE。请探究CA，CE和CD之间的数量关系，并说明理由；

②如图2，当点D在线段BC的延长线上时，连接CE。请再次探究CA，CE和CD之间的数量关系，并说明理由。

【**运用**】

（2）如图3，等边三角形ABC中，$AB=6$，点E在AC上，$CE=2\sqrt{3}$，点D是直线BC上的动点，连接DE，以DE为边在DE的右侧作等边三角形DEF，连接CF，当$\triangle CEF$为直角三角形时，请直接写出BD的长。

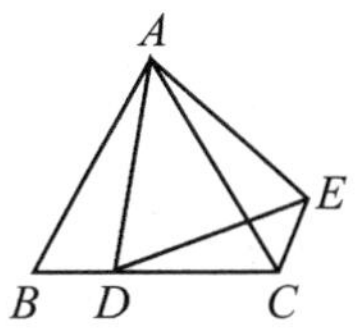

图1

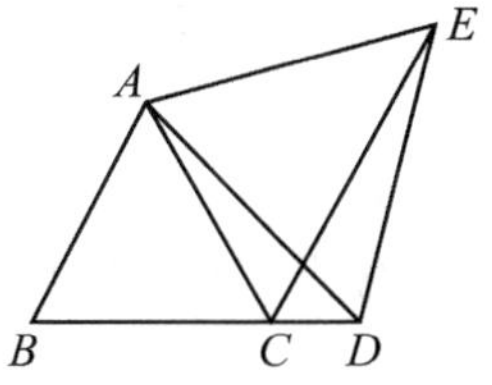

图2

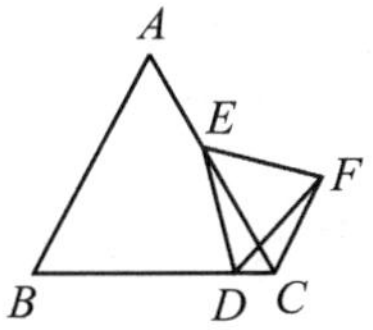

图3

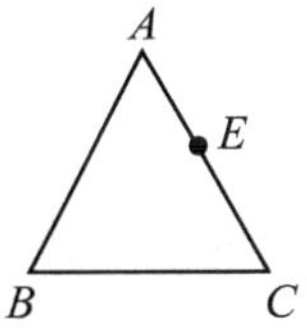

备用图

目标分析：直角三角形、全等三角形、相似三角形、分类讨论、类比思想。

解法分析:(1)①根据条件易证$\triangle ABD\cong\triangle ACE$(SAS),再进行线段转化易得答案;②与①思路一样,证出$\triangle ABD\cong\triangle ACE$(SAS)即可。

(2)由$\triangle CEF$为直角三角形可知,需要分类讨论确定哪个角是直角三角形,再根据点D的位置去讨论即可,因为点D是动点,参照前面两问,去构造类似的全等三角形,进而讨论求解即可。

题源分析:本题主要考查的是三角形综合题,解答此类题目时,需要熟练掌握全等三角形的性质和判定,并能够通过已有的几何图形进行合情推理,同时,应注意类比思想、转化思想和分类讨论思想在实际问题中的应用。

11. 如图,在平面直角坐标系中,抛物线$y=ax^2+bx-3$与x轴交于$A(-1,0)$,B两点,交y轴于点C,抛物线的对称轴是直线$x=\dfrac{5}{2}$。

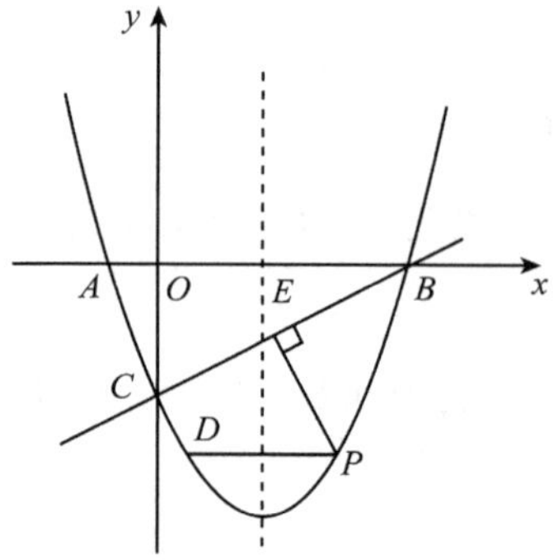

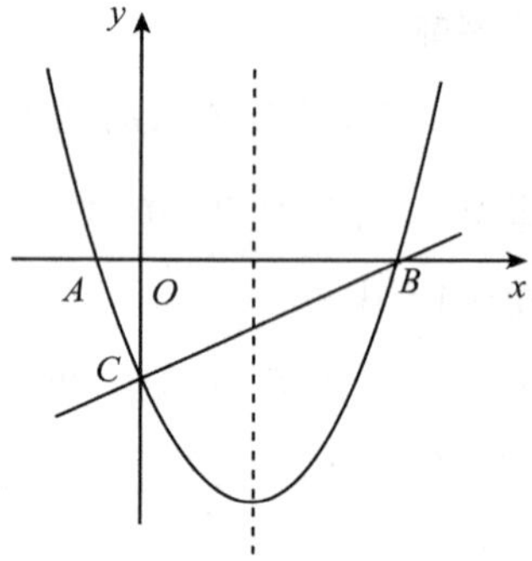

备用图

(1)求抛物线的表达式;

(2)点P是直线BC下方对称轴右侧抛物线上一动点,过点P作$PD/\!/x$轴交抛物线于点D,作$PE\perp BC$于点E,求$PD+\dfrac{\sqrt{5}}{2}PE$的最大值及此时点P的坐标;

(3)将抛物线沿射线BC方向平移$\sqrt{5}$个单位,在$PD+\dfrac{\sqrt{5}}{2}PE$取得最大值的条件下,点F为点P平移后的对应点,连接AF交y轴于点M,点N为平移后的抛物线上一点,若$\angle NMF-\angle ABC=45°$,请直接写出所有符合条件的点$N$的坐标。

目标分析：二次函数的性质、锐角三角函数的应用、待定系数法、数形结合以及几何直观分类讨论等思想。

解法分析：(1)直接利用待定系数法求解抛物线的解析式即可。

(2)延长 PE 交 x 轴于点 G，过 P 作 $PH /\!/ y$ 轴交 BC 于点 H，求解 $BC=\sqrt{3^2+6^2}=3\sqrt{5}$，可得 $\sin\angle BCO=\frac{OB}{BC}=\frac{6}{3\sqrt{5}}=\frac{2\sqrt{5}}{5}$，可得 $PE=\frac{2\sqrt{5}}{5}PH$，设 $P(x,\frac{1}{2}x^2-\frac{5}{2}x-3)$，$PH=\frac{1}{2}x^2+3x$，$PD=2x-5$，再建立二次函数求解即可。

(3)把抛物线沿射线 BC 方向平移$\sqrt{5}$个单位，即把抛物线向左平移 2 个单位，再向下平移 1 个单位，可得新的抛物线为 $y=\frac{1}{2}x^2-\frac{1}{2}x-7$，$F(3,-4)$。分两种情况：当 N 在 y 轴的左侧时，过 N 作 $NK\perp y$ 轴于 K，证明 $M(0,-1)$，可得 $\angle AMO=\angle OAM=45°=\angle FMK$，证明 $\angle NMK=\angle ABC$；当 N 在 y 轴的右侧时，过 M 作 y 轴的垂线，过 N 作 NT 垂直过 M 的垂线于 T，同理可得：$\angle NMT=\angle ABC$，再进一步结合三角函数建立方程求解即可。

题源分析：本题属于二次函数的综合题，难度很大，主要考查待定系数法、二次函数的性质以及锐角三角函数的应用，解题关键是做出合适的辅助线进行转化，并能清晰地分类讨论。

2.3.2 新定义型试题

新定义型试题，以学生已具备的基础知识为出发点，给出一个学生未接触过的“新定义”，拓展出新的数学符号、新的公式、新的运算、新的法则，让学生现学现用，在理解材料的基础上，获得探索解决问题的方法，加以运用，从而解决问题。这类试题考查学生对“新定义”的理解和认识，以及灵活运用知识的能力、阅读理解能力、收集处理信息的能力和运用知识解决问题的能力。解题时需要将“新定义”的知识与已学知识联系起来，运用类比、归纳、联想、分类讨论以及数形结合的数学思想方法解决题目中需要解决的问题。培养学生创新意识、创新精神和自主学习、主动探究的品质。

有代表性试题

一、定义新概念

1. 定义：函数图像上到两坐标轴的距离都小于或等于 1 的点叫作这个函数图像的“近轴点”。例如，点(0,1)是函数 $y=x+1$ 图像的“近轴点”。

(1)下列三个函数的图像上存在“近轴点”的是________(填序号)。

①$y=-x+3$；　　②$y=\frac{2}{x}$；　　③$y=-x^2+2x-1$。

(2)若一次函数 $y=mx-3m$ 图像上存在“近轴点”，则 m 的取值范围为________。

目标分析：理解“近轴点”和“点到坐标轴距离”的意义，会运用反比例函数、一次函数、二次函数的图像和性质建立不等式(组)，会解不等式(组)。

解法分析：(1)①当 $x=1$ 时，$y=-x+3=2$，当 $x=0$ 时，$y=3$，

一次函数 $y=-x+3$，因为 $k=-1<0$，所以 y 随 x 的增大而减小。

所以，当 $x<0$ 时，$y>3$；当 $0\leqslant x\leqslant 1$ 时，$3\leqslant y\leqslant 2$。

所以函数 $y=-x+3$ 的图像上不存在“近轴点”。

②因为 $y=\frac{2}{x}$ 中，在每一象限内 y 随 x 的增大而减小。

当 $0<x\leqslant 1$ 时，$y\geqslant 2$；当 $-1\leqslant x<0$ 时，$|y|\geqslant 2$。

所以函数 $y=\frac{2}{x}$ 的图像上不存在“近轴点”。

③因为 $y=-x^2+2x-1=-(x-1)^2$，

当 $0\leqslant x\leqslant 1$ 时，$-1\leqslant y\leqslant 0$，即 $|y|\leqslant 1$。

所以函数 $y=-x^2+2x-1$ 的图像上存在“近轴点”。

故答案为：③。

(2)因为 $y=mx-3m=m(x-3)$。

分两种情况：

①当 $m>0$ 时，

令 $x=1$，$y=m-3m=-2m$。

因为一次函数 $y=mx-3m$ 图像上存在“近轴点”，

所以 $-1\leqslant -2m<0$，

所以 $0<m\leqslant \frac{1}{2}$。

②当 $m<0$ 时，

令 $x=1$，$y=m-3m=-2m$。

因为一次函数 $y=mx-3m$ 图像上存在“近轴点”，

所以 $0<-2m\leqslant 1$，

所以 $-\frac{1}{2}\leqslant m<0$。

综上所述，m 的取值范围为：$0<m\leqslant \frac{1}{2}$ 或 $-\frac{1}{2}\leqslant m<0$。

故答案为：$0<m\leqslant \frac{1}{2}$ 或 $-\frac{1}{2}\leqslant m<0$。

题源分析：此题主要考查一次函数、二次函数及反比例函数相关知识，本质上考查的是图像上的点到坐标轴的距离，体现了数与形的结合与转化。人教版《义务教育教科书·数学》九年级上册复习题 26 第 5 题考查了同样的知识点，说明自变量 x 的取值范围决定了函数 y 的取值范围。

2. 在平面直角坐标系 xOy 中，对于点 $P(x,y)$，若 x，y 均为整数，则称点 P 为“整点”，特别地，当 $\frac{y}{x}$（其中 $xy\neq 0$）的值为整数时，称“整点”P 为“超整点”。已知点 $P(2a-4,a+3)$ 在第二象限，下列说法正确的是（　　）。

A. $a<-3$

B. 若点 P 为“整点”，则点 P 的个数为 3 个

C. 若点 P 为“超整点”，则点 P 的个数为 1 个

D. 若点 P 为“超整点”，则点 P 到两坐标轴的距离之和大于 10

目标分析：理解点的坐标、“整点”及“超整点”的意义，会解一元一次不等式组。

解法分析：根据点 $P(2a-4,a+3)$ 在第二象限，得 $\begin{cases}2a-4<0\\a+3>0\end{cases}$，解得 $-3<a<2$，由此可判断选项 A 错误。

根据“整点”定义得 $a=-2,-1,0,1$，进而可知，当 $a=-2$ 时，点 P 的坐标为 $(-8,1)$；当 $a=-1$ 时，点 P 的坐标为 $(-6,2)$；当 $a=0$ 时，点 P 的坐标为 $(-4,3)$；当 $a=1$ 时，点 P 的坐标为 $(-2,4)$，由此可判断选项 B 错误。

根据“超整点”的定义可知，当 $a=1$ 时，点 $P(-2,4)$ 是“超整点”，由此可判断选项 C 正确。

根据点 P 为“超整点”，则点 P 到两坐标轴的距离之和为 6，由此可判断选项 D 错误。

综上所述即可得出答案为 C。

题源分析：本题主要考查平面直角坐标系第二象限内的点的坐标特征，建立不等式组得出 a 值，通过对“整点”和“超整点”的理解，分类思考，逐一排除选项，找到正确答案。人教版《义务教育教科书 · 数学》七年级下册习题 9. 1 第 10 题考查了同样的知识点。

二、定义新运算

3. 定义运算：$a\otimes b=(a+2b)(a-b)$，例如 $4\otimes 3=(4+2\times 3)(4-3)$，则函数 $y=(x+1)\otimes 2$ 的最小值为（　　）。

A. −21　　B. −9　　C. −7　　D. −5

目标分析：本题主要考查二次函数的最值，熟练掌握函数最值的求法是解题的关键。

解法分析：由题意得，

$y=(x+1)\otimes 2=(x+1+2\times 2)(x+1-2)=(x+5)(x-1)=x^2+4x-5$，

因此，当 $x=-\frac{b}{2a}=-\frac{4}{2}=-2$ 时，y 有最小值 $\frac{4ac-b^2}{4a}=\frac{-20-16}{4}=-9$，

所以函数 $y=(x+1)\otimes 2$ 的最小值为 −9。

故选：B。

题源分析：本题首先要根据 $\otimes$ 定义的运算要求，建立 y 关于 x 的二次函数，再根据二次函数的性质及顶点坐标公式确定函数的最值。人教版《义务教育教科书 · 数学》九年级上册第 49 页探究 1 就应用这一知识点解决了一个实际问题，是这一知识点的应用范例。

4. 任取一个正整数，若是奇数，就将该数乘 3 再加上 1；若是偶数，就将该数

除以 2。反复进行上述两种运算，经过有限次运算后，必进入循环圈 1→4→2→1，这就是“冰雹猜想”。在平面直角坐标系 xOy 中，将点(x,y)中的 x,y 分别按照“冰雹猜想”同步进行运算得到新的点的横、纵坐标，其中 x,y 均为正整数。例如，点(6,3)经过第 1 次运算得到点(3,10)，经过第 2 次运算得到点(10,5)，以此类推。则点(1,4)经过 2024 次运算后得到点 ________。

目标分析：本题主要考查规律型点的坐标，解答本题的关键是找到规律点(1,4)经过 3 次运算后还是(1,4)。

解法分析：点(1,4)经过 1 次运算后得到点$(1\times3+1,4\div2)$，即点(4,2)，

经过 2 次运算后得到点$(4\div2,2\div1)$，即点(2,1)，

经过 3 次运算后得到点$(2\div2,1\times3+1)$，即点(1,4)，

……

发现规律：点(1,4)经过 3 次运算后还是点(1,4)，

因为 $2024\div3=674\cdots2$，

所以点(1,4)经过 2024 次运算后得到点(2,1)，

故答案为：(2,1)。

题源分析：此题用到了有理数运算的相关知识，但难度不大，主要是从具体数字的运算中发现一般规律，然后再用发现的规律解决更复杂的问题。人教版《义务教育教科书·数学》七年级上册复习题 1 第 12 题考查了相似的知识点，学生只有发现相关规律才能进一步解决问题。

三、定义新操作

5. 直角坐标系中，我们把横、纵坐标都是整数，且横、纵坐标之和大于 0 的点称为“和点”。将某“和点”平移，每次平移的方向取决于该点横、纵坐标之和除以 3 所得的余数（当余数为 0 时，向右平移；当余数为 1 时，向上平移；当余数为 2 时，向左平移），每次平移 1 个单位长度。

例：“和点”$P(2,1)$按上述规则连续平移 3 次后，到达点 $P_3(2,2)$，其平移过程如下：

$$\underset{余0}{P(2,1)}\xrightarrow{右}\underset{余1}{P_1(3,1)}\xrightarrow{上}\underset{余2}{P_2(3,2)}\xrightarrow{左}P_3(2,2)$$

若“和点”Q 按上述规则连续平移 16 次后，到达点 $Q_{16}(-1,9)$，则点 Q 的坐

标(　　)。

A. (6,1)或(7,1)　　B. (15,-7)或(8,0)

C. (6,0)或(8,0)　　D. (5,1)或(7,1)

目标分析:本题新定义了一个操作,即当余数为0时,向右平移;当余数为1时,向上平移;当余数为2时,向左平移,本题主要考查逆向思维,从后往前推,找出规律,推出答案。

解法分析:根据已知可得,点$P_3(2,2)$横、纵坐标之和除以3所得的余数为1,继而向上平移1个单位得到$P_4(2,3)$,此时横、纵坐标之和除以3所得的余数为2,继而向左平移1个单位得到$P_5(1,3)$,此时横、纵坐标之和除以3所得的余数为1,又向上平移1个单位……,因此发现规律为若“和点”横、纵坐标之和除以3所得的余数为0时,先向右平移1个单位,再不断重复向上、向左的平移操作。

若“和点”Q按上述规则连续平移16次后,到达点$Q_{16}(-1,9)$,则按照“和点”Q_{16}反向运动16次即可,可以分为两种情况:

①Q_{16}先向右1个单位得到$Q_{15}(0,9)$,此时横、纵坐标之和除以3所得的余数为0,应该是Q_{15}向右平移1个单位得到Q_{16},故矛盾,不成立;

②Q_{16}先向下1个单位得到$Q_{15}(-1,8)$,此时横、纵坐标之和除以3所得的余数为1,则应该向上平移1个单位得到Q_{16},故符合题意,所以点Q_{16}先向下平移,再向右平移,当平移到第15次时,共计向下平移了8次,向右平移了7次,此时坐标为$(-1+7,9-8)$,即$(6,1)$,所以最后一次若向右平移则为$(7,1)$,若向左平移则为$(5,1)$,故选D。

题源分析:本题主要考查平面直角坐标系中用坐标表示平移的规律,但此题的难点在于能否发现平移规律,即若“和点”横、纵坐标之和除以3所得的余数为0时,先向右平移1个单位,再不断重复向上、向左的平移操作。人教版《义务教育教科书·数学》七年级下册习题9.2第5题考查了相似的知识点。

6. 定义:在平面直角坐标系中,将一个图形先向上平移$a(a>0)$个单位,再绕原点按逆时针方向旋转θ角度,这样的图形运动叫作图形的$\rho(a,\theta)$变换。如:点$A(2,0)$按照$\rho(1,90°)$变换后得到点A'的坐标为$(-1,2)$,则点$B(\sqrt{3},-1)$按照$\rho(2,105°)$变换后得到点B'的坐标为________。

目标分析：本题主要考查坐标与图形变化、平移及坐标与图形变化、旋转相关知识，能根据题意画出示意图并熟知图形平移和旋转的性质是解题的关键。

解法分析：由题可知，

将点 $B(\sqrt{3},-1)$ 向上平移 2 个单位所得点 M 的坐标为 $(\sqrt{3},1)$。

如图所示，

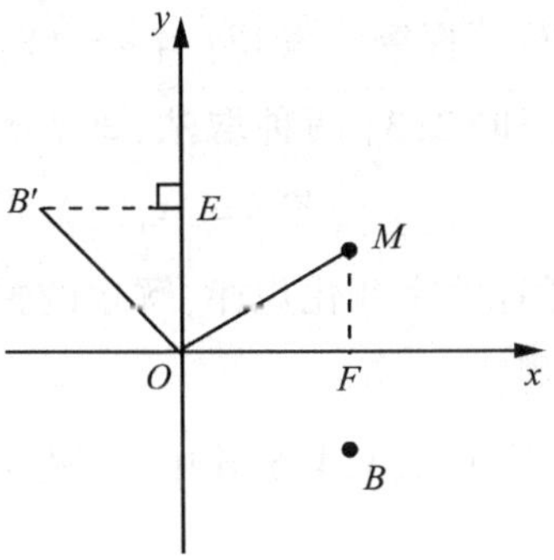

过点 M 作 x 轴的垂线，垂足为 F，

则 $OF=\sqrt{3}$，$MF=1$。

在 Rt$\triangle MOF$ 中，

$\tan\angle MOF=\dfrac{MF}{OF}=\dfrac{\sqrt{3}}{3}$，$OM=\sqrt{1^2+(\sqrt{3})^2}=2$，

所以 $\angle MOF=30°$。

由旋转可知，

$B'O=MO=2$，$\angle MOB'=105°$，

所以 $\angle B'OF=135°$。

过点 B' 作 $B'E\perp y$ 轴，垂足为 E，

则 $\angle B'OE=135°-90°=45°$，

所以 $\triangle B'OE$ 是等腰直角三角形。

又因为 $B'O=2$，

所以 $B'E=OE=\sqrt{2}$，

所以点 B' 的坐标为 $(-\sqrt{2},\sqrt{2})$。

故答案为：$(-\sqrt{2},\sqrt{2})$。

题源分析：此题主要考查教材中平移、旋转以及勾股定理的相关知识，其中

坐标系中的图形变换是数形结合思想的重要体现。人教版《义务教育教科书·数学》九年级上册习题23.1第11题考查了相似的知识点。

四、定义新法则

7. 在综合实践活动中，数学兴趣小组对 $1\sim n$ 这 n 个自然数中，任取两数之和大于 n 的取法种数 k 进行了探究。发现：当 $n=2$ 时，只有 $\{1,2\}$ 一种取法，即 $k=1$；当 $n=3$ 时，有 $\{1,3\}$ 和 $\{2,3\}$ 两种取法，即 $k=2$；当 $n=4$ 时，可得 $k=4$；……. 若 $n=6$，则 k 的值为 ________；若 $n=24$，则 k 的值为________。

目标分析：本题主要考查数字变化规律，解题的关键是读懂题意，找到符合题意组成数对的两个数的规律。

解法分析：当 $n=6$ 时，从 1，2，3，4，5，6 中，取两个数的和大于 6，这两个数组成的数对分别是：

$\{6,1\}$，$\{6,2\}$，$\{6,3\}$，$\{6,4\}$，$\{6,5\}$，

$\{5,2\}$，$\{5,3\}$，$\{5,4\}$，

$\{4,3\}$，

所以 $k=5+3+1=9$；

当 $n=24$ 时，从 $1,2,3,\cdots,22,23,24$ 中，取两个数的和大于 24，这两个数组成的数对分别是：

$\{24,1\}$，$\{24,2\}$，…，$\{24,23\}$，

$\{23,2\}$ $\{23,3\}$，…，$\{23,22\}$，

$\{22,3\}$，$\{22,4\}$，…，$\{22,21\}$，

…

$\{14,11\}$，$\{14,12\}$，$\{14,13\}$，

$\{13,12\}$，

所以 $k=23+21+19+\cdots+3+1=144$。

故答案为：9，144。

题源分析：此题主要考查有理数加法运算的知识，解题关键是合理运用分类讨论的思想，分情况找出符合条件的数对。

8. “铺地锦”是我国古代一种乘法运算方法，可将多位数乘法运算转化为

一位数乘法和简单的加法运算。淇淇受其启发，设计了如图所示的“表格算法”，左图表示 132×23，运算结果为 3036。右图表示一个三位数与一个两位数相乘，表格中部分数据被墨迹覆盖，根据右图中现有数据进行推断，正确的是(　　)。

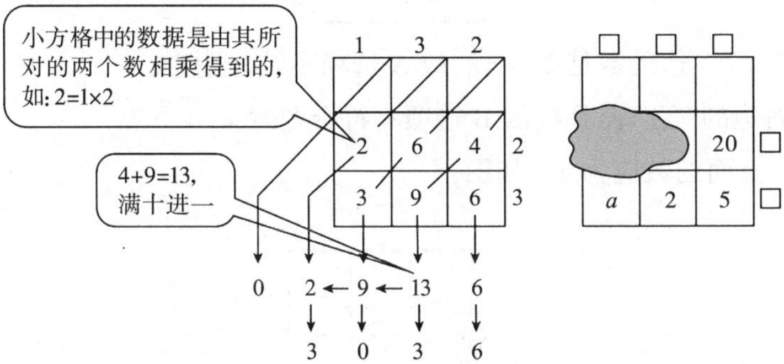

A. “20”左边的数是 16　　　　B. “20”右边的“□”表示 5

C. 运算结果小于 6000　　　　D. 运算结果可以表示为 $4100a+1025$

目标分析：此题主要考查整式的相关的运算、用字母表示多位数等相关知识。

解法分析：设一个三位数与一个两位数分别为 $100x+10y+z$ 和 $10m+n$，如图，

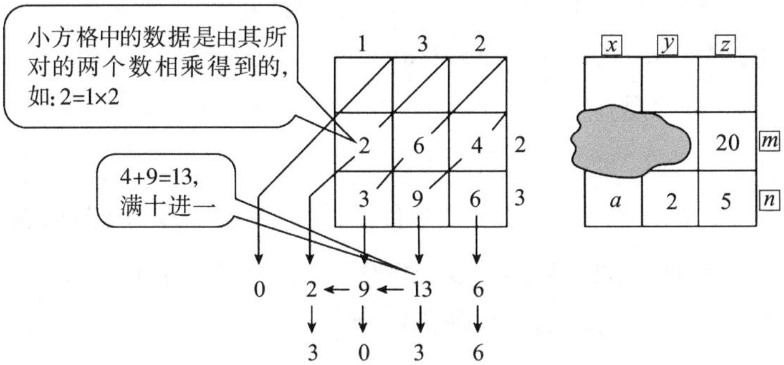

则由题意得：$mz=20$，$nz=5$，$ny=2$，$nx=a$，

所以$\frac{mz}{nz}=4$，即 $m=4n$，所以 $n=1$，$m=4$ 或 $n=2$，$m=8$。

当 $n=2$ 时，$z=2.5$ 不是正整数，不符合题意，故舍去；

当 $n=1$ 时,则 $m=4,y=2,z=5,x=a$,如图,

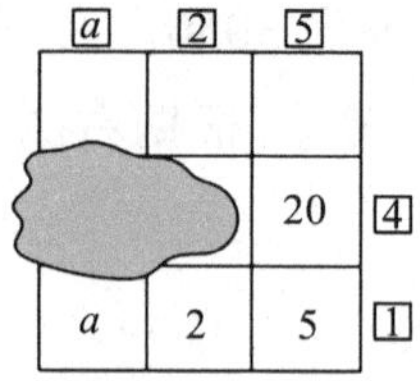

所以“20”左边的数是 $2\times4=8$,故 A 选项不符合题意;

“20”右边的“□”表示 4,故 B 选项不符合题意;

所以 a 上面的数应为 $4a$,如图,

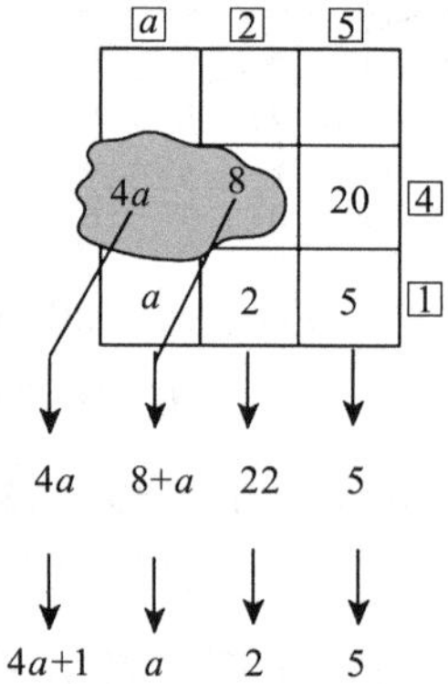

所以运算结果可以表示为:$1000(4a+1)+100a+25=4100a+1025$,

所以 D 选项符合题意;

当 $a=2$ 时,$4100a+1025=9225>6000$,

故 C 选项不符合题意。

故选:D。

题源分析:此题以新定义的方式考查整式的乘除运算、用字母表示多位数等相关知识。一个四位数一般表示为 $1000a+100b+10c+d$ 的形式,要注意用字母表示多位数时,不要出现 $abcd$ 这种错误地表示一个四位数的形式。此题与人教版《义务教育教科书·数学》七年级上册习题 4.1 第 9 题为同类问题。

五、定义新图形

9. 如图,点 P 是线段 AB 上与点 A,点 B 不重合的任意一点,在 AB 的同侧分别以 A,P,B 为顶点作 $\angle1=\angle2=\angle3$,其中 $\angle1$ 与 $\angle3$ 的一边分别是射线 AB 和

射线 BA，$\angle 2$ 的两边不在直线 AB 上，我们规定这三个角互为等联角，点 P 为等联点，线段 AB 为等联线。

（1）如图，在 5×3 个方格的纸上，小正方形的顶点为格点，边长均为 1，AB 为端点在格点的已知线段。请用三种不同连接格点的方法，作出以线段 AB 为等联线、某格点 P 为等联点的等联角，并标出等联角，保留作图痕迹；

（2）如图，在 $\text{Rt}\triangle APC$ 中，$\angle A=90°$，$AC>AP$，延长 AP 至点 B，使 $AB=AC$，作 $\angle A$ 的等联角 $\angle CPD$ 和 $\angle PBD$。将 $\triangle APC$ 沿 PC 折叠，使点 A 落在点 M 处，得到 $\triangle MPC$，再延长 PM 交 BD 的延长线于 E，连接 CE 并延长交 PD 的延长线于 F，连接 BF。

①确定 $\triangle PCF$ 的形状，并说明理由；

②若 $AP:PB=1:2$，$BF=\sqrt{2}k$，求等联线 AB 和线段 PE 的长（用含 k 的式子表示）。

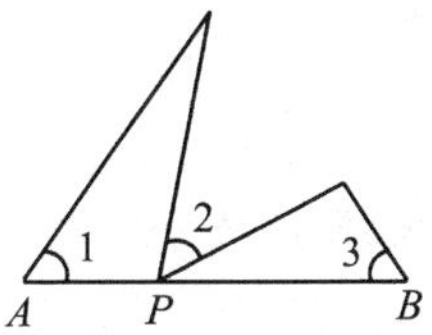

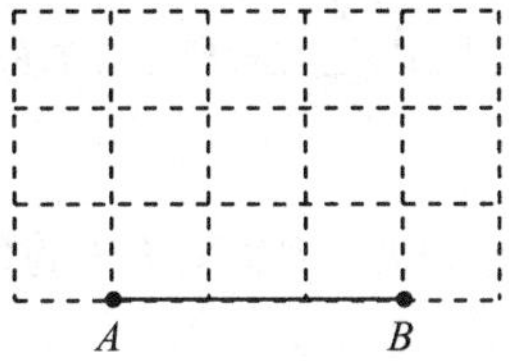

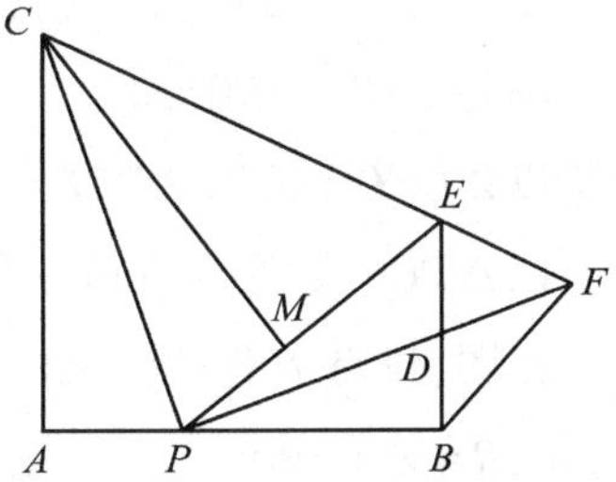

目标分析：本题主要考查几何新定义、正方形的性质与判定、折叠问题、全等三角形的性质与判定、相似三角形的性质与判定以及勾股定理，理解新定义并掌握正方形的性质是解题的关键。

解法分析：解：（1）作图如下：（方法不唯一）

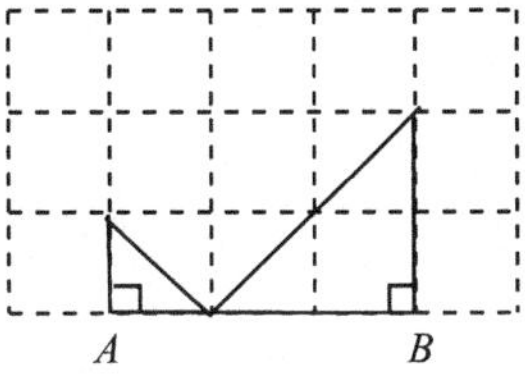

方法一

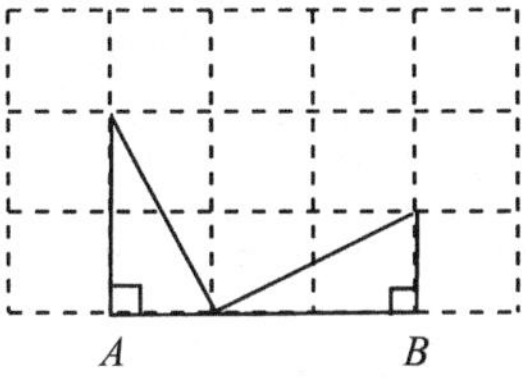

方法二

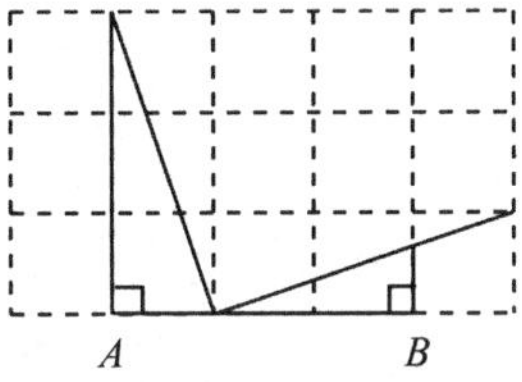

方法三

（2）①$\triangle PCF$ 是等腰直角三角形。理由如下：

如图，过点 C 作 $CN\perp BE$ 交 BE 的延长线于 N。

由折叠得 $AC=CM$，$\angle CMP=\angle CME=\angle A=90°$，$\angle 1=\angle 2$，

因为 $AC=AB$，$\angle A=\angle PBD=\angle N=90°$，

所以四边形 $ABNC$ 为正方形，

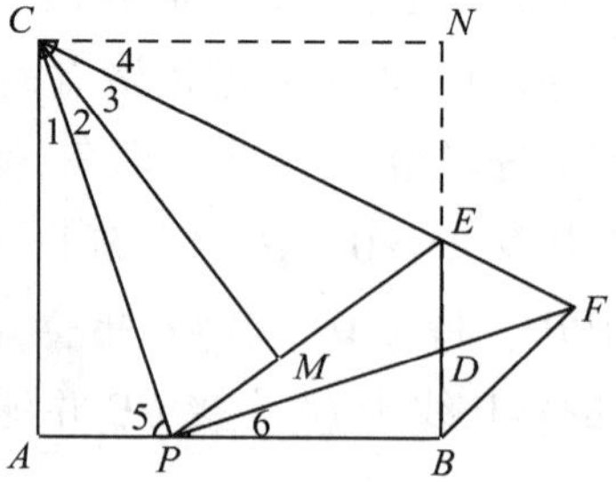

所以 $CN=AC=CM$，

又因为 $CE=CE$，所以 $Rt\triangle CME \cong Rt\triangle CNE$（HL），

所以 $\angle 3=\angle 4$，

而 $\angle 1+\angle 2+\angle 3+\angle 4=90°$，所以 $\angle PCF=\angle 2+\angle 3=45°$，

又因为 $\angle CPF=90°$，

所以 $\angle CFP=90°-\angle PCF=45°$，所以 $\angle CFP=\angle PCF$，

所以 $\triangle PCF$ 是等腰直角三角形。

②如图，过点 F 作 $FQ\perp BE$ 于 Q，$FR\perp PB$ 交 PB 的延长线于 R，

则 $\angle R=\angle A=90°$，

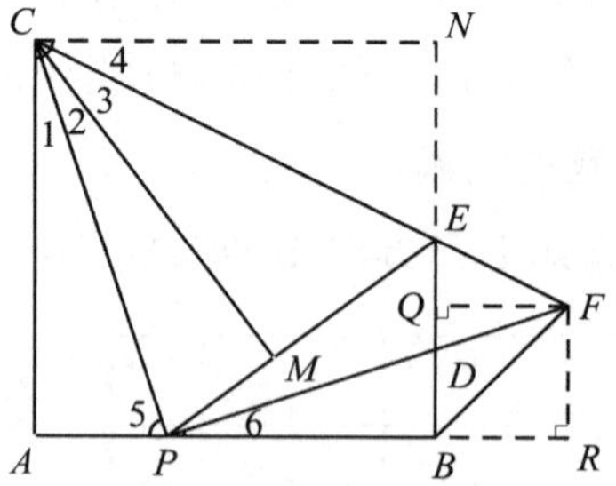

因为 $\angle 1+\angle 5=\angle 5+\angle 6=90°$，所以 $\angle 1=\angle 6$，

由 $\triangle PCF$ 是等腰直角三角形知 $PC=PF$，

所以 $\triangle APC \cong \triangle RFP$，所以 $AP=RF$，$AC=RP$，

而 $AC=AB$，所以 $AP=BR=RF$，

在 $Rt\triangle BRF$ 中，$BR^2+FR^2=BF^2$，$BF=\sqrt{2}k$，

所以 $AP=BR=FR=k$，

因为 $AP:PB=1:2$，所以 $PB=2AP=2k$，

所以 $AB=AP+PB=BN=3k$，

因为 $BR=FR$，$\angle QBR=\angle R=\angle FQB=90^{\circ}$，

所以四边形 $BRFQ$ 为正方形，$BQ=QF=k$，

因为 $FQ\perp BN$，$CN\perp BN$，可得 $FQ/\!/CN$，

所以 $\triangle FQE\backsim\triangle CNE$，可得 $\dfrac{QE}{NE}=\dfrac{QF}{NC}$，

而 $QE=BN-NE-BQ=3k-NE-k=2k-NE$，

所以 $\dfrac{2k-NE}{NE}=\dfrac{k}{3k}=\dfrac{1}{3}$，

解得 $NE=\dfrac{3}{2}k$，

由①知：$PM=AP=k$，$ME=NE=\dfrac{3}{2}k$，

所以 $PE=PM+ME=k+\dfrac{3}{2}k=\dfrac{5}{2}k$，

故答案为：等联线 $AB=3k$，线段 $PE=\dfrac{5}{2}k$。

题源分析：本题是综合性很强的一道题，通过定义“等联点、等联角、等联线”新概念来考查相似三角形、全等三角形、直角三角形、正方形、勾股定理等相关知识。(1)利用新定义考查学生在格点网格中的动手作图能力，主要考查学生的分类思想和解决问题的能力；(2)应用新定义图形的特征，将残图补全，构造正方形，进而得出一对全等三角形，推出 $\angle PCF=\angle 2+\angle 3=\angle CFP=45^{\circ}$，通过等角对等边判断出 $\triangle PCF$ 是等腰直角三角形。根据“等联角”的特征可证 $\angle 1=\angle 6$，由一边一角相等，构造 $\triangle APC\cong\triangle RFP$，转化线段，再通过作 $FQ\perp BE$ 构造 $\triangle FQE\backsim\triangle CNE$，进一步转化线段，进而求出线段长。

10. 定义：在平面直角坐标系 xOy 中，当点 N 在图形 M 的内部，或在图形 M 上，且点 N 的横坐标和纵坐标相等时，则称点 N 为图形 M 的“梦之点”。

(1)如图，矩形 $ABCD$ 的顶点坐标分别是 $A(-1,2)$，$B(-1,-1)$，$C(3,-1)$，

$D(3,2)$，在点 $M_1(1,1)$，$M_2(2,2)$，$M_3(3,3)$ 中，是矩形 $ABCD$“梦之点”的是________；

(2)点 $G(2,2)$ 是反比例函数 $y_1=\dfrac{k}{x}$ 图像上的一个“梦之点”，则该函数图像上的另一个“梦之点”H 的坐标是 ________，直线 GH 的解析式是 $y_2=$ ________，$y_1>y_2$ 时，x 的取值范围是 ________；

(3)如图，已知点 A，B 是抛物线 $y=-\dfrac{1}{2}x^2+x+\dfrac{9}{2}$ 上的“梦之点”，点 C 是抛物线的顶点。连接 AC，AB，BC，判断△ABC 的形状，并说明理由。

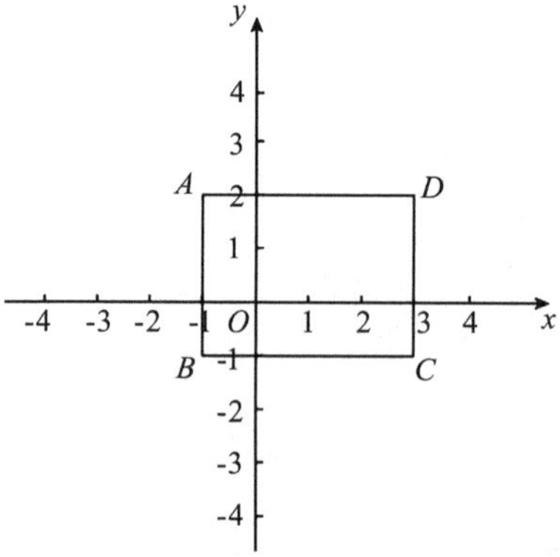

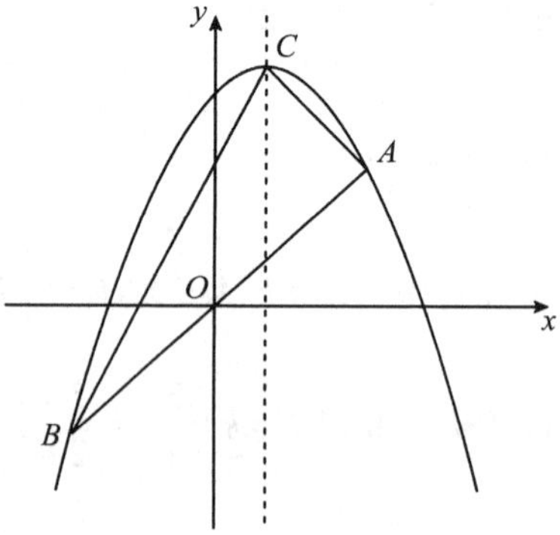

目标分析：本题是函数的综合题，主要考查一次函数、反比例函数以及二次函数的图像与性质，理解坐标与图形，并理解新定义是解决此题的关键。

解法分析：(1)因为矩形 $ABCD$ 的顶点坐标分别是 $A(-1,2)$，$B(-1,-1)$，$C(3,-1)$，$D(3,2)$，

所以矩形 $ABCD$“梦之点”(x,y)满足 $-1\leqslant x\leqslant 3$，$-1\leqslant y\leqslant 2$，

所以点 $M_1(1,1)$，$M_2(2,2)$ 是矩形 $ABCD$“梦之点”，点 $M_3(3,3)$ 不是矩形 $ABCD$“梦之点”，

故答案为：M_1，M_2。

(2)因为点 $G(2,2)$ 是反比例函数 $y_1=\dfrac{k}{x}$ 图像上的一个“梦之点”，

所以把 $G(2,2)$ 代入 $y_1=\dfrac{k}{x}$，得 $k=4$，所以 $y_1=\dfrac{4}{x}$。

因为“梦之点”的横坐标和纵坐标相等，所以“梦之点”都在直线 $y=x$ 上，

设“梦之点”的坐标为(m,n)，

联立$\begin{cases} n=\dfrac{4}{m} \\ n=m \end{cases}$，解得$\begin{cases} m=2 \\ n=2 \end{cases}$或$\begin{cases} m=-2 \\ n=-2 \end{cases}$，

又因为 G 的坐标为$(2,2)$，所以 H 的坐标为$(-2,-2)$，

易求直线 GH 的解析式是 $y_2=x$，函数图像如图：

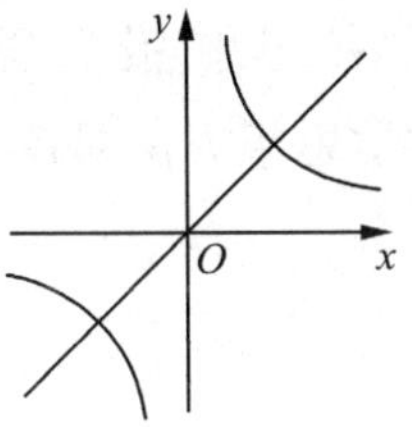

由图可得，当 $y_1>y_2$ 时，x 的取值范围是 $x<-2$ 或 $0<x<2$。

故答案为：$(-2,-2)$；$y_2=x$；$x<-2$ 或 $0<x<2$。

(3) $\triangle ABC$ 是直角三角形，理由如下：

因为点 A,B 是抛物线 $y=-\dfrac{1}{2}x^2+x+\dfrac{9}{2}$ 上的“梦之点”，

所以$\begin{cases} y=-\dfrac{1}{2}x^2+x+\dfrac{9}{2} \\ y=x \end{cases}$，

解得$\begin{cases} x=3 \\ y=3 \end{cases}$或$\begin{cases} x=-3 \\ y=-3 \end{cases}$，

所以，A 的坐标为$(3,3)$，B 的坐标为$(-3,-3)$，

因为 $y=-\dfrac{1}{2}x^2+x+\dfrac{9}{2}=-\dfrac{1}{2}(x-1)^2+5$，所以，顶点 C 的坐标为$(1,5)$，

因为：$AC^2=(3-1)^2+(3-5)^2=8$，

$AB^2=(-3-3)^2+(-3-3)^2=72$，$BC^2=(-3-1)^2+(-3-5)^2=80$，

所以，$BC^2=AC^2+AB^2$，所以$\triangle ABC$ 是直角三角形。

题源分析：本题以新定义的方式主要考查一次函数、反比例函数、二次函数的图像与性质，以及学生运用数形结合思想解决问题的能力。(1)通过让学生判断点 M 是不是“梦之点”，从而考查学生是不是理解新定义。解题时需先确定符合条件的点的横、纵坐标的取值范围，然后进行判断，重点考查学生的观

察、分析、归纳能力;(2)解题难点在于能否把“梦之点”的横坐标和纵坐标相等,转化为“梦之点”都在直线 $y=x$ 上,如果能突破这一难点,然后根据点在图像上,点的坐标能使解析式成立,从而建立方程组即可。根据(2)的解题思路求解(3)就很容易了。

新定义问题,考查的知识面广。教学中教师不可能把所有问题一一讲到,这就要求教师在实际教学过程中交给学生解决问题的“钥匙”——数学思想,如分类讨论思想、数形结合思想、函数思想、化归思想等,数学思想方法是数学的灵魂,在数学教学过程中渗透数学思想方法是落实新课标的要求。

2.3.3 综合与探究型试题

初中数学的综合与探究型试题,通常要求学生能将多个知识点融会贯通,并通过独立思考,探究与解决问题,从而展现其数学素养和综合能力。这些试题往往设计巧妙,既能考查学生的基础知识掌握情况,又能考查学生的逻辑推理、创新思维和问题解决的能力。

在解答这类试题时,学生需要首先明确题目所考查的知识点范围,然后仔细分析题目中的条件与要求,寻找解题的突破口。有时,可能需要学生将复杂的问题拆解成几个简单的小问题,逐一解决;有时,则需要学生运用逆向思维、数形结合等策略,从多个角度审视问题。常见的综合与探究型试题包括但不限于:

1. 函数与方程的综合应用。这类试题通常要求学生通过建立函数模型或解方程(组)的方式,解决实际问题中的数量关系或位置关系。学生需要熟练掌握各类函数(如一次函数、二次函数、反比例函数等)的性质和图像特征,以及方程(组)的解法,并能在具体情境中灵活运用。

2. 几何图形的变换与证明。几何题目中的综合与探究型试题,往往涉及图形的平移、旋转、翻折等变换,以及基于这些变换的性质证明和计算。学生需要具备扎实的几何基础知识,能够灵活运用各种几何定理和性质,进行逻辑推理和证明。

3. 数据的收集、整理与分析。在统计与概率部分,综合与探究型试题可能要求学生根据给定的数据,设计合适的统计图表,进行数据分析,并据此作出合理的推断和预测。学生需要了解各种统计图表的特点和适用场景，掌握数据收集、整理和分析的基本方法。

4. 实际应用问题的建模与求解。这类试题通常来源于现实生活，如工程问题、经济问题、交通问题等。学生需要根据题目描述，抽象出数学模型，并运用数学知识和方法求解。这要求学生具备较强的数学建模能力和问题解决能力。

综上所述，初中数学的综合与探究型试题具有高度的综合性、灵活性和挑战性。在备考过程中，学生应注重基础知识的巩固和拓展，培养自己的逻辑思维、创新思维和问题解决能力，以便更好地应对这类试题的挑战。

有代表性试题

1. **【问题探究】**

(1) 如图 1，在正方形 $ABCD$ 中，对角线 AC，BD 相交于点 O。在线段 AO 上任取一点 P(端点除外)，连接 PD，PB。

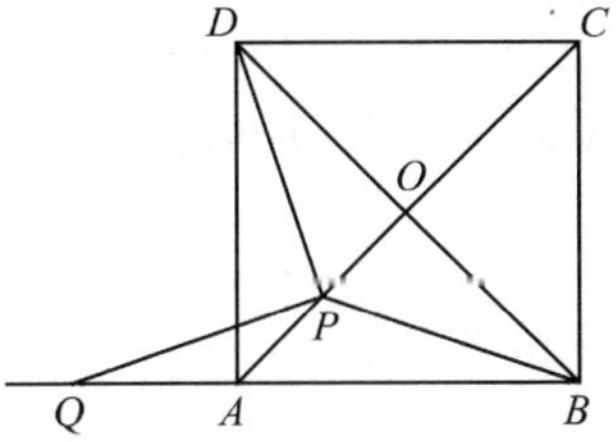

图1

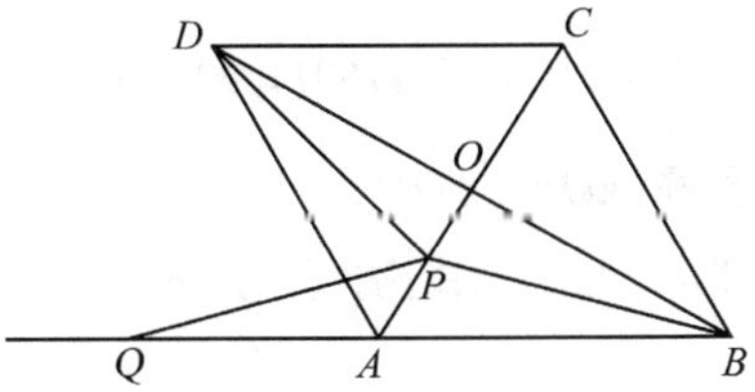

图2

①求证：$PD=PB$；

②将线段 DP 绕点 P 逆时针旋转，使点 D 落在 BA 的延长线上的点 Q 处。当点 P 在线段 AO 上的位置发生变化时，$\angle DPQ$ 的大小是否发生变化？请说明理由；

③探究 AQ 与 OP 的数量关系，并说明理由。

【迁移探究】

(2) 如图 2，将正方形 $ABCD$ 换成菱形 $ABCD$，且 $\angle ABC=60^\circ$，其他条件不变。试探究 AQ 与 CP 的数量关系，并说明理由。

目标分析：本题是几何探究性综合问题，主要考查正方形、菱形、矩形、平行四边形、等边三角形、垂直平分线、全等三角形、等腰三角形的性质与判定，以及勾股定理、三角函数等知识。

解法分析：(1)①证明：因为四边形 $ABCD$ 是正方形，

所以 $CD=CB$，$\angle DCA=\angle BCA=45°$，

因为 $CP=CP$，所以 $\triangle DCP \cong \triangle BCP$，所以 $PD=PB$。

②解：$\angle DPQ$ 的大小不发生变化，$\angle DPQ=90°$；

理由：如图，作 $PM\perp AB$，$PN\perp AD$，垂足分别为点 M、N，

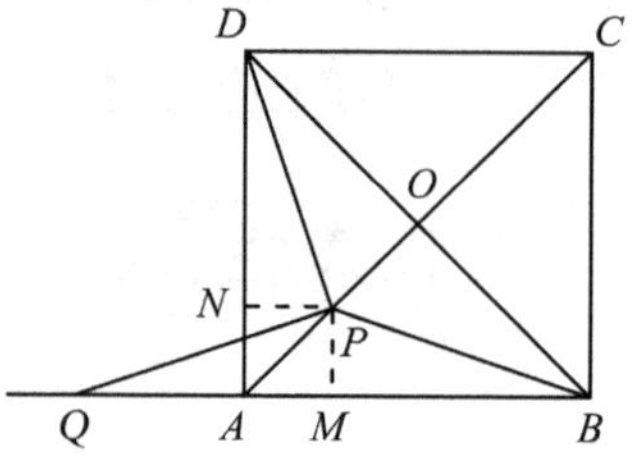

因为四边形 $ABCD$ 是正方形，所以 $\angle DAC=\angle BAC=45°$，$\angle DAB=90°$，

所以四边形 $AMPN$ 是矩形，$PM=PN$，所以 $\angle MPN=90°$，

因为 $PD=PQ$，$PM=PN$，所以 $\text{Rt}\triangle DPN \cong \text{Rt}\triangle QPM$，所以 $\angle DPN=\angle QPM$，

因为 $\angle QPN+\angle QPM=90°$，所以 $\angle QPN+\angle DPN=90°$，即 $\angle DPQ=90°$。

③解：$AQ=\sqrt{2}OP$。

理由：如图，作 $PE\perp AO$ 交 AB 于点 E，作 $EF\perp OB$ 于点 F，

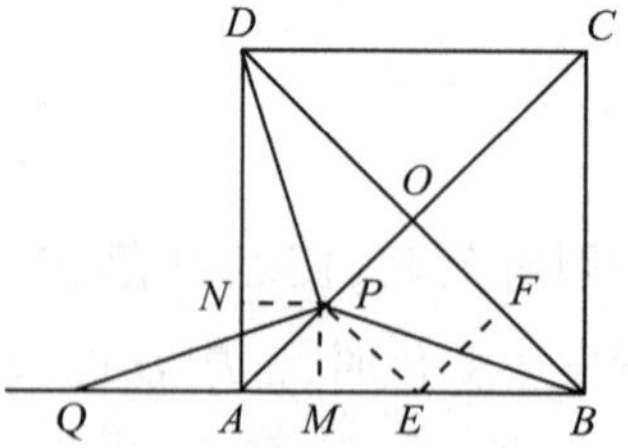

因为四边形 $ABCD$ 是正方形，所以 $\angle BAC=45°$，$\angle AOB=90°$，

所以 $\angle AEP=45°$，四边形 $OPEF$ 是矩形，

所以 $\angle PAE=\angle PEA=45°$，$EF=OP$，所以 $PA=PE$，

因为 $PD=PB$，$PD=PQ$，所以 $PQ=PB$，

作 $PM\perp AE$ 于点 M，则 $QM=BM$，$AM=EM$，所以 $AQ=BE$，

因为$\angle EFB=90°$，$\angle EBF=45°$，所以$BE=\dfrac{EF}{\sin 45°}=\sqrt{2}EF$，所以$AQ=\sqrt{2}OP$。

(2)解：$AQ=CP$。

理由：因为四边形$ABCD$是菱形，$\angle ABC=60°$，

所以$AB=BC$，$AC\perp BD$，$DO=BO$，

所以$\triangle ABC$是等边三角形，AC垂直平分BD，所以$\angle BAC=60°$，$PD=PB$，

因为$PD=PQ$，所以$PQ=PB$，

如图，作$PE/\!/BC$交AB于点E，$EG/\!/AC$交BC于点G，

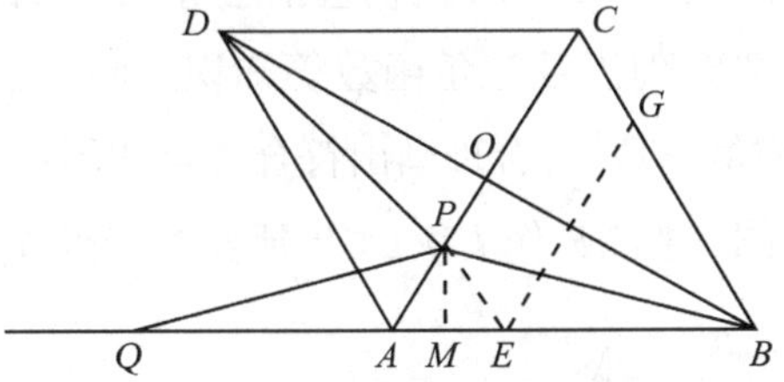

则四边形$PEGC$是平行四边形，$\angle GEB=\angle BAC=60°$，$\angle AEP=\angle ABC=60°$，

所以$EG=PC$，$\triangle APE$，$\triangle BEG$都是等边三角形，所以$BE=EG=PC$，

作$PM\perp AB$于点M，则$QM=MB$，$AM=EM$，

所以$QA=BE$，所以$AQ=CP$。

题源分析：此题是对教材中"空间与图形"部分几何推理与计算的综合考查，对特殊四边形中的平行四边形、矩形、菱形、正方形都进行了考查，同时对特殊三角形中的等边三角形、等腰直角三角形也进行了考查，问题设置中涉及了图形变换，实现了解法的延续，解决问题时需用常规辅助线来构造几何图形，并利用勾股定理及三角函数来解决问题。

2. 在等腰直角$\triangle ABC$中，$\angle ACB=90°$，$AC=BC$，D为直线BC上任意一点，连接AD。将线段AD绕点D按顺时针方向旋转90°得线段ED，连接BE。

【尝试发现】

(1)如图1，当点D在线段BC上时，线段BE与CD的数量关系为________；

【类比探究】

(2)当点D在线段BC的延长线上时，先在图2中补全图形，再探究线段BE与CD的数量关系并证明；

【联系拓广】

(3)若 $AC=BC=1$,$CD=2$,请直接写出 $\sin\angle ECD$ 的值。

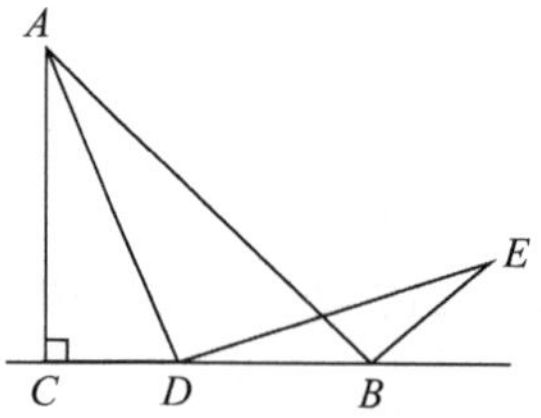

图1

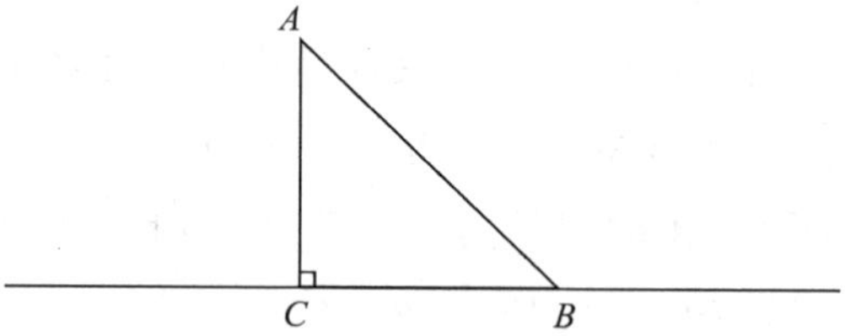

图2

目标分析:本题主要考查三角形综合,包括全等三角形的判定和性质、相似三角形的判定和性质、勾股定理以及三角函数等知识。明确题意,添加合适的辅助线,构造全等三角形、相似三角形,合理画出符合要求的图形是解题的关键。

解法分析:(1)如图,过点 E 作 $EM\perp CB$ 延长线于点 M,

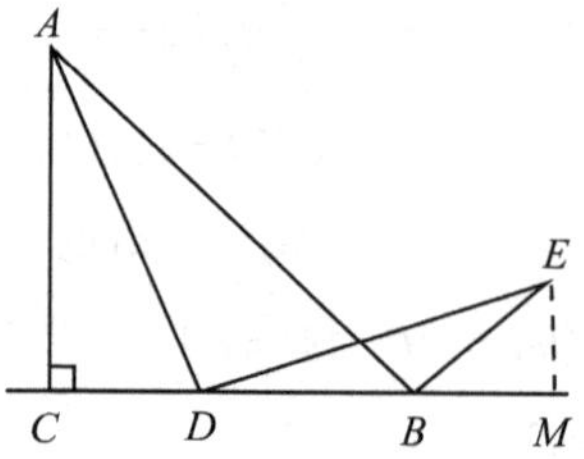

由旋转得 $AD=DE$,$\angle ADE=90°$,所以 $\angle ADC+\angle EDM=90°$,

因为 $\angle ACB=90°$,所以 $\angle ACD=\angle DME$,$\angle ADC+\angle CAD=90°$,

所以 $\angle CAD=\angle MDE$,

所以 $\triangle ACD\cong\triangle DME$,所以 $CD=ME$,$AC=DM$,

因为 $AC=BC$,所以 $BM=DM-BD=AC-BD=BC-BD=CD$,所以 $BM=EM$,

因为 $EM\perp CB$,所以 $BE=\sqrt{2}EM=\sqrt{2}CD$,

故答案为:$BE=\sqrt{2}CD$。

(2)补全图形如图,$BE=\sqrt{2}CD$,理由如下:

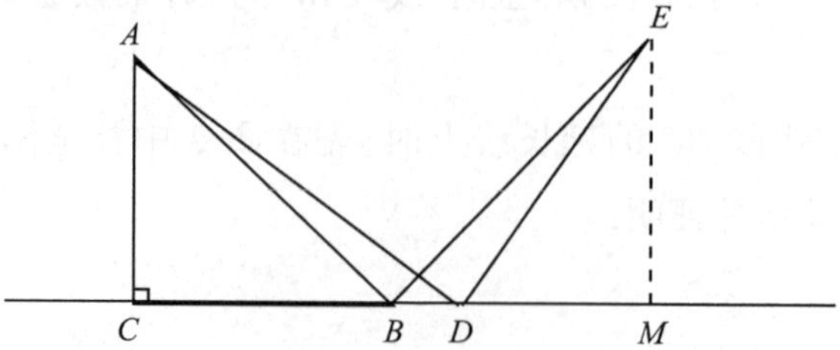

过点 E 作 $EM \perp CB$ 延长线于点 M，由旋转得 $AD=DE$，$\angle ADE=90°$，所以 $\angle ADC+\angle EDM=90°$，

因为 $\angle ACB=90°$，所以 $\angle ACD=\angle DME$，$\angle ADC+\angle CAD=90°$，

所以 $\angle CAD=\angle MDE$，

所以 $\triangle ACD \cong \triangle DME$，所以 $CD=ME$，$AC=DM$，

因为 $AC=BC$，所以 $BM=DM+BD=AC+BD=BC+BD=CD$，所以 $BM=EM$，

因为 $EM \perp CB$，所以 $BE=\sqrt{2}EM=\sqrt{2}CD$。

(3)如图，过点 E 作 $EM \perp CB$ 延长线于点 M，

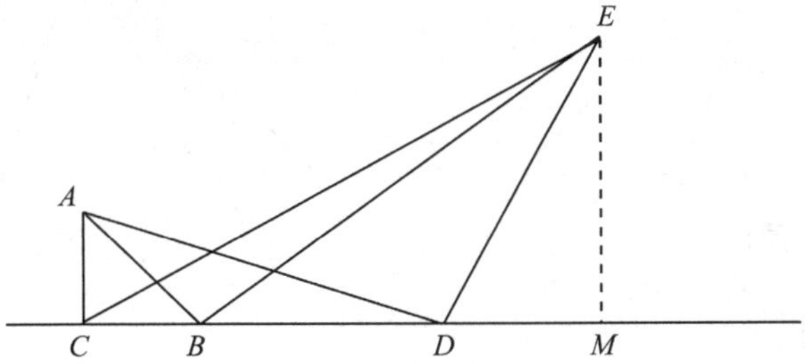

因为 $AC=BC=1$，$CD=2$，

由(2)得 $DM=AC=1$，$EM=CD=2$，所以 $CM=CD+DM=3$，

所以 $CE=\sqrt{CM^2+EM^2}=\sqrt{13}$，所以 $\sin\angle ECD=\dfrac{EM}{CE}=\dfrac{2}{\sqrt{13}}=\dfrac{2\sqrt{13}}{13}$。

题源分析：此题是对教材中“空间与图形”部分几何推理与计算的综合考查，是在教材的正方形问题背景下改编并进行图形的变换及设计的计算，此题的证明方法非常多，这里主要是通过构造“M 型”的方法解决，还可以通过轴对称、旋转、平移等方法构造辅助线解决问题。

3. 在一堂平面几何专题复习课上，刘老师先引导学生解决了以下问题：

【问题情境】

如图 1，在 $\triangle ABC$ 中，$\angle BAC=90°$，$AB=AC$，点 D，E 在边 BC 上，且 $\angle DAE=45°$，$BD=3$，$CE=4$，求 DE 的长。

解：如图 2，将 $\triangle ABD$ 绕点 A 逆时针旋转 90°得到 $\triangle ACD'$，连接 ED'。

由旋转的特征得 $\angle BAD=\angle CAD'$，$\angle B=\angle ACD'$，$AD=AD'$，$BD=CD'$。

因为 $\angle BAC=90°$，$\angle DAE=45°$，所以 $\angle BAD+\angle EAC=45°$。

因为$\angle BAD=\angle CAD'$，所以$\angle CAD'+\angle EAC=45°$，即$\angle EAD'=45°$，所以$\angle DAE=\angle D'AE$。

在$\triangle DAE$和$\triangle D'AE$中，$AD=AD'$，$\angle DAE=\angle D'AE$，$AE=AE$，

所以①________，所以$DE=D'E$。

又因为$\angle ECD'=\angle ECA+\angle ACD'=\angle ECA+\angle B=90°$，所以在$Rt\triangle ECD'$中，②________。

因为$CD'=BD=3$，$CE=4$，所以$DE=D'E=$③________。

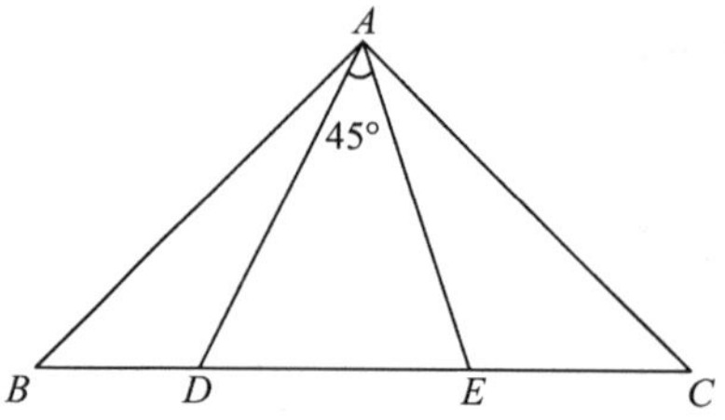

图1

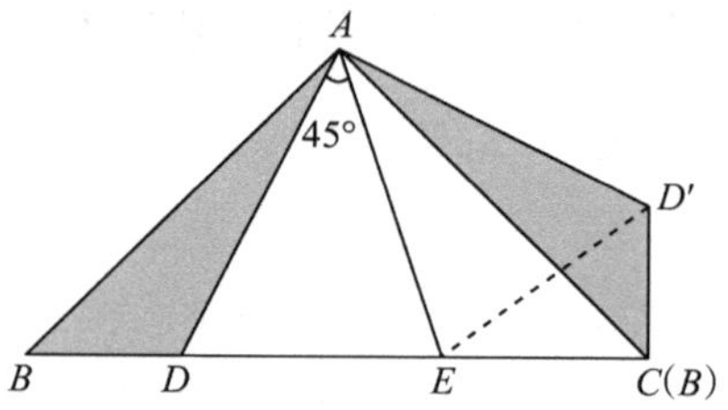

图2

【问题解决】

上述问题情境中，“①”处应填：________________；“②”处应填：________________；“③”处应填：________________。

刘老师进一步讲：图形的变化强调从运动变化的观点来研究，只要我们抓住了变化中的不变量，就能以不变应万变。

【知识迁移】

如图3，在正方形$ABCD$中，点E，F分别在边BC，CD上，满足$\triangle CEF$的周长等于正方形$ABCD$的周长的一半，连接AE，AF，分别与对角线BD交于M，N两点。探究BM，MN，DN的数量关系并证明。

【拓展应用】

如图4，在矩形$ABCD$中，点E，F分别在边BC，CD上，且$\angle EAF=\angle CEF=45°$。探究$BE$，$EF$，$DF$的数量关系：________________（直接写出结论，不必证明）。

【问题再探】

如图5，在$\triangle ABC$中，$\angle ABC=90°$，$AB=4$，$BC=3$，点D，E在边AC上，且$\angle DBE=45°$。设$AD=x$，$CE=y$，求y与x的函数关系式。

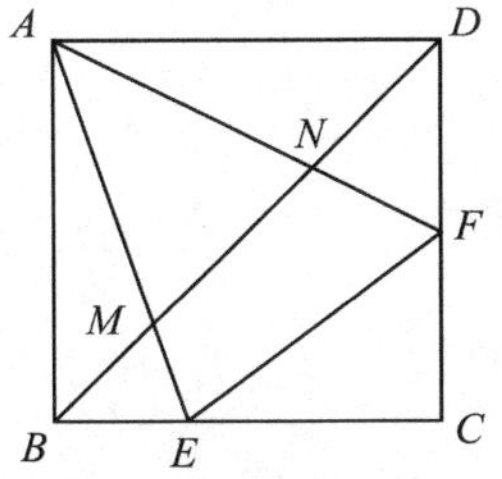

图3

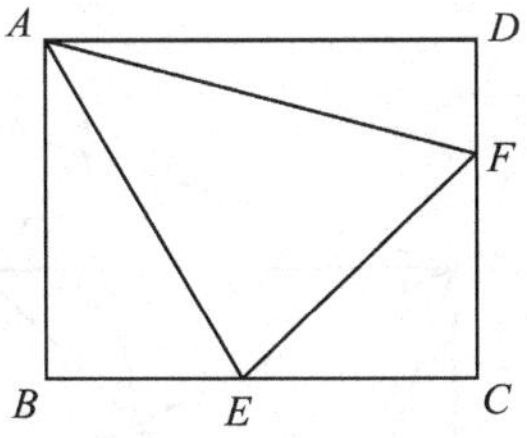

图4

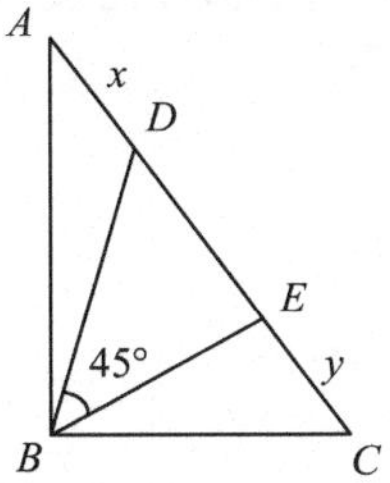

图5

最后,刘老师总结到:希望同学们在今后的数学学习中,学会用数学的眼光观察现实世界,用数学的思维思考现实世界,用数学的语言表达现实世界。

目标分析:本题是对三角形和四边形的综合考查,同时考查了等腰直角三角形的判定和性质、正方形的判定和性质、全等三角形的判定和性质、勾股定理、三角函数、相似三角形的判定和性质以及函数等知识。添加合适的辅助线,并合理利用辅助线旋转思想是解题的关键。

解法分析:**【问题解决】**

如图2,将$\triangle ABD$绕点A逆时针旋转90°得到$\triangle ACD'$,连接ED'。

由旋转的特征得$\angle BAD=\angle CAD'$,$\angle B=\angle ACD'$,$AD=AD'$,$BD=CD'$。

因为$\angle BAC=90°$,$\angle DAE=45°$,所以$\angle BAD+\angle EAC=45°$。

因为$\angle BAD=\angle CAD'$,所以$\angle CAD'+\angle EAC=45°$,即$\angle EAD'=45°$. 所以$\angle DAE=\angle D'AE$。

在$\triangle ADE$和$\triangle AD'E$中,$\begin{cases}AD=AD'\\ \angle DAE=\angle D'AE,\\ AE=AE\end{cases}$

所以$\triangle ADE\cong\triangle AD'E$,所以$DE=D'E$。

又因为$\angle ECD'=\angle ECA+\angle ACD'=\angle ECA+\angle B=90°$,

所以在$\text{Rt}\triangle ECD'$中,$CE^2+CD'^2=D'E^2$,

因为$CD'=BD=3$,$CE=4$,所以$DE=D'E=5$。

故答案为:①$\triangle ADE\cong\triangle AD'E$;②$C^2E+CD'^2=D'E^2$;③5。

【知识迁移】

$DN^2+BM^2=MN^2$,理由如下:

如图,将$\triangle ABE$绕点A逆时针旋转90°,得到$\triangle ADF'$,过点D作$DH\perp BD$交

边 AF' 于点 H，连接 NH。

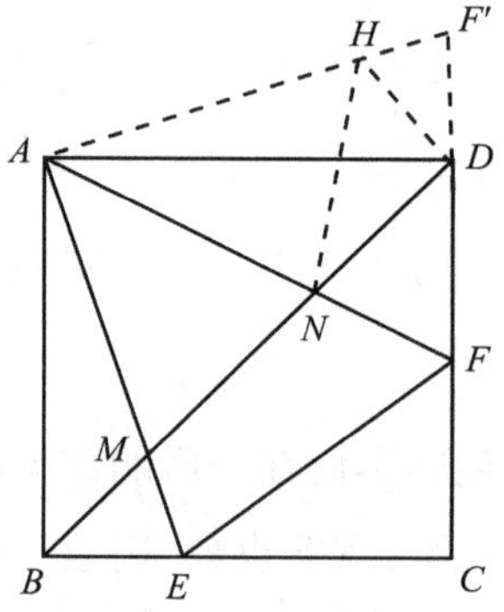

由旋转得：$AE=AF'$，$BE=DF'$，$\angle BAE=\angle DAF'$。

由题意得：$EF+EC+FC=DC+BC=DF+FC+EC+BE$，

所以 $EF=DF+BE=DF+DF'=F'F$。

在$\triangle AEF$ 和$\triangle AF'F$ 中，$\begin{cases}AE=AF' \\ EF=F'F \\ AF=AF\end{cases}$，所以$\triangle AEF \cong AF'F$，所以$\angle EAF=\angle F'AF$，

又因为 BD 为正方形 $ABCD$ 的对角线，所以$\angle ABD=\angle ADB=45°$，

因为 $DH\perp BD$，所以$\angle ADH=\angle HDB-\angle ADB=45°$，

在$\triangle ABM$ 和$\triangle ADH$ 中，$\begin{cases}\angle BAM=\angle DAH \\ AB=AD \\ \angle ABM=\angle ADH\end{cases}$，所以$\triangle ABM\cong\triangle ADH$，

所以 $AM=AH$，$BM=DH$，

在$\triangle AMN$ 和$\triangle AHN$ 中，$\begin{cases}AM=AH \\ \angle MAN=\angle HAN \\ AN=AN\end{cases}$，所以$\triangle AMN\cong\triangle AHN$，

所以 $MN=HN$，

在 $\mathrm{Rt}\triangle HND$ 中，$DN^2+DH^2=HN^2$，所以 $DN^2+BM^2=MN^2$。

【拓展应用】

如图 4 所示，延长 EF 交 AB 延长线于 M 点，交 AD 延长线于 N 点，将$\triangle ADF$ 绕着点 A 顺时针旋转 90°，得到$\triangle AGH$，连接 HM，HE。过点 H 作 $HO\perp BC$ 于 O

点，所以$\triangle ADF\cong\triangle AGH$，所以$DF=GH$，$AD=AG$，

因为$\angle CEF=45°=\angle BEM$，$\angle MBC=90°$，所以$\triangle BEM$是等腰直角三角形，

所以$BE=BM$，

由【知识迁移】可知$\triangle AEH\cong\triangle AEF$，则$AH=AF$，$EH=EF$，

则由勾股定理可知$(GH+BE)^2+BG^2=EH^2$，

即$(GH+BE)^2+(BM-GM)^2=EH^2$，

又因为$EF=HE$，$DF=GH=GM$，$BE=BM$，所以$(DF+BE)^2+(BE-DF)^2=EF^2$，

即$2(DF^2+BE^2)=EF^2$，所以$EF^2=2BE^2+2DF^2$。

故答案为：$EF^2=2BE^2+2DF^2$。

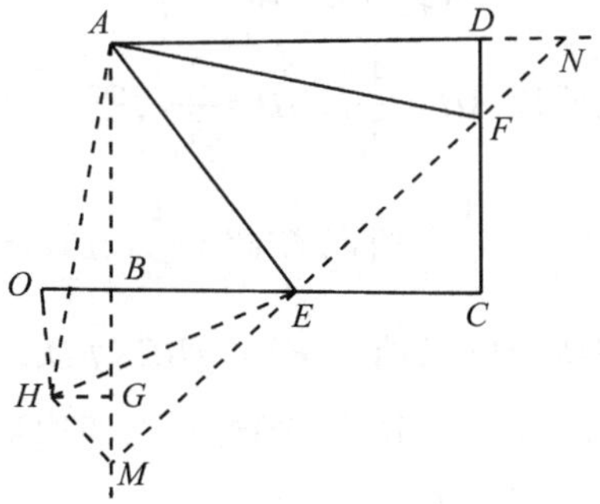

【问题再探】

如图，将$\triangle BEC$绕点B逆时针旋转$90°$，得到$\triangle BE'C'$，连接$E'D$，过点E作$EG\perp BC$，垂足为点G，过点E'作$E'G'\perp BC'$，垂足为G'，过点E'作$E'F/\!/BA$，过点D作$DF/\!/BC$交AB于点H，$E'F$、DF交于点F，

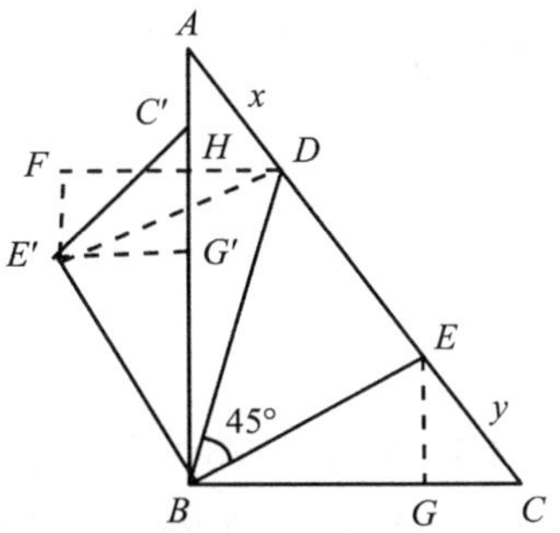

由旋转得：$BE=BE'$，$\angle CBE=\angle C'BE'$，$EG=E'G'$，$BG=BG'$。

因为$\angle ABC=90°$，$\angle DBE=45°$，所以$\angle CBE+\angle DBA=45°$，

所以$\angle C'BE'+\angle DBA=45^\circ$,即$\angle DBE'=45^\circ$,

在$\triangle EBD$和$\triangle E'BD$中,$\begin{cases}BE=BE'\\ \angle DBE=\angle DBE',\\ BD=BD\end{cases}$

所以$\triangle EBD\cong\triangle E'BD$,所以$DE=DE'$,

因为$\angle ABC=90^\circ$,$AB=4$,$BC=3$,所以$AC=\sqrt{AB^2+BC^2}=5$,

又因为$AD=x$,$CE=y$,所以$DE'=DE=5-x-y$,

因为$DF/\!/BC$,所以$\angle ADH=\angle C$,$\angle AHD=\angle ABC=90^\circ$,

所以$\triangle AHD\backsim\triangle ABC$,所以$\dfrac{AH}{AB}=\dfrac{HD}{BC}=\dfrac{AD}{AC}=\dfrac{x}{5}$,

因为$AB=4$,$BC=3$,所以$AH=\dfrac{4}{5}x$,$HD=\dfrac{3}{5}x$,所以$HB=AB-AH=4-\dfrac{4}{5}x$,

同理可得:$EG=\dfrac{4}{5}y$,$GC=\dfrac{3}{5}y$,所以$E'G'=\dfrac{4}{5}y$,$BG'=BG=3-\dfrac{3}{5}y$,

因为$E'G'\perp AB$,$\angle ABC=90^\circ$,所以$E'G'/\!/BC/\!/FD$。

又因为$E'F/\!/AB$,$\angle FHG'=\angle AHD=90^\circ$,所以四边形$FE'G'H$为矩形。

所以$\angle F=90^\circ$,$FH=E'G'=\dfrac{4}{5}y$,$DF=DH+FH=\dfrac{3}{5}x+\dfrac{4}{5}y$,

所以$FE'=HG'=HB-BG'=4-\dfrac{4}{5}x-(3-\dfrac{3}{5}y)=1-\dfrac{4}{5}x+\dfrac{3}{5}y$,

在$\mathrm{Rt}\triangle E'FD$中,$E'F^2+DF^2=E'D^2$,

所以$(1-\dfrac{4}{5}x+\dfrac{3}{5}y)^2+(\dfrac{3}{5}x+\dfrac{4}{5}y)^2=(5-x-y)^2$。

解得$y=\dfrac{21x-60}{5x-28}$。

故答案为:$y=\dfrac{21x-60}{5x-28}$。

题源分析:此题是对教材中“空间与图形”部分几何推理与计算的综合考查,通过给出的“半角”问题的处理方法,即旋转构全等,对称证全等,并通过这样的处理方法解决后续问题,无论是证明还是计算,都是利用此方法解决,体现了数学中的类比思想。最后一问的计算上有一定难度,在利用“半角”处理方法的同时,还需要灵活运用勾股定理和相似的知识进行相应的运算。

4.【问题背景】

已知点 A 是半径为 r 的⊙O 上的定点,连接 OA,将线段 OA 绕点 O 按逆时针方向旋转 $\alpha(0°<\alpha<90°)$ 得到 OE,连接 AE,过点 A 作⊙O 的切线 l,在直线 l 上取点 C,使得 $\angle CAE$ 为锐角。

【初步感知】

(1)如图 1,当 $\alpha=60°$ 时,$\angle CAE=$________°;

【问题探究】

(2)以线段 AC 为对角线作矩形 $ABCD$,使得边 AD 过点 E,连接 CE,对角线 AC,BD 相交于点 F。

①如图 2,当 $AC=2r$ 时,求证:无论 α 在给定的范围内如何变化,$BC=CD+ED$ 总成立;

②如图 3,当 $AC=\frac{4}{3}r$,$\frac{CE}{OE}=\frac{2}{3}$ 时,请补全图形,并求 $\tan\alpha$ 及 $\frac{AB}{BC}$ 的值。

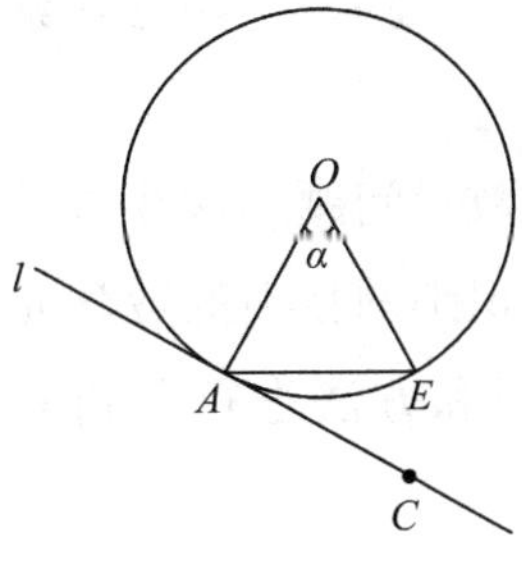

图1

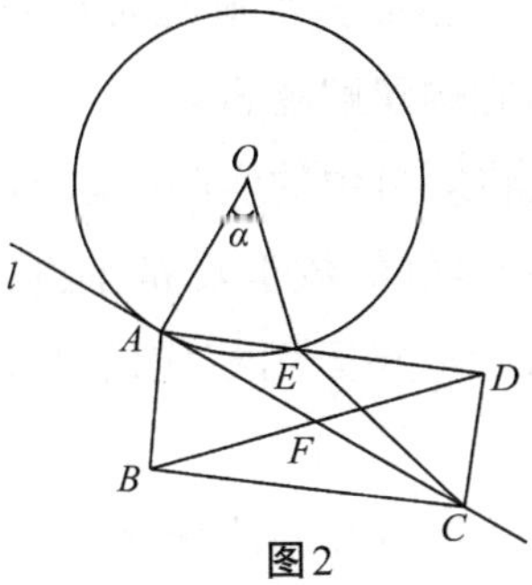

图2

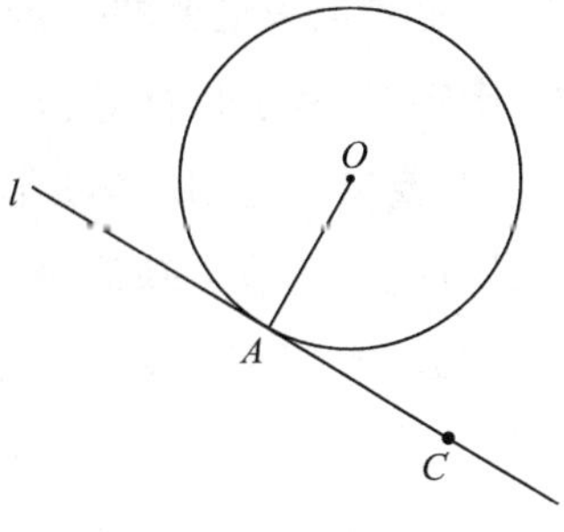

图3

目标分析:本题主要考查圆的综合知识以及切线的性质、锐角三角函数、勾股定理、矩形的性质和判定以及相似的判定和性质,熟练掌握相关知识点是解题关键。

解法分析:(1)根据等腰△AOE 的角度和切线的性质即可求出 $\angle CAE=30°$。

(2)①因为 $AD=BC$,且 $AD=AE+ED$,要证 $BC=CD+ED$,实际要证 $CD=AE$,根据我们证线段相等的思路:同一个三角形证等腰;不同三角形证全等,可证△OAE≌△FCD。

②由 $AC=\frac{4}{3}r$ 得 $\tan\alpha=\frac{AC}{OA}=\frac{4}{3}$，再作 $OH\perp AE$，证 $\triangle OEH\backsim\triangle CED$ 得到 $\frac{EH}{ED}=\frac{OE}{CE}=\frac{3}{2}$，通过设边长，再利用勾股定理表示 CD^2，建立勾股方程即可找到线段之间的关系。

题源分析：本题是对教材中“空间与图形”部分几何推理与计算的综合考查，在解决圆的综合问题时，需要综合考虑多个方面的知识点，包括圆的性质、与圆相关的定理，以及圆与其他几何图形的结合等。此外，还需要学生掌握一些常用的解题技巧和方法，如设未知数法、方程法、构造法等。这些方法在解决复杂的圆的综合问题时能够发挥重要作用。

处理初中数学综合与探究型试题时，关键在于培养学生的逻辑思维、问题解决能力和数学应用意识。这类试题往往要求学生将多个知识点融会贯通，通过观察、分析、推理、实验等过程，探索数学规律，解决复杂问题，可以尝试以下方法处理这类试题。

1. 要仔细阅读题目，理解题目背景和要求，明确解题目标。这是解题的第一步，也是至关重要的一步。学生需要准确捕捉题目中的关键信息，如已知条件、未知量、所求目标等，并据此构建解题思路。

2. 要灵活运用所学知识，将题目中的实际问题抽象为数学问题。这要求学生具备扎实的数学基础知识和良好的数学素养，能够准确识别题目中的数学元素，如数、式、方程、函数、图形等，并运用相应的数学知识和方法进行分析和求解。

3. 在解题过程中，要注重思维过程的清晰性和逻辑性。学生需要按照数学思维的规律，有条理地进行推理和论证。同时，要善于运用数学工具，如图表、计算器、软件等，辅助解题过程。此外，还要注重解题步骤的完整性和规范性，确保解题过程符合数学逻辑和解题规范。

4. 在解决初中数学综合与探究型试题时，学生还需要具备一定的创新意识和实践能力。这要求学生在解题过程中勇于尝试新方法、新思路，不断探索数学规律和解题方法。同时，要注重实践应用，将所学知识应用到实际生活中去，解决实际问题。

5. 在解题结束后，要进行反思和总结。学生需要回顾解题过程，总结解题经验和教训,提炼解题方法和技巧。同时,学生还要关注解题结果的实际意义和应用价值,将数学知识与现实生活紧密联系起来。

综上所述,处理初中数学综合与探究型试题需要学生具备扎实的数学基础、良好的数学素养和灵活的思维能力。同时,还需要注重学生的实践应用和创新意识的培养。只有这样,才能使学生在面对复杂多变的数学问题时游刃有余。

2.3.4 跨学科融合型试题

有代表性试题

1. 如图,用一个半径为 6 cm 的定滑轮拉动重物上升,滑轮旋转了 120°,假设绳索粗细不计,且与轮滑之间没有滑动,则重物上升了________ cm。(结果保留 π)

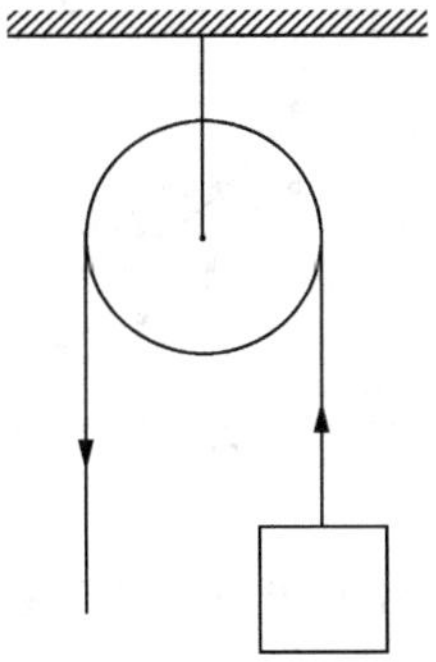

目标分析:熟练使用弧长公式。

解法分析:根据弧长的计算方法计算半径为 6 cm,圆心角为 120°的弧长即可。

题源分析:此题结合数学与物理两个学科,主要考查弧长公式的应用。应用弧长公式主要是确定半径和圆心角,解决此问题的关键是明确滑轮旋转 120°,则重物上升的距离等于半径为 6、圆心角为 120°的扇形的弧长。

2. 在实验课上,小明做了一个试验。如图,在仪器左边托盘 A(固定)中放置一个物体,在右边托盘 B(可左右移动)中放置一个可以装水的容器,容器的质量为 5 g。在容器中加入一定质量的水,可以使仪器左右平衡。改变托盘 B 与点 C 的距离 x(cm)($0<x\leqslant 60$),记录容器中加入的水的质量,得到下表:

托盘 B 与点 C 的距离 x/ cm	30	25	20	15	10
容器与水的总质量 y_1/g	10	12	15	20	30
加入的水的质量 y_2/g	5	7	10	15	25

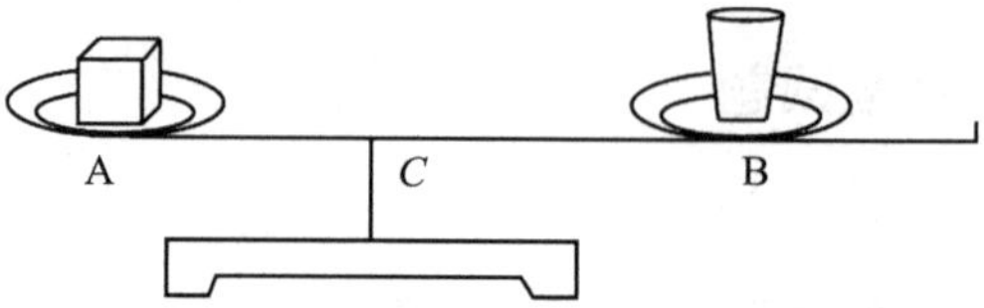

把上表中的 x 与 y_1 各组对应值作为点的坐标,在平面直角坐标系中描出这些点,并用光滑的曲线连接起来,得到如图所示的 y_1 关于 x 的函数图像。

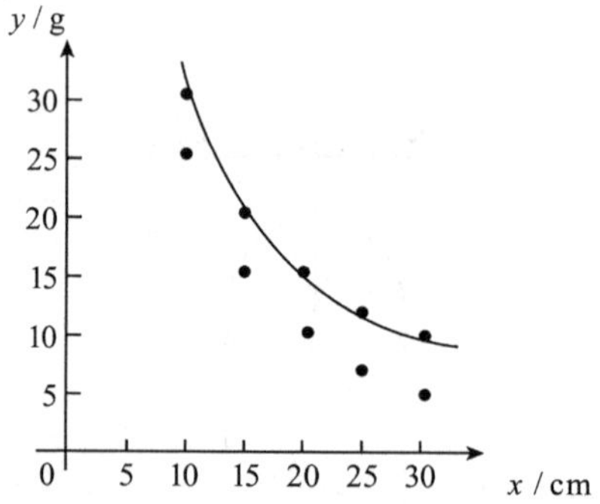

(1)请在该平面直角坐标系中作出 y_2 关于 x 的函数图像;

(2)观察函数图像,并结合表中的数据:

①猜测 y_1 与 x 之间的函数关系,并求 y_1 关于 x 的函数表达式;

②求 y_2 关于 x 的函数表达式;

③当 $0<x\leqslant 60$ 时,y_1 随 x 的增大而________(填"增大"或"减小"),y_2 随 x 的增大而________(填"增大"或"减小"),y_2 的图像可以由 y_1 的图像向________(填"上"或"下"或"左"或"右")平移得到;

(3)若在容器中加入的水的质量 y_2(g)满足 $19\leqslant y_2\leqslant 45$,求托盘 B 与点 C

的距离 x(cm)的取值范围。

目标分析:本题以跨学科综合的形式,主要考查学生是否具有从简单的数学图像中获取信息,再与物理知识相结合,从而处理信息、解决问题的能力。

解法分析:解:(1)作出 y_2 关于 x 的函数图像如下图:

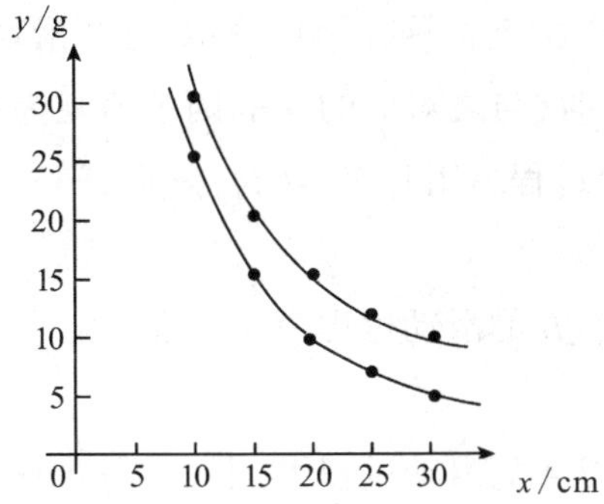

(2)①观察表格可知,y_1 是 x 的反比例函数,

设 $y_1=\frac{k}{x}$,把(30,10)代入得:$10=\frac{k}{30}$,所以 $k=300$。

所以 y_1 关于 x 的函数表达式是 $y_1=\frac{300}{x}$。

②因为 $y_1=y_2+5$,所以 $y_2+5=\frac{300}{x}$,所以 $y_2=\frac{300}{x}-5$。

③观察图像可得,当 $0<x\leqslant 60$ 时,y_1 随 x 的增大而减小,y_2 随 x 的增大而减小,y_2 的图像可以由 y_1 的图像向下平移得到。

故答案为:减小,减小,下。

(3)当 $y_2=19$ 时,$19=\frac{300}{x}-5$,解得 $x=\frac{25}{2}$;

当 $y_2=45$ 时,$45=\frac{300}{x}-5$,解得 $x=6$。

所以托盘B与点 C 的距离 x(cm)的取值范围是 $6\leqslant x\leqslant\frac{25}{2}$。

题源分析:在物理试题中,经常会渗透数学知识,如函数图像、列方程(组)解决电学计算题、勾股定律的应用等。对于同学们来说,利用数学知识解决物理问题,实际是一个思维创新过程,有利于培养学生的综合分析问题能力。

3. 某动力科学研究院实验基地内装有一段笔直的轨道 AB,长度为 1 m 的金属滑块在上面做往返滑动。如图,滑块首先沿 AB 方向从左向右匀速滑动,滑动速度为 9 m/s,滑动开始前滑块左端与点 A 重合,当滑块右端到达点 B 时,滑块停顿 2 s,然后再以小于 9 m/s 的速度匀速返回,直到滑块的左端与点 A 重合,滑动停止。设时间为 t(s)时,滑块左端离点 A 的距离为 l_1(m),右端离点 B 的距离为 l_2(m),记 $d=l_1-l_2$,d 与 t 具有函数关系,已知滑块在从左向右滑动过程中,当 $t=4.5$ s 和 5.5 s 时,与之对应的 d 的两个值互为相反数;滑块从点 A 出发到最后返回点 A,整个过程总用时 27 s(含停顿时间)。请你根据所给条件解决下列问题:

(1)滑块从点 A 到点 B 的滑动过程中,d 的值 ________;(填"由负到正"或"由正到负")

(2)滑块从点 B 到点 A 的滑动过程中,求 d 与 t 的函数表达式;

(3)在整个往返过程中,若 $d=18$,求 t 的值。

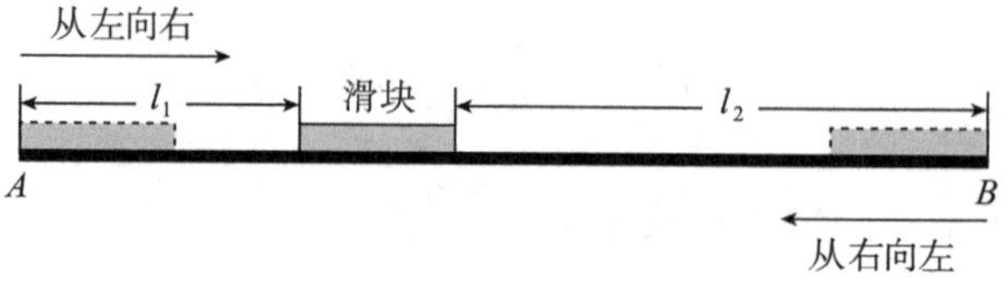

目标分析:本题以物理实验为问题情境,主要考查一次函数的相关知识,根据实验数据和实验结论分析题目中的数量关系,从而建立函数关系,考查学生的建模思想、函数思想、分类谈论思想。

解法分析:分析得出 $n=91$ 是解决问题的关键。

解:(1)因为 $d=l_1-l_2$,

当滑块在 A 点时,$l_1=0$,$d=-l_2<0$,

当滑块在 B 点时,$l_2=0$,$d=l_1>0$,

所以 d 的值由负到正。

(2)设轨道 AB 的长为 n,当滑块从左向右滑动时,$l_1+l_2+1=n$,

所以 $l_2=n-l_1-1$。

所以:$d=l_1-l_2=l_1-(n-l_1-1)=2l_1-n+1=2\times9t-n+1=18t-n+1$,

所以 d 是 t 的一次函数。

因为当 $t=4.5$ s 和 5.5 s 时,与之对应的 d 的两个值互为相反数,

所以当 $t=5$ 时，$d=0$，所以 $18\times5-n+1=0$，所以 $n=91$。

滑块从点 A 到点 B 所用的时间为 $(91-1)\div9=10$，

因为整个过程总用时 27 s(含停顿时间)，

当滑块右端到达点 B 时，滑块停顿 2 s，

所以滑块从 B 返回到 A 所用的时间为 $27-10-2=15$ (s)，

所以滑块返回的速度为：$(91-1)\div15=6$(m/s)。

当 $12\leqslant t\leqslant27$ 时，$l_2=6(t-12)$，

所以 $l_1=91-1-l_2=90-6(t-12)=162-6t$，

$l_1-l_2=162-6t-6(t-12)=-12t+234$。

所以 d 与 t 的函数表达式为：$d=-12t+234$。

(3)当 $d=18$ 时，有两种情况：由(2)可得，

①当 $0\leqslant t\leqslant10$ 时，$18t-90=18$，所以 $t=6$；

②当 $12\leqslant t\leqslant27$ 时，$-12t+234=18$，所以 $t=18$。

综上所述，当 $t=6$ 或 18 时，$d=18$。

题源分析：数学与物理是密切相关的学科，两者相互依存，相互推进。正如本题，将数学的抽象概念与物理涉及的实际问题结合起来，从而丰富了数学的内涵。

4.**【背景】**

在一次物理实验中，小冉同学用一固定电压为 12 V 的蓄电池，通过调节滑动变阻器来改变电流大小，完成控制灯泡 L(灯丝的阻值 $R_L=2\ \Omega$) 亮度的实验(如图)，已知串联电路中，电流与电阻 R、R_L 之间关系为 $I=\dfrac{U}{R+R_L}$，通过实验得出如下数据：

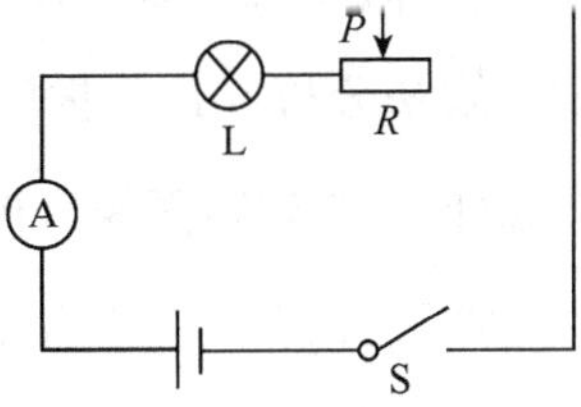

R/Ω	…	1	a	3	4	6	…
I/A	…	4	3	2.4	2	b	…

(1) $a=$________，$b=$________；

(2)**【探究】**

根据以上实验，构建出函数 $y=\dfrac{12}{x+2}(x\geqslant0)$，结合表格信息，探究函数 $y=\dfrac{12}{x+2}$

($x \geqslant 0$)的图像与性质。

①在下图的平面直角坐标系中画出对应函数 $y=\dfrac{12}{x+2}(x \geqslant 0)$ 的图像；

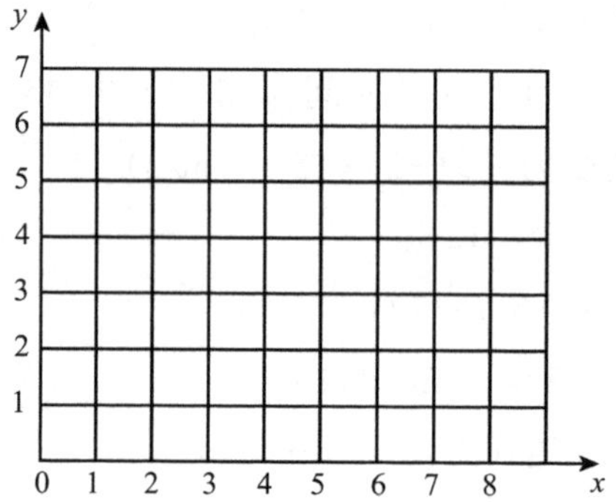

②随着自变量 x 的不断增大，函数值 y 的变化趋势是 ________。

(3)【**拓展**】

结合(2)中函数图像分析，当 $x \geqslant 0$ 时，$\dfrac{12}{x+2} \geqslant -\dfrac{3}{2}x+6$ 的解集为________。

目标分析：本题主要考查反比例函数的应用，解题的关键是读懂题意，画出函数图像，得到函数的性质，并利用数形结合的思想解不等式。

解法分析：(1)根据已知条件列出方程，即可解得 a，b 的值；(2)①描点画出图像即可；②观察图像可得答案；(3)同一坐标系内画出图像，观察即可得到答案。

题源分析：利用数学符号语言描述物理现象和规律，建立数学模型，将物理公式形象化，容易让学生体会到数学作为基础学科的作用，发现数学能够促进物理学科的发展，同时物理学科也有利于数学学科的创新。

5. 烷烃是一类由碳、氢元素组成的有机化合物，在生产生活中可作为燃料、润滑剂等原料，也可用于动、植物的养护。通常用碳原子的个数命名为甲烷、乙烷、丙烷、……、癸烷(当碳原子数目超过10个时即用汉文数字表示，如十一烷、十二烷……)等，甲烷的化学式为 CH_4，乙烷的化学式为 C_2H_6，丙烷的化学式为 C_3H_8，其分子结构模型如图所示，按照此规律，十二烷的化学式为 ________。

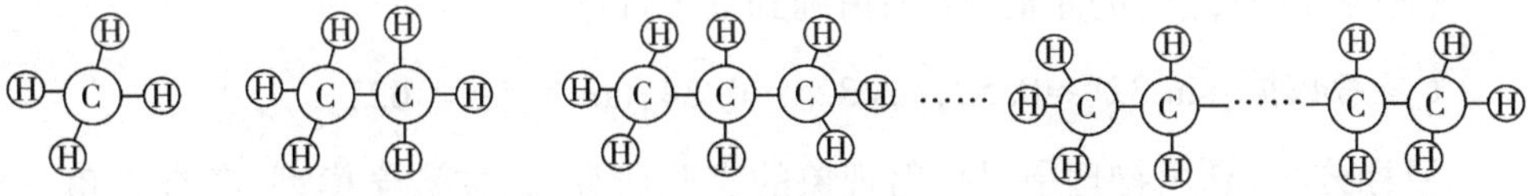

甲烷　　乙烷　　丙烷　　……

目标分析：本题以化学分子结构模型图为背景，考查学生找规律的思维。

解法分析：根据碳原子的个数，氢原子的个数，找到规律，即可求解。

甲烷的化学式为 CH_4，乙烷的化学式为 C_2H_6，丙烷的化学式为 C_3H_8，……，

碳原子的个数为序数，氢原子的个数为碳原子个数的 2 倍多 2 个，

所以十二烷的化学式为 $C_{12}H_{26}$。

故答案为：$C_{12}H_{26}$。

题源分析：本题把数学学科的归纳、猜想与化学中化合物的结构式有机结合起来，构思巧妙，很好地体现了数学作为基础学科的作用。

6. 综合与实践：小星学习解直角三角形知识后，结合光的折射规律进行了如下综合性学习。

【实验操作】

第一步：将长方体空水槽放置在水平桌面上，一束光线从水槽边沿 A 处投射到底部 B 处，入射光线与水槽内壁 AC 的夹角为 $\angle A$；

第二步：向水槽注水，水面上升到 AC 的中点 E 处时，停止注水。（直线 NN' 为法线，AO 为入射光线，OD 为折射光线）

【测量数据】

如图，点 A,B,C,D,E,F,O,N,N' 在同一平面内，测得 $AC=20$ cm，$\angle A=45°$，折射角 $\angle DON=32°$。

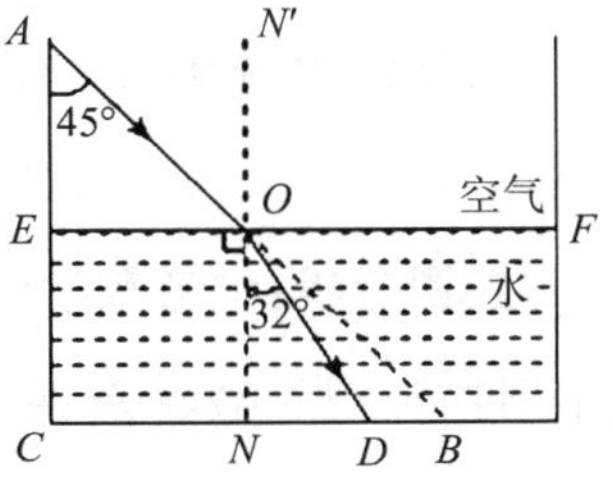

【问题解决】

根据以上实验操作和测量数据，解答下列问题；

(1) 求 BC 的长；

(2)求 B,D 之间的距离(结果精确到0.1 cm)。

(参考数据:$\sin 32°\approx0.52$,$\cos 32°\approx0.84$,$\tan 32°\approx0.62$)

目标分析:利用物理中对折射现象的实验研究,建立数学模型,考查直角三角形、三角函数等知识。

解法分析:解:(1)在 $\mathrm{Rt}\triangle ABC$ 中,$\angle A=45°$,所以 $\angle B=45°$,所以 $BC=AC=20$ cm;

(2)由题可知 $ON=EC=\frac{1}{2}AC=10$ cm,所以 $NB=ON=10$ cm。

又因为 $\angle DON=32°$,

所以 $DN=ON\cdot\tan\angle DON=10\cdot\tan 32°\approx10\times0.62=6.2$ (cm),

所以 $BD=BN-DN=10-6.2=3.8$ (cm)。

题源分析:本题的背景涉及物理实验的考查内容,题目属于现实生活的题材。本题加强了数学和物理学科的联系,打破了传统的学科限制,让学生从物理问题中找到应用数学的广阔途径,理解数学的丰富内涵,进而使学生获得对数学理解的同时,在思维能力、情感态度与价值观等多方面得到进步和发展。

7. 物理课上学过小孔成像的原理,它是一种利用光的直线传播特性实现图像投影的方法。如图,燃烧的蜡烛(竖直放置)AB 经小孔 O 在屏幕(竖直放置)上成像 $A'B'$,设 $AB=36$ cm,$A'B'=24$ cm,小孔 O 到 AB 的距离为30 cm,则小孔 O 到 $A'B'$ 的距离为________ cm。

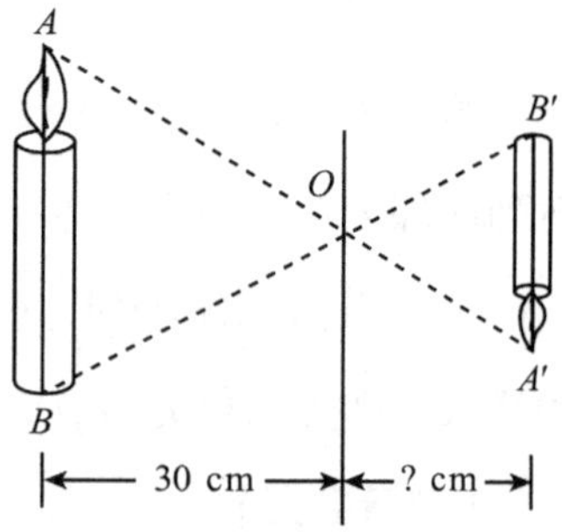

目标分析:以小孔成像为问题背景,考查相似三角形的判定及性质。

解法分析:利用已知得出:$\triangle ABO\backsim\triangle A'B'O$,进而利用相似三角形的性质求解即可。

题源分析:中考数学试卷中出现的跨学科试题,是对传统命题的突破,具有创新性,体现了数学新课标的要求,预示着今后中考试题改革的新趋势和新方向。

8. 如图，两个平面镜平行放置，光线经过平面镜反射时，$\angle 1=\angle 2=40^\circ$，则$\angle 3$的度数为(　　)。

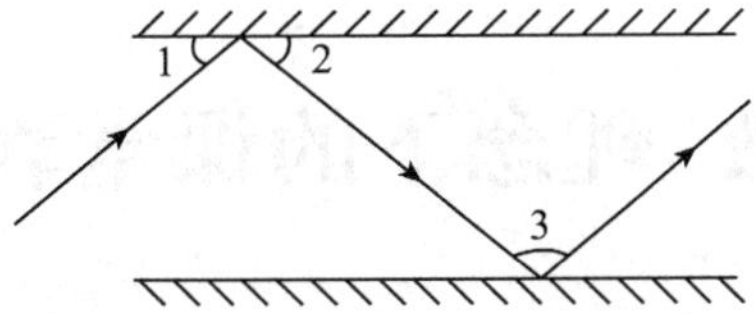

A. 80°　　B. 90°　　C. 100°　　D. 120°

目标分析：本题考查平行线的性质，关键是通过分析得知经过两次反射后的光线与入射光线平行。

解法分析：根据经过两次反射后的光线与入射光线平行，得出$\angle 3=\angle 4$即可。

解：如图：因为$\angle 1=\angle 2=40^\circ$，

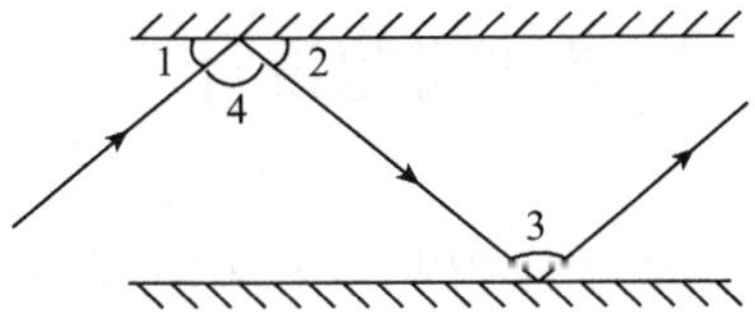

所以$\angle 4=180^\circ-\angle 1-\angle 2=100^\circ$，

因为两个平面镜平行放置，

所以经过两次反射后的光线与入射光线平行，

所以$\angle 3=\angle 4=100^\circ$，

故选：C。

题源分析：根据“入射角等于反射角”的原理，利用“直线平行，同位角相等”来解决问题，体现了学科的融合。题目打破了学科之间的严格界限，从而使数学的学习具有理性、严谨性，还在过程中体现了趣味性，使学生感受到数学世界的五彩缤纷。

3 “以评促教”理念下的课堂教学实践分析

考试评价与课程教学是教育领域中的两个重要内容，它们相辅相成，考试评价作为衡量学生学习成果和教师教学质量的重要手段，其先进理念最终指向课程教学。中考命题依据新课程标准，充分发挥新课程标准对教育教学的引领作用，让教师能够静下心来教书，潜下心来育人，将教学的重点由应试教育转向“基于情境，问题导向，深度思维和高度参与”的教学模式上来，助力学生的未来发展，促进核心素养的培养，并落实立德树人的根本任务。

3.1 中考试题评价与课堂问题设计

新课程标准指出“课堂教学应激发学生兴趣，调动学生积极性，引发学生的数学思考”，数学家哈尔莫斯提出“问题是数学的心脏”，说明教师在教学过程中，合理设计“数学问题”，形成较长的情境创设问题链，是引发学生思考的关键切入点和重要载体。如何设计出合理有效的数学问题，激发学生主动发现问题，提出问题，拓展思维，深化对数学研究过程的理解和感悟，构建数学认知体系，从而培养问题意识和数学思考能力，是今后课堂教学的重要课题之一。

【课例 1】

渗透数形结合　培养模型观念

——“平方差公式”课例分析

一、内容及其解析

1. 内容

人教版《义务教育教科书·数学》八年级上册 14.2 乘法公式(第一课时)。

2. 内容解析

平方差公式是在学习了有理数运算、列简单的代数式、一次方程、不等式、整式的加减及整式的乘法等知识的基础上,在学生已经掌握了多项式乘法之后,自然过渡到的具有特殊形式的多项式的乘法,体现了从一般到特殊的认知规律,极具典型性。学习平方差公式,不仅为学生提供了一种简便的算法来处理特殊形式的多项式乘法,更是后续数学学习重要的基石。例如,在因式分解、分式的化简、二次根式的分母有理化、解一元二次方程以及函数等领域,平方差公式都发挥着至关重要的作用。此外,该公式还为学习完全平方公式提供了宝贵的方法和思路。因此,平方差公式在初中阶段的数学学习中占据着举足轻重的地位。

基于以上分析,确定本节课的教学重点:让学生全程参与平方差公式的探索过程,并能运用公式进行简单运算。

二、目标及其解析

1. 目标

(1)通过对平方差公式的探索,进一步培养学生的符号感、推理能力与归纳能力;

(2)使学生掌握平方差公式的结构特征,并能够熟练运用公式进行简单运算;

(3)引导学生借助几何图形阐释公式的意义,体会数形结合的数学思想方法。

2. 目标解析

达成目标(1)的标志是学生经历“特例—归纳—猜想—验证—用数学符号表示”这一过程。这个过程不仅可以让学生亲身体验数学的魅力,还能通过不断的观察和分析,提升学生的符号感、推理能力和归纳能力。同时,学生还能体会到数学的简洁美,并在这个过程中学会合情推理,增强与他人合作交流的意识和能力。

达成目标(2)的标志是学生能够正确运用平方差公式,理解平方差公式的意义,掌握平方差公式的结构特征,并能灵活运用平方差公式解决问题。在数学活动中,引导学生观察、分析公式的结构特征以及公式中字母的广泛含义,针对在练习中发生的错误进行具体分析,加深学生对公式的认识与理解。

达成目标(3)的标志是学生能够通过自主探索和合作交流,利用几何图形的面积来验证平方差公式。在这个过程中,学生能够深入了解平方差公式的具体方法,感受到数形结合思想的强大魅力,从而激发学生学习数学、应用数学的兴趣。同时,学生也会在公式的运用中积累经验,收获成功的喜悦。

三、教学问题分析

学生在幂的运算和整式乘法方面已有一定的基础,但在进行多项式乘法运算时,偶尔会遇到一些挑战,如符号处理不当或遗漏某些乘法项。学生在接触平方差公式时,理解公式的结构特点和字母的广泛含义,可能会有一定的难度。这时,教师在进行教学时注重由易到难,帮助学生分梯度理解公式的运用。

基于以上分析,确定本节课的教学难点为:借助数形结合的数学思想方法理解平方差公式,并能灵活运用平方差公式进行计算。

四、教学过程设计

(一)创设情境,搭建平台

问题1 某些相同形式的多项式相乘,计算出的结果往往也具备相同的形式,运用我们学过的多项式乘法计算方法,比一比谁又快又准?

(1) $(x+2)(x-2)$; (2) $(m+2)(m-2)$; (3) $(2x+1)(2x-1)$。

追问 在上述计算中你发现了什么规律?你有何猜想?

师生活动:教师引导学生进行计算和观察,鼓励学生猜想:是否任意两个数的和乘以这两个数的差,其结果都等于这两个数的平方差呢?

设计意图:此环节旨在从学生们熟悉的多项式乘法出发,为他们搭建一个进行数学再创造的平台。通过这样的活动,能够充分激发学生的数学探索欲望和积极性,让学生在实践中发现数学的奥秘和乐趣。

(二)合作交流,构建模型

问题2 计算下列多项式的积,你能发现什么规律?

(1)$(x+1)(x-1)=$ ________; (2)$(m+2)(m-2)=$ ________;

(3)$(2x+1)(2x-1)=$ ________。

追问:仔细观察上面的算式及其运算结果,你发现了什么规律?能否大胆猜测得出一般性的结论?你能用字母表示出来吗?

【大胆猜想】

$(a+b)(a-b)=a^2-b^2$

师生活动:教师提问,学生认真思考,仔细观察后发现,等号左边是两个数的和与这两个数的差的乘积,等号右边是这两个数的平方差。所以大胆猜想:$(a+b)(a-b)=a^2-b^2$。

设计意图:激发学生的探索精神,鼓励学生不畏困难,勇于提出自己的猜想和假设,从而激发其内在的潜能和灵性。

问题3 你的猜想是否具有一般性?请证明你的猜想。

【验证猜想】

(1)举例证明猜想;

(2)代数证明(多项式乘法法则);

(3)几何证明(阴影部分面积,见图1、图2)。

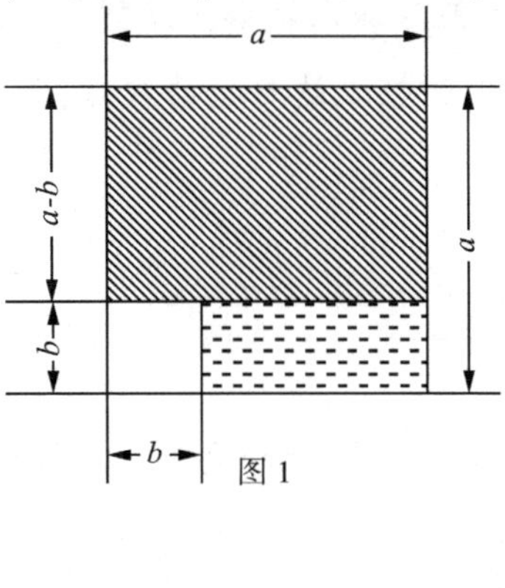

图1

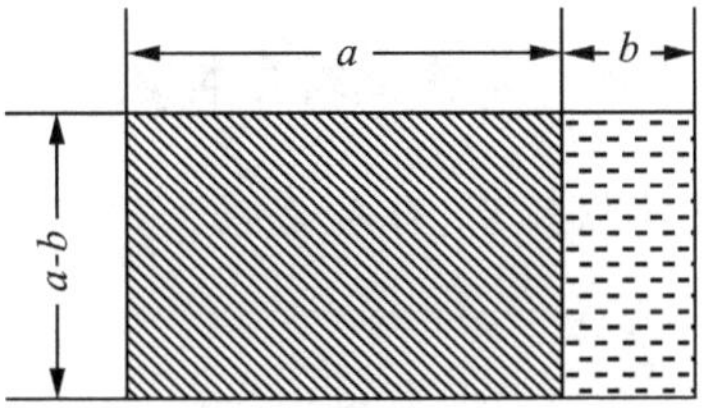

图2

师生活动：教师巡视指导，学生首先进行独立思考，并形成自己的见解和认识，随后小组内进行交流、讨论，最后通过举例证明、几何证明、代数证明这几种方法，进一步理解与证明所发现的规律，即$(a+b)(a-b)=a^2-b^2$。

设计意图：让学生经历"特例—归纳—猜想—验证—用数学符号表示"的知识构建过程。在这个过程中，特别注重渗透数形结合的思想，使学生能够通过几何图形直观地理解数学公式的背景和本质。这样的设计有助于突破学习中的难点，使学生能够更好地掌握和应用知识。同时，通过将特殊问题一般化，培养学生的数学建模和化归思想，使他们能够运用所学知识解决实际问题。鼓励学生有意识地锻炼自己的抽象能力、推理能力和语言表达能力，逐步发展学生的核心素养。

【归纳公式】

平方差公式：$(a+b)(a-b)=a^2-b^2$。

【文字语言】

两个数的和与这两个数的差的积，等于这两个数的平方差。

问题4 平方差公式所适用的多项式乘法运算具有哪些特定的特征？

【重点分析公式】

公式的结构特征：左边为两个二项式相乘，在这两个二项式中，有一项完全相同，另一项互为相反数；右边为相同项的平方减去互为相反数的项的平方。

师生活动：教师提问，引导学生深入掌握平方差公式的结构特征，从而帮助他们更深入地理解和运用这一公式，为后续的学习和应用打下坚实的基础。

设计意图：本节课的核心目标是确保学生能够深入理解并掌握平方差公式的结构特征。在此环节中，教师应该鼓励学生积极表达自己的观点，从而确保学生真正理解和掌握公式的本质。

（三）学以致用，体验成功

例：计算：

(1) $(3x+2)(3x-2)$； (2) $(b+2a)(2a-b)$； (3) $(-x+2y)(-x-2y)$。

设计意图：学生能够初步掌握利用平方差公式进行运算的技巧，亲身体验公式带来的便捷性，以及收获成功的喜悦，并逐步培养抽象思维能力与数学运算能力。

（四）归纳小结，整理反思

这节课你有哪些收获？还有什么困惑？

师生活动：学生自由阐述，互相补充，并回顾本节课的核心内容。教师引导学生在学科素养方面进行自我评价。

设计意图：在深入反思中领悟真谛，于领悟中实现知识的升华与提升。

五、教学评价

1. 落实立德树人根本任务，真正把课堂还给学生。

《义务教育数学课程标准（2022年版）》指出：“有效的教学活动是学生学和教师教的统一。”本节课，教师注重启发式教学，学生仔细观察，大胆猜想，验证猜想，然后通过计算、推理等方法分析问题和解决问题。在此过程中，学生可以掌握平方差公式的基础知识以及运用平方差公式解决问题的基本技能。

2. 注重学法指导，助力学生实现从“学会”到“会学”。

本节课是在学生熟练掌握多项式乘法的基础上，对具有特定结构的多项式乘法的进一步探索。在教学过程中，教师鼓励学生采用多项式乘法和几何证明等多种方法，共同推导平方差公式，让学生深刻体验数形结合和建模思想的魅力，从而发展学生的抽象能力、模型观念等核心素养。

3. 抓住知识内在逻辑，揭示核心内容本质。

在本节课的“学以致用”环节，教师通过变式训练让学生感悟公式的核心本质。在“应用迁移”环节，教师巧妙地引导学生从正反两个角度灵活运用平方差公式，让学生不仅能够在已知结果的情况下迅速找到算式中的相同项和相反项，更能在实践中深化对公式的理解。本节课的内容直击中考，可以提高学生认知水平，同时，在学习中学生的逆向思维和发散思维能力也可以得到锻炼和提升，为学生后续的学习奠定坚实的基础。

【课例 2】

在跨学科主题学习中发展学生数学核心素养

——“瓶子中有多少粒豆子”课例分析

一、内容及其解析

1. 内容

人教版《义务教育教科书·数学》七年级下册 12. 1 实验与探究“瓶子中有多少粒豆子”。

2. 内容解析

本节课的学习内容包括用样本估计总体、抽样调查、实验误差产生的可能性分析,以及让学生自己动手实验,体验在生产和科研中常常用到的“捉-放-捉”的方法,让学生通过实验参与收集、整理和描述的统计活动,感受统计在生活和生产中的应用,增强学习统计的兴趣,初步建立统计观念,培养重视调查研究的良好习惯,学会通过建立数学模型并综合应用跨学科的知识去解决实际问题。

学习本节课之前,学生已经理解了相应的数学概念,学过数据的收集、整理和分析,本节课是通过让学生自己动手实验,融入生活实际情景,与多学科融合,以探究实验的方式激发学生的学习兴趣,让学生进一步的理解用样本估计总体的数学思想,并且通过“教-学-评”一体化教学模式,增强学生的自我反思意识和团队合作意识,发展学生数学核心素养。

基于以上分析,确定本节课的教学重点:让学生通过实验经历“取出—放回—再取出”的抽样过程,进一步体会用样本估计总体的数学思想,分小组展示优化后的数学模型,从而更好地解决生活实际问题。

二、目标及其解析

1. 目标

(1)通过实验,理解利用样本估计总体的数学思想方法,并且通过解决实际问题,体会统计在生活中的无处不在。

(2)通过实验,学生亲自经历“取出—放回—再取出”的实验步骤,得出用样本估计总体的注意事项。

(3)实验最后,小组一起讨论误差产生的可能原因,并对实验过程、结果以及小组其他成员的表现进行合理的评价,从而优化数学模型。

2. 目标解析

达成目标(1)的标志是:正确理解用样本估计总体的数学思想方法,能够根据实际问题的特点,设计出合适的调查方法。

达成目标(2)的标志是:学生利用样本估计总体时,知道应该适量选取,充分摇匀,并进行多次实验以达到减小误差的目的。

达成目标(3)的标志是:学生知道小组合作的重要性,以后进行小组合作时,能够做到合理分工、互相帮助,能够又快又好地完成任务。

三、教学问题分析

七年级的学生已经学习过数据的收集、整理与分析,能够理解用样本估计总体的数学思想以及具体的操作步骤,同时可以通过小组合作完成对实验结果的记录、处理,以及得到最后的实验结论,但是实验过程中标记豆子的个数、豆子摇匀的程度,在课堂有限时间内小组四人如何分工,以及最后怎么把“用样本估计总体”这个数学思想方法合理应用到解决实际问题中去,这些问题对学生来说比较困难。

基于以上分析,确定本节课的教学难点。学生需要通过自己动手实验,归纳总结误差产生的原因,优化数学模型,并能熟练运用到抽样调查中,运用利用样本估计总体的数学思想方法去解决生活中的实际问题。

四、教学过程设计

(一)创设情境,引入新知

问题 1 请同学们说出下列情境中,应该选择什么样的调查方式?

(1)乘飞机时,机场对旅客的行李进行安全检查;

(2)杭州亚运会,举办方对运动员食品进行检测。

设计意图:通过生活中常见的两个实际问题,让学生回顾调查的两种方式,并且体会到统计调查在生活中的广泛应用。

活动 1　猜一猜罐子里有多少颗糖果?

课堂小游戏:有两种不同颜色,但大小、形状相同的糖果,绿色糖果有 40 粒,放入不知数量的紫色糖果盒中,均匀搅拌后,请根据随机取出的盒子里的糖果数量来大概估计盒子里面糖果的数量。

师生活动:教师用 PPT 展示,学生思考方法,学生代表上台演示抽取过程。

设计意图:用糖果小游戏引出接下来要进行的“瓶子中有多少粒豆子”的数学实验,通过游戏让同学们明确实验中要注意适量选取、充分摇匀和多次实验,为下面的实验打下基础。

(二)动手操作,交流新知

问题 2　现每组都有一瓶豆子,请以小组为单位,目测估计一下,罐子里大概有多少颗豆子?

设计意图:学生对组内的一瓶豆子,进行目测,培养学生的数感,也让学生能在实验后感受目测与实际相应的差距。

活动 2　现在,结合上面游戏的启示,让我们来个组内探究,想一想,该如何估算瓶子中有多少豆子。

学生动手实践:

第一步,取出一些豆子,记录这些豆子的粒数(m 粒);

第二步,给这些豆子做上记号;

第三步,把这些豆子放回瓶子中,充分摇匀;

第四步,从瓶中再取出一些豆子,记录这些豆子的粒数(p 粒)和其中带有记号的豆子的粒数(n 粒),以上步骤多做几次,并将数据填写在表中;

实验次数	标记粒数	样本容量	样本中有记号豆子数量	由样本估计得出总体值	总体平均值
1	$m=$________	$p=$________	$n=$________	$q=$________	$q_{平均}=$________
2		$p=$________	$n=$________	$q=$________	
3		$p=$________	$n=$________	$q=$________	
4		$p=$________	$n=$________	$q=$________	
…		…	…	…	
…		…	…	…	
…		…	…	…	

师生活动：分小组讨论，每组由一名学生就本组讨论的成果进行发言，教师引导学生产生根据样本估计总体的想法，并对学生数豆子的实践活动计划进行完善。

第五步：估计瓶子中豆子的总粒数（q 粒）；

第六步：数一数瓶子中豆子的实际数量（让学生提出：小组内分工，数得快）。

豆子实际数量为：________个；

第七步：比较一下实验得出的豆子平均数量与豆子的实际数量，实际误差有多少个？

实际误差为：________个；

第八步：小组成员一起分析哪些因素会导致出现误差。

引导学生得出结论：豆子的总量 $q=$________，小组之间对比误差的大小。

师生活动：探究得到的数据与实际数据相符吗？如果有误差，你认为产生这些误差有哪些原因呢？通过讨论，进一步感受在实验过程中利用抽样调查结果来反映总体时可能会产生误差的原因。学生通过交流，从而讨论得出结论。

活动 3　报告会

各小组派一名代表上台，与全班同学分享活动体验。请 1~2 个小组代表上台分享自己小组的实验成果以及评价量表，紧接着教师公布瓶子中豆子的实际粒数，然后由学生根据自己的数据谈一谈实验成功的关键或产生误差的原因以及对这次活动的体会，最后再由其他小组对其进行评价。

（三）归纳小结，整理反思

1. 通过本节课，你有什么收获？体会了何种数学思想方法？

2. 通过经历“取出—放回—再取出”的过程，亲自动手实验，你有什么经验或感悟？

五、教学评价

《义务教育数学课程标准（2022版）》指出，“学生能体会数学知识之间、数学与其他学科之间、数学与生活之间的联系，在探索真实情境所蕴含的关系中，发现问题和提出问题，运用数学和其他学科的知识与方法分析问题和解决问题。”本节课作为一节跨学科主题学习活动，具有以下亮点。

1. 问题情境的真实性

新中考注重考查学生在真实情境中解决问题的能力，而跨学科主题学习是把学生的学习与生活联系起来的重要载体。本节课中，“罐子里有多少颗糖果？”“瓶子中有多少粒豆子？”这些真实的问题情境，可以激发学生强烈的探究欲望，同时还可以考查学生在真实情境中的问题解决能力。

2. 学科知识的整合性

真实世界中问题解决的过程往往是复杂的，学生需要综合运用不同学科的知识和思维来解决问题。如在“瓶子中有多少粒豆子”这个跨学科主题学习中，学生需要综合运用生物学、物理、化学等学科的科学思维进行实验与探究，理解并运用“用样本估计总体”这一数学思想解决实际问题。在这个过程中，学生可以切实体会和感悟团队合作的重要性，并实现与道德与法治学科的有机融合。

3. 问题解决的开放性

真实问题的开放性和解决方法的开放性能够为学生开辟主动探索的空间，调动和激活学生的相关经验，学生在实际问题的探究和解决过程中，会形成可迁移的思维方式，完成对学科知识的深度理解。例如，本节课的作业布置：根据今天的学习，请你设计一个方案，调查八年级同学的身高情况，并完成活动报告。

4. 学习过程的实践性

新一轮的课程改革提出了“学科实践”的概念，强化实践性要求，本节课注重“做中学”，意图让学生在发现问题、分析问题、解决问题的实践过程中学习知识、运用知识，从而构建知识体系。

5. 任务达成的协作性

真实的具有挑战性的问题的解决,需要团队之间的合理分工和互助协作,每个学生都应该参与其中。例如本节课,有取样本的,有记录的,有运算的,有汇报的,还有两个配合把样本放回瓶子里的,小组成员各司其职,并通过团队协作最终解决问题。

【课例3】

培养运算能力　落实核心素养

——“整式的加减”课例分析

一、内容及其解析

1. 内容

人教版《义务教育教科书·数学》七年级上册4.2整式的加法与减法(第一课时)。

2. 内容解析

进入初中阶段,数与代数领域的学习从单纯的数的运算扩展到式的运算。合并同类项作为第二章“整式的加减”的核心内容,既是对有理数运算的延伸与拓展,也是整式加减的重要基石,更是后续学习解方程(组)、解不等式(组)的必要前提。可以说,合并同类项是连接新旧知识、承上启下的重要桥梁。

基于以上分析,确定本节课的教学重点:认识同类项,能利用法则进行同类项的合并。

二、目标及其解析

1. 目标

(1)了解同类项、合并同类项的概念,掌握合并同类项的法则,能正确合并同类项;

(2)经历类比有理数的运算律,探究合并同类项的法则,培养学生观察、探究、分类、归纳等能力,逐步发展学生的运算能力和抽象能力等核心素养;

(3)培养学生积极思考的学习态度及合作交流意识,掌握规范的解题步骤,养成良好的学习习惯,享受成功的喜悦。

2. 目标解析

目标(1)达成的标志:学生通过课前微课的学习,对本节课的基本概念已经掌握。教师查看实时反馈的汇总信息,准确率高于90%即可以认定此目标达成。对个别做错的学生进行当场指导,如果准确率不达标,可以使用希沃白板的随机点名工具,选择同学来讲解概念。

目标(2)达成的标志:学生通过自主探索和交流总结出合并同类项法则,通过学生板演,总结步骤。学生参照黑板例题和步骤完成习题,并进行展示,教师通过实时反馈,面批面改,及时辅导。

目标(3)达成的标志:学生完成习题继续展示交流,教师实时评价反馈。

三、教学问题分析

正确认识同类项的概念并得出合并同类项法对七年级的学生是一种挑战。因此,教师可以通过灵活多样的形式充分调动学生的主观能动性,从而引导学生自主学习,联系前面的知识,在运用知识的基础上层层深入揭示同类项的内涵,总结归纳合并同类项的法则,再通过练习巩固知识的应用。本节课的编排采用由易到难、层层深入、循序渐进的指导思想,这种编排方式符合初中学生的心理特征和认识规律。

基于以上分析,确定本节课的教学难点:正确判断同类项,准确并熟练地合并同类项。

四、教学过程设计

(一)创设情境,激趣导入

引题:4头牛 + 2只羊=________;4头牛 + 2头牛=________。

1. 整数的加减

(1)$5+18=$________;　　(2)$16-9=$________。

2. 分数的加减

(1)$\frac{1}{4}+\frac{3}{4}=$________;　　(2)$\frac{1}{2}+\frac{1}{5}=$________。

3. 单项式的加减

(1) $8a+17b=$________；　　(2) $15a^2-7b^2=$________。

问题1　同学们，你们是用什么方法解决单项式的加减的？

师生活动：教师播放幻灯片，学生直接口算出正确答案，主要体会由物到数的类比运算，明确只有同类或化成同类才能进行运算，引导学生用类比法寻找单项式的同类项。

设计意图：物以类聚是日常生活中常见的规则，由物“同”引出数“同”，顺理成章。通过引导学生观察、思考和探索生活中的数学问题，可以帮助学生更好地理解和掌握数学知识，让数学真正成为他们认识世界、改造世界的有力工具。

(二) 类比探究，获取新知

问题2　观察代数式：$2x^2y-3xy+7-4x^2y+2xy-15$，共________项，把其中具有相同特征的项归为一类，你是怎么分类的？

师生活动：观察、思考、分析、交流、讨论，有兴趣的同学利用希沃白板的图片移动功能到黑板前面来操作具体的单项式移动过程，提升动手操作能力。教师引导学生概括同类项的特征(所含字母相同，且相同字母的指数也分别相同)，从而得出同类项概念，引出课题。学生掌握同类项的基本概念，深刻理解其背后的逻辑与规律。

设计意图：教师充分尊重并发挥学生的主体地位，鼓励学生以独特的视角去观察问题、归纳规律。这种以学生为中心的教学方法，旨在让学生亲身经历知识的探究与构建过程，从而深刻理解并掌握所学内容。当学生通过自己的努力获得新知，那份由内而外的成就感将成为学生继续前行的强大动力，让学生在数学学习的道路上更加自信、更加热爱。

跟踪练习：

1. 下列各式具有上述特征吗？他们是不是同类项？

(1) $-pq$ 与 $-qp$；　　(2) $-mn$ 与 $5mn$；

(3) abc 与 ab；　　(4) 5×10^4 与 -2×10^3。

2. 若 $4a^2b^{6+m}c^5$ 与 $-3a^2b^4c^{n+1}$ 是同类项，求 m，n 的值。

师生活动：教师以快闪的形式展示出每组表达式，学生快速答出，并说明理由，师生共同纠错明理，明确概念。

设计意图：此环节不仅能够加深学生对知识的理解，还能有效培养学生的数学思维能力。通过巧妙地运用同类项的概念来解决问题，可以帮助学生更加扎实地掌握这一知识点，同时增强学生的应用意识。此外，还为学生提供了广阔的思维空间，有助于培养他们的发散思维，让他们学会从多个角度、多个层面去审视和解决问题。

（三）深入探究，发现规律

问题 3 编题训练：请你写出一个含有 2 个字母且次数为 3 的单项式。

思考：如何计算单项式与其同类项的和呢？

合并下列各式的同类项：

（1）$xy+2xy$ =________；（2）$7a^2b-8a^2b$ =________。

师生活动：学生观察，并分组讨论，通过类比数的运算，探究式的运算，尝试总结合并同类项的规律和方法。教师引导学生通过由物到数，来探讨合并同类项的法则：系数相加；字母及字母的指数不变。

设计意图：引导学生自主观察，大胆猜想，从而变被动为主动。鼓励学生将有理数的运算定律视为整式运算中的一把钥匙，通过这把钥匙，学生能够开启探索合并同类项方法的大门。在这个过程中，学生不仅会发现两者之间的共通之处，更能深刻体会到探求规律所带来的乐趣与成就感。同时，重视团队合作的力量，让学生在相互协作中共同解决问题，体验合作的愉快与成功的喜悦。

（四）总结概括，自我评价

问题 7 这节课你有哪些收获？还有什么困惑？

师生活动：学生畅所欲言，表达心声。自由阐述，互相补充，回顾本节课的核心内容。同时，教师引导学生在学科素养方面进行自我评价。

设计意图：真正践行以学生为中心的教育理念，提升学生的语言表达能力，学生通过对同类项及合并同类项的知识进行归纳整理，构建一个系统、清晰的知识框架。这样不仅能够促进学生的思维发展，还能让他们在未来的学习和生活中积累经验，总结方法。

五、教学评价

1. 在知识建构方面，教师利用翻转课堂，引领学生开启新知探索之门。

课前，教师通过微课的形式调动学生主动参与学习的积极性，在生动具体的情境中，教师引导学生逐步认识并理解同类项的概念。接着，教师通过引导学生深入剖析实际问题，并巧妙运用分配律，使学生得以掌握合并同类项的法则。在这一过程中，学生不仅能够运用所学法则解决简单的实际问题，还能够在观察与探索中深化对同类项及合并同类项法则的理解。

2. 在能力培养方面，教师通过丰富多样的学习活动，培养学生的数学思维能力。

《义务教育数学课程标准(2022 年版)》指出："学生的学习应是一个主动的过程，认真听讲，独立思考，动手实践，自主探索，合作交流等是学习数学的重要方式。"本节课采用"引导—探究—发现—归纳总结"的教学模式，营造了一个鼓励学生自主探索与积极合作交流的学习环境。在这一环境中，教师巧妙地融入探究、观察、练习以及游戏等多种活动形式，并充分利用多媒体技术的优势，以丰富多样的教学手段激发学生的学习兴趣。通过多角度、多层次的练习，学生不仅能够准确辨别同类项，还能进一步加深对相关概念的理解，从而培养思维的严谨性和逻辑性。同时，教师鼓励学生勇于提出猜想并验证结论，这不仅激发了学生的学习动力，还为学生未来的学习之路奠定了坚实的基础。

3. 在素养落实方面，教师精心设计习题，发展学生的核心素养。

第一题直接应用合并同类项法则，既巩固了知识又让学生感受到数学的简洁之美。第二题通过合并同类项求代数式的值，强化教学重点，同时对比不同解法，凸显合并同类项的优势。第三题辨别正误，培养学生的批判性思维。第四题引导学生建立数学建模思维，经历从实际问题抽象到数学解答，再回归实际的完整过程，通过自主运算，锻炼学生的运算技能。在此过程中，还运用了类比的数学思想，学生通过自主运算和深度思考，实现知识的内化与能力的提升，培养学生的发散思维能力，逐步培养学生的运算能力和抽象能力等核心素养。

【课例 4】

以“图”启思 借“型”分析

——“平行四边形的性质”课例分析

一、内容及其解析

1. 内容

本节课是人教版《义务教育教科书·数学》八年级下册第十八章第一课时的内容，主要包括平行四边形的定义，平行四边形的边、角的性质，以及平行线间的距离三个方面的内容。

2. 内容解析

平行四边形是最基本的几何图形之一，它不仅具有丰富的几何性质，而且在日常生产和生活中应用广泛。首先，平行四边形是特殊的四边形，探索平行四边形的性质需要借助已学过的平行线的性质和全等三角形的相关知识以及平移等知识。其次，通过平行四边形的角、边的特殊化，研究矩形、菱形、正方形等特殊的平行四边形，从而认识这些概念之间的联系和区别，明确他们的内涵和外延。平行四边形的研究思路和方法在本章中起到引领和示范的作用，因此，理解并掌握平行四边形的定义和性质是本节课的教学重点。

二、目标及其解析

1. 目标

(1)理解并掌握平行四边形的定义。

(2)探究并掌握平行四边形的对边相等、对角相等的性质，并能解决相关的简单问题。

(3)通过对平行四边形性质的探索，培养几何直观、数学抽象，以及将四边形问题转化为三角形问题来解决的能力。

2. 目标解析

达成目标(1)的标志：拼图的作用不仅仅是能认识平行四边形和四边形的区别和联系，能运用平行四边形的定义进行图形的判断，更主要的是体现平行四边形与全等三角形之间的关系，以及平行四边形对角线与三角形边、角的关系，并能运用角相等来判断线平行的结论，从而判定四边形是平行四边形。

达成目标(2)的标志：通过猜想、验证、推理、证明等活动，经历将平行四边形转化为三角形，并运用平行四边形的定义得出角的关系，证明三角形全等，从而得出平行四边形性质的过程。进一步培养数学抽象、几何直观和逻辑推理能力等核心素养。

达成目标(3)的标志：培养学生的合情推理和演绎推理的能力，享受运用知识解决问题的成功体验。

三、教学问题分析

学生在小学阶段已对平行四边形有了初步的认识和了解，在七年级学习了平行线的性质和判定后，又在八年级学习了全等三角形的性质和判定，类比等腰三角形的研究思路，即在定义—表示—读作—性质—判定—应用的思维体系的架构下学习平行四边形，此外，学生还对证明文字命题的方式和路径进行了了解，为其研究和学习平行四边形的性质奠定了基础。但是，八年级学生正处在实验几何向论证几何过渡的阶段，知识结构和推理论证的严谨性有所欠缺，思维体系不够完整和稳定，直接运用数学知识进行证明的能力还有所欠缺，而通过动手操作创建探究活动，能够阐明知识本质，吸引学生的注意力，激发学生的学习兴趣，培养学生的几何直观和抽象能力，但是学生数学的应用意识和创新意识还比较薄弱，所以对平行四边形边角关系的探究与发现是本节课的教学难点。

四、教学过程设计

(一)创设情境，引入新知

问题1 多媒体展示图片，请同学们观察这些图片，能否找到三张图片中存在的相同的几何图形呢？

师生活动：学生积极踊跃发言，有直线、角、三角形和四边形等图形。

追问1 直线、角、三角形都是我们研究过的图形，今天，我们应该研究什么图形呢？

追问 2　你认为这几个四边形是一般的四边形吗？

追问 3　那你觉得这个四边形是什么图形呢？

追问 4　小学我们接触过平行四边形吗？那么今天我们就来学习平行四边形。

师生活动：教师用 PPT 演示从实物中抽象出平行四边形的过程，教师板书“18.1.1 平行四边形的性质”。

问题 2　我们研究一个新的几何图形的方式应该遵循研究过的几何图形的一般途径，回忆一下，我们研究三角形中的特殊三角形——等腰三角形的路径是什么？

追问 1　我们如何研究四边形中的特殊图形——平行四边形呢？

追问 2　平行四边形的定义是什么呢？

师生活动：学生回答，教师概括研究思路，定义—表示—读作—性质—判定—应用，明确研究方向。

设计意图：创设学生熟悉的氛围，展示实物，让学生通过“看一看”“猜一猜”的数学活动，培养几何直观和抽象能力，让学生体会数学来源于生活，生活处处有数学，通过类比等腰三角形的学习思路，使学习方式结构化、整体化，促进模型意识的形成。

（二）动手操作，交流新知

问题 3　同学们都准备了多个三角形纸板，请你们用手中的任意两个三角形纸板进行拼图，能够拼出四边形吗？

追问 1　观察这些拼出的四边形，你认为当两个三角形具备什么条件时，可以拼出四边形？

追问 2　根据刚才的活动经验，继续利用手中的三角形纸板进行拼图，你能拼出平行四边形吗？

追问 3　你选择什么样的两个三角形能拼出平行四边形？

追问 4　你如何判断它就是平行四边形呢？

师生活动：以四个学生为一小组，组内学生先独立思考，然后合作交流，有的学生可以顺利拼出四边形，有的学生拼出的是多边形，教师请小组代表把作品粘贴到黑板上，并引导学生发现至少有一条边相等的两个三角形可以拼出四边形,通过小学学过的平行四边形的定义,发现只有拼图的两个三角形是全等三角形,才能拼出平行四边形。可以引导学生由全等三角形的性质入手,推导出四边形的两条边互相平行,从而判断出这个图形是平行四边形。

教师板书:(1)定义:两组对边分别平行的四边形是平行四边形。

(2)平行四边形用符号“▱”表示。如图,平行四边形 $ABCD$ 记作“▱$ABCD$”也可以记作“▱$ADCB$”。

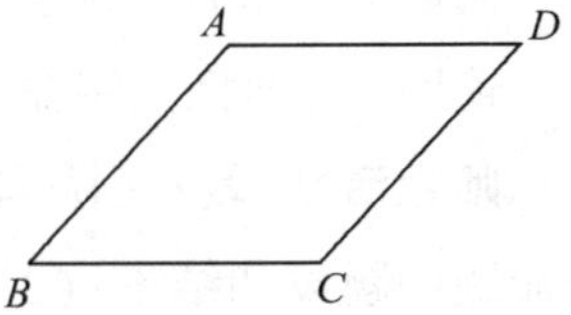

设计意图:充分发挥学生的动手能力和小组合作交流的学习方式,在“看一看”“猜一猜”的基础上,再经历“拼一拼”,通过条件筛选,深刻认识到三角形、四边形和平行四边形的区别和联系,为后续研究平行四边形的性质积累经验。

(三)引路指津,猜想验证

问题 4 类比等腰三角形的研究方式,我们如何来学习平行四边形呢?

追问 1 如何用几何语言来描述平行四边形的定义?

追问 2 类比等腰三角形的定义,我们发现定义具有双重性,请问平行四边形定义有哪两方面的作用?

追问 3 根据你的理解,你能画出一个平行四边形吗?

师生活动:教师引导学生类比等腰三角形的定义,从而使学生理解平行四边形的定义,引导学生既可以由平行四边形得出线平行,也可以依据两直线平行来确定平行四边形。

问题 5 平行四边形基本要素:对边、对角、对角线。对边为 AB 与 CD、AD 与 BC,对角为 $\angle A$ 与 $\angle C$、$\angle B$ 与 $\angle D$,对角线为 AC 与 BD,你发现平行四边形有哪些性质吗?

追问 1 类比等腰三角形的研究思路,我们是从哪几个方面研究等腰三角形的性质的?

追问 2 你们是怎样发现它们的关系?

师生活动:同时学生明确是通过边和角两个方面来研究等腰三角形的性质,即把剪出的等腰三角形沿折痕对折,找出重合的线段和角,由这些重合的线段和角,发现等腰三角形的性质。学生通过小组合作,通过拼图的启发,以动手测量、折叠等方式，探寻平行四边形的性质，教师选取小组代表到黑板上展示结果，对可能出现的结果(对边平行、对边相等、对角相等、邻角互补、对角线互相平分)，利用几何画板展示度量平行四边形的边长和角的度数，并肯定学生得到的结论。

问题6 你能对这些结论进行证明吗?

追问1 回忆文字命题的证明过程。

师生活动：教师引导学生回忆文字命题的证明思路：(1)理解题意，分清这个命题的题设和结论；(2)根据题意画出图形；(3)结合图形，用符号语言写出已知和求证；(4)分析题意，探索证明思路(5)依据思路，用数学符号和数学语言清晰的写出证明过程；(6)检查表达过程是否正确、完善。

追问2 结合图1，写出这两个命题的已知和求证?

追问3 如何证明这两个命题呢?

师生活动：教师用希沃展示学生的证明情况，并进行师生互评。通过证明让学生领悟，证明线段或角相等通常采用证明三角形全等的方法。在平行四边形中没有三角形，只有四边形，所以我们需要添加辅助线构造三角形，将四边形问题转化为三角形问题来解决，进而总结提炼出将四边形问题转化为三角形问题的基本思路。

设计意图：通过设置“看一看”“猜一猜”“拼一拼”到“画一画”“测一测”“证一证”的学习过程，建立“自主感悟—自主思考—自主归纳”的思维结构，经历探究数学知识的一般过程，即“观察—猜想—验证—证明”，发展逻辑推理和模型观念及创新能力。

(四)解决问题，发展能力

例1 如图，在▱$ABCD$中，$DE\perp AB$，$BF\perp CD$，垂足分别为E，F。求证$AE=CF$。

追问1 在上述题目中，$DE=BF$吗?

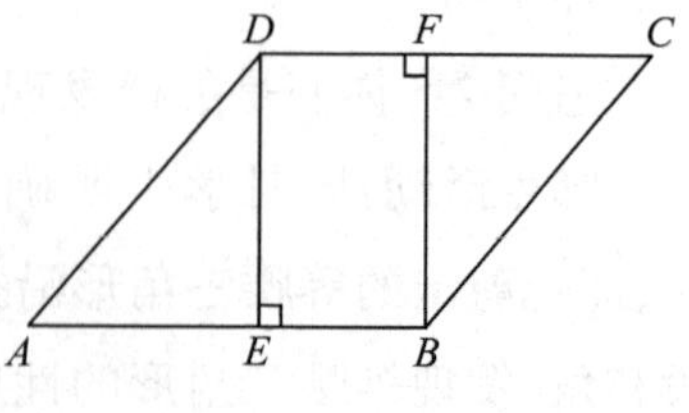

追问2 你还有其他的方法证明$DE=BF$吗?

追问3 哪种方法更好?

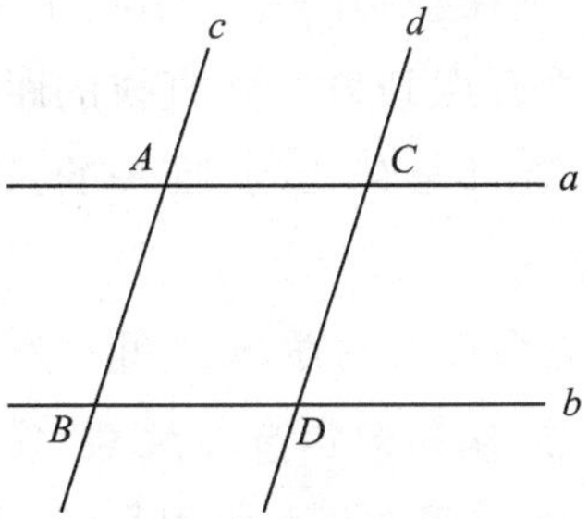

师生活动:师生交流,要想证明线段相等,我们可以以线定形,证明这两条线段所在的三角形全等,全等条件可以由平行四边形的性质得到,教师板演例题的证明过程。与此同时,引导学生加强对图形的分析,利用平行四边形的定义,判定四边形 $DEBF$ 为平行四边形,然后再利用平行四边形的性质,即可得出结论。

追问 4　我们抽象出基本图形,如图,$a//b$,$c//d$,c,d 分别与 a,b 相交于 A,B,C,D 四点,线段 AB 和 CD 有什么关系?

追问 5　如图,$a//b$,$c//d//e//f$,c,d 与 a,b 分别相交于 A,B,C,D 四点,e,f 分别与 a,b 相交于 E,F,G,H 四点,线段 AB,CD,EH,GH 有什么关系?你能得到什么结论?

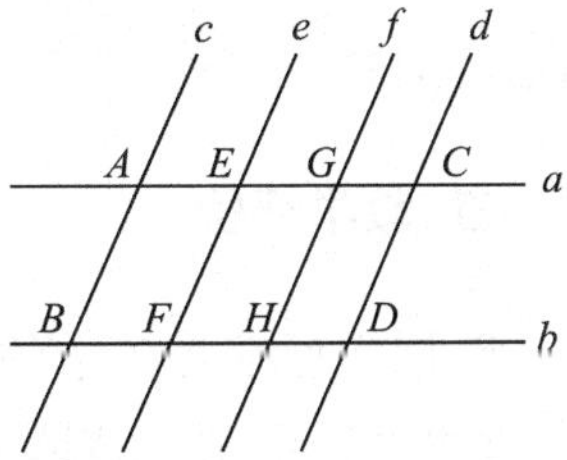

教师小结:AB,CD,EH,GH 都是两条平行线间的平行线段,说明两条平行线之间的任何两条平行线段都相等。

问题 7　距离是我们生活中常常提到的一个概念,在几何学习中我们曾经接触过哪些有关距离的概念呢?

追问 1　点点间的距离是线段的长,点线间的距离是垂线段的长,那么你认为线线间的距离,我们应该怎样来定义呢?

追问 2　如图,直线 $a//b$, A,C 为直线 a 上任意两点,点 A 到直线 b 的距离和点 c 到直线 b 的距离相等吗?为什么?

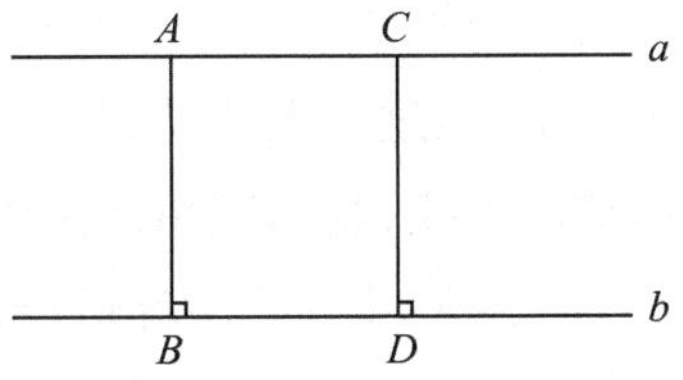

师生活动:教师介绍,两条平行线中,一条直线上任意一点到另一条直线的距离,叫作这

两条平行线之间的距离。学生在教师的步步引导下,步步总结分析,如果两直线平行,那么一条直线上的所有点到另一条直线的距离都相等,所以 $AB=CD$,即任何两条平行线之间的距离都是存在的、唯一的,都是夹在这两条平行线间最短的线段的长度。

设计意图:通过平行四边形性质的学习,"用一用"平行四边形的知识来解决问题,进一步得出新的结论,探究知识自然延续,促进深度学习,同时培养学生的合情推理和演绎推理以及应用意识和模型思想。

(五)归纳小结,整理反思

(1)研究内容:实际问题—抽象成几何图形—$\begin{cases}\text{定义} & \text{边} \\ & — \\ \text{性质} & \text{角}\end{cases}$

(2)总结方法:

①类比等腰三角形的研究思路:定义—性质—判定—应用。

②平行四边形的性质为我们证明线段相等、角相等提供新的方法。

③解题思想:通过添加辅助线,构造全等三角形,将四边形的问题转化为三角形的问题。

五、教学评价

新课程标准是教学的指导性文件,教材是教学的基本蓝本。学业考试评价中,许多试题都基于情境,源于教材,重视数学的原则和法则,把握其中蕴含的数学思想方法,发展高阶思维能力。因此,教学中关注教材的挖掘与再开发,重视教材的知识建构,是教学工作的重中之重。

本节课设置了二次拼图活动,第一次活动,让学生用手中的任意两个三角形纸板进行拼图,能否拼出四边形?以及当两个三角形具备什么条件时,可以拼出四边形?学生通过操作、思考、交流发现拼出四边形的三角形需要满足的条件。第二次活动,继续利用三角形纸板进行拼图,能否拼出平行四边形?什么样的三角形能够拼出平行四边形?学生通过独立拼图、小组合作交流,顺利找出答案,通过拼图活动,激发学生学习及探究平行四边形的兴趣,同时也为后续添加辅助线,利用三角形全等证明平行四边形对边相等积累经验。

师生共同建构本节课的层次结构图,从研究内容、总结方法、解题思想三个方面来呈现。知识结构网的建立,既是对知识的梳理,也是对本节课学习内容的逻辑关系的呈现,归纳研究方法,形成一般化的研究路径,为后续研究“图形与几何”领域的相关内容谋篇布局,也为学生形成知识结构树、数学思维网、核心素养体系奠定基础。

3.2 中考试题评价与思维能力培养

数学课程要使学生掌握必备的基础知识和基本技能,培养学生的抽象思维和推理能力,培养学生的创新意识和实践能力,促进学生在情感、态度及价值观等方面得到发展。数学课程在学生发展上所特有的育人功能,从根本上看是数学所具有的特性来赋予的。因此,教师在教学过程中,要让学生有足够的时间经历观察、实验、猜测、计算、推理、验证、归纳的过程,进行充分的思维活动和思维建构,助力创新思维的形成,培养“数学家”精神。

【课例 1】

渐进式分析法在数学问题中的应用

——“综合题与 45°角专题课”课例分析

一、问题背景

在初中数学教学中,循序渐进教学法从简单概念开始,逐步引入更复杂的知识,确保学生掌握初中数学的基础知识,从教学方法中,抽离出分析问题的方法——渐进式分析法,这种方法是一种逐步深入分析问题的方法,能够帮助学生理解基本概念,掌握数学的逻辑和应用,通过实际操作和复杂问题的练习,提高学生的分析问题和解决问题的能力,尤其是这种方法可以促使学生在解决中考问题时,能够对条件进行逐步的分析和渐进式的推理,能够更好地解决综合问题。

二、教学实录

(一)创设情境,发现思维起点

引例人教版《义务教育教科书 · 数学》八年级上册 56 页综合应用第 9 题。

如图 1，$\angle ACB=90°$，$AC=BC$，$AD\perp CE$，$BE\perp CE$，垂足分别为 D，E，$AD=2.5$ cm，$DE=1.7$ cm，求 BE 的长。

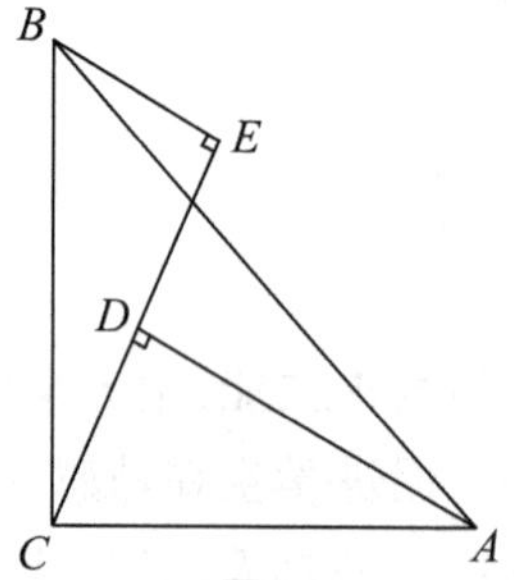

图1

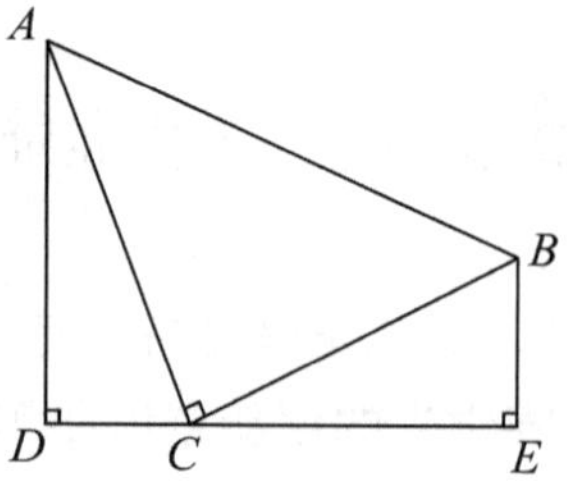

图2

变式 如图 2，$\angle ACB=90°$，$AC=BC$，$AD\perp CE$，$BE\perp CE$，垂足分别为 D，E，$AD=1.7$ cm，$DE=2.5$ cm，求 BE 的长。

设计意图：通过教材回归，追根溯源，让学生找寻综合问题里的知识本源，通过较为简单的全等问题，使学生体会到，在等腰直角三角形问题中，如何借助全等实现边的等量关系转化，并引导学生提炼出可以还原构造等腰直角三角形的逆向思维方法，关注题目所给的基本条件可以转化为已知 45°角的相关问题，为处理和解决综合问题做好知识体系的重建。通过设计与引例知识方法相同的变式习题，让学生充分体会几何问题在层级上的变化与灵活变通，达成训练逻辑推理能力核心素养的目标。

知识结构图：

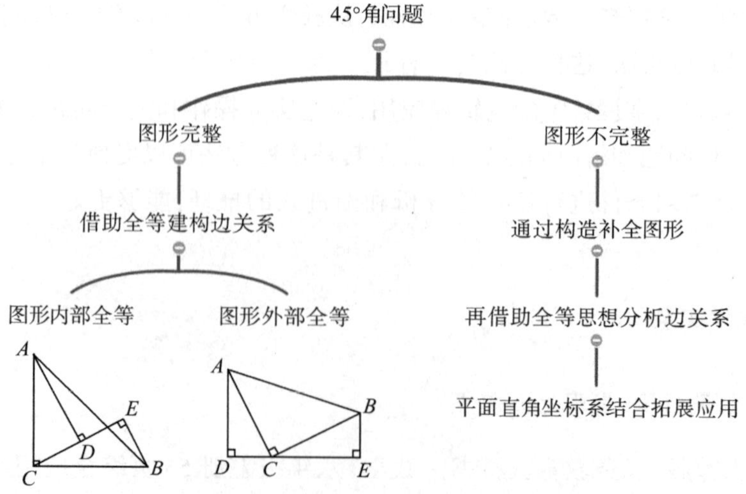

（二）分析问题，寻找思维方向

例.（2022 年哈尔滨）在平面直角坐标系中，点 O 是坐标原点，抛物线 $y=ax^2+b$ 经过点 $A(\frac{5}{2},\frac{21}{8})$，点 $B(\frac{1}{2},-\frac{3}{8})$，与 y 轴交于点 C。

（1）求 a,b 的值；

（2）如图 1，点 D 在该抛物线上，点 D 的横坐标为 -2，过点 D 向 y 轴作垂线，垂足为 E，点 P 为 y 轴负半轴上的一个动点，连接 DP，设点 P 的纵坐标为 t，$\triangle DEP$ 的面积为 S，求 S 关于 t 的函数解析式（不要求写出自变量 t 的取值范围）；

（3）如图 2，在（2）的条件下，连接 OA，点 F 在 OA 上，过点 F 向 y 轴作垂线，垂足为 H，连接 DF 交 y 轴于 G，点 G 为 DF 的中点，过点 A 作 y 轴的平行线与过点 P 所作的 x 轴的平行线相交于 N，连接 CN，PB，延长 PB 交 AN 于点 M，点 R 在 PM 上，连接 RN，若 $3CP=5GE$，$\angle PMN+\angle PDE=2\angle CNR$，求直线 RN 的解析式。

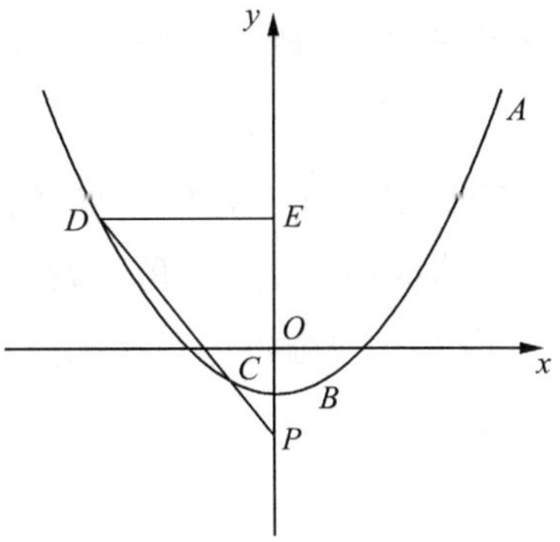

图1

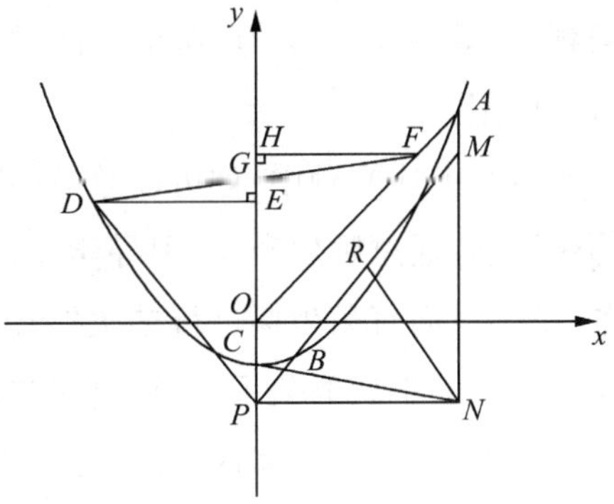

图2

分析：通过条件分析法，对于第三问的条件进行逐一分析后，可以通过 $\triangle DGE\cong\triangle FGH$，进行 F 点的坐标定位，再利用 $3CP=5GE$ 得到 P 点的坐标，然后通过三角函数相等，得到两个角的角度相等，从而转化条件 $\angle PMN+\angle PDE=2\angle CNR$，得到 $\angle CNR=45°$ 这个结论，针对 $45°$ 角这一条件，进行问题处理。

问题 1　通过分析 $45°$ 角这个条件，并结合平面直角坐标系，以及教材的方法，进行突破和转化？

追问1　同学们,不难发现,图形里并没有教材中的等腰直角三角形,你想如何构造?

追问2　如果可以过点 R 作垂直,也可以过点 N 作垂直,还可以过点 C 作垂直,结合平面直角坐标系的核心考点,哪一种更能够直接进行条件转化和分析从而得到坐标?

追问3　补全等腰直角三角形后,问题的分析方向变成了利用什么知识进行条件的转化?

师生活动:学生回答,教师引导和追问,逐步将学生的思考方向定位到教材内知识的迁移,让学生充分体会方法的迁移,以及条件的转化,并能够通过问答式的相互补充,寻找到不同的构造、补全等腰直角三角形的方法,并能够进行对比筛选,最终得到适合的方法解决问题。

设计意图:对于例题中的问题,有的学生凭借基本模型积累的经验,能够很快找到解决问题的方法,但有的学生并不能直接突破,让学生回归基本方法的突破,通过问题情境,逐步分析和理解问题,还原补全等腰直角三角形,并构造基础全等,突破难点,激发学生的求知欲望。

问题2　通过分析45°角这个条件,如果图形出现变化,刚才探究的方法是否还可以使用?

追问　在上述问题中,你可以总结出哪些解决和还原45°角的综合模型?

师生活动:通过师生交流,引导学生回答,我们前面研究的45°角问题的本质关系,结合平面直角坐标进行二次提升和拓展,借助几何画板进行动态演示,显示相关变化及不变的关系,并提出问题,激励学生观察、思考。

设计意图:通过多媒体的应用,将不变的问题转化为变化的问题,最终再回归到不变的方法,让学生的思考维度上升一个等级,为抽象方法的总结做好铺垫。

(三)延伸同类,确定思维策略

变式　(2020年哈尔滨)在平面直角坐标系中,点 O 是坐标原点,直线 AB 与 x 轴的正半轴相交于 A,与 y 轴的负半轴相交于点 B,$OA=OB$,过点 A 作 x 轴的垂线与过点 O 的直线相交于点 C,直线 OC 的解析式为 $y=\frac{3}{4}x$,过点 C 作 CM

$\perp y$ 轴，垂足为 M，$OM=9$。

（1）如图 1，求直线 AB 的解析式；

（2）如图 2，点 N 在线段 MC 上，连接 ON，点 P 在线段 ON 上，过点 P 作 $PD\perp x$ 轴，垂足为 D，交 OC 于点 E，若 $NC=OM$，求$\dfrac{PE}{OD}$的值；

（3）如图 3，在（2）的条件下，点 F 为线段 AB 上的一点，连接 OF，过点 F 作 OF 的垂线交线段 AC 于点 Q，连接 BQ，过点 F 作 x 轴的平行线交 BQ 于点 G，连接 PF 交 x 轴于点 H，连接 EH，若 $\angle DHE=\angle DPH$，$GQ-FG=\sqrt{2}AF$，求点 P 的坐标。

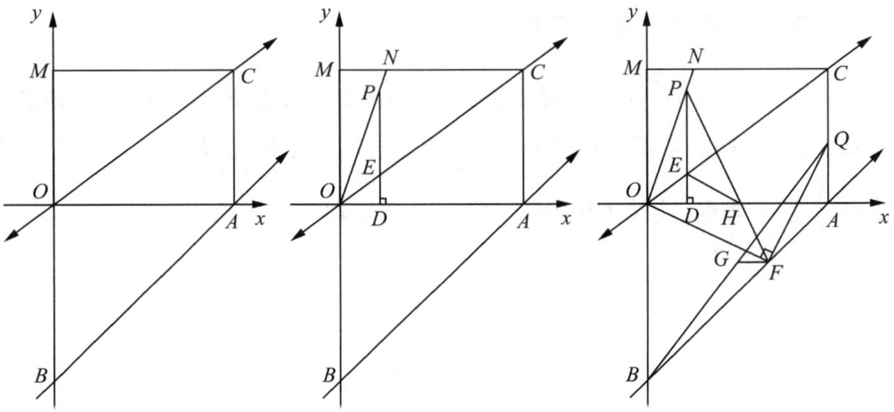

图1　　图2　　图3

分析：第三问从条件出发，并结合图形，可以通过补全全等，得到边的关系，再利用矩形及 45°角的思想构建边之间的等量关系，结合 $GQ-FG=\sqrt{2}AF$ 这一条件，将所需要的边用同一个未知数表示后，借助图形中的直角三角形建立勾股方程，从而解决问题。

问题 1　同学们，你看到图形中的 45°角了吗？你有什么初步解决问题的思路吗？

追问 1　通过分析图形以及 $\sqrt{2}AF$，你又能联想到刚刚我们一起研究的教材模型里的哪个图形？

追问 2　如果想补全图形，你的辅助线应该如何构造？

追问 3　全等三角形构造结束，你初步了解了边之间的关系后，图形里还有应用 45°角解决问题的部分吗？

师生活动:通过教师的问和学生的答,引发学生思考,问题 1 可以口答,让学生关注到 45°角,追问 1 可以小组合作,学生之间会有不同的处理方法,并在互相讨论中优化方法,同时带动思考能力弱一些的学生,加入问题的思考中,追问 2 及追问 3 通过学生讲解和展示,教师板演总结,从而突破结论。

设计意图:在教师的指导下,学生通过自己分析,探索新知,并与他人交流探讨,感受探索的过程,并通过几何直观分析等辅助方式,强化对于基本图形的猜想和应用,从而加强对于综合问题的理解和突破。教师通过设计有效问题,体现几何图形研究的基本套路,并让学生提出观点,激发学生研究的热情,提升学生对于方法的总结、探究及应用能力。

(四)课后应用,形成思维提升

已知抛物线 $y=ax^2+bx-3$ 与 x 轴交于 $A(-1,0)$,点 $B(6,0)$,与 y 轴交于点 C,过点 C 作 $CD/\!/x$ 轴交抛物线 $y=ax^2+bx-3$ 于点 D,点 P 为 x 轴上方直线 $y=\frac{3}{4}x+\frac{3}{4}$ 上一动点,连接 CD,PC,PD,$\angle CPD=45°$。

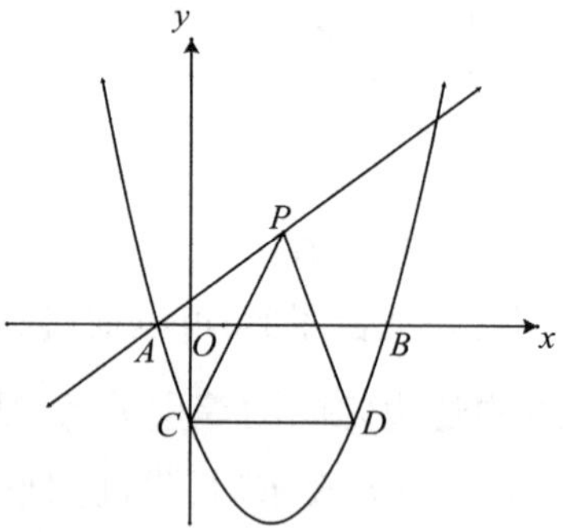

(1)求点 P 的坐标;

(2)根据本节课的相关方法,编制一道与 45°角有关的函数问题。

设计意图:通过基础模型的作业巩固,加深学生对于方法的理解,强化基本构架和方法的落实,并设置自主编制试题的开放作业,提升作业的层级难度,培养学生在学习过程中发现数学思想方法并提炼总结的能力,同时培养学生的创造性思维。

三、教学评价

在数学教学领域中,问题是核心。渐进式的分析过程,借助“问题串”,针对某一数学概念、数学方法及数学思想,搭建一个能够呈现内在联系与逻辑关系的平台,这不仅能让学生深刻理解数学概念的内核,掌握数学思想方法的本质,还能够引导学生主动探索和解决数学问题,提高课堂效率。通过“问题串”的设计,教师引导学生厘清45°角在综合题里相关应用的本源,从整体的观念构建知识体系,突破难点,体会数学知识的内在联系,同时教师会引导学生研究同一问题的多种解法,培养学生的创新思维。进一步引导学生对问题进行变式和延伸,帮助学生总结出这一类问题的通性通法,审慎审视题目,探究问题中蕴藏的数学方法,并引导学生对数学问题的本质进行分析,经历和感受提出问题、分析问题和解决问题的全过程,提升学生的数学思维能力,使学生学会用数学思维看待问题。

课标中提出的“四基”,即基础知识、基本技能、基本思想和基本活动经验,其中,基础知识和基本技能是显性的,而基本思想和基本活动经验是隐性的,所以授课时,教师要将隐性的思想和经验显性化,比如本节课中,通过让学生识图,分析条件,从而发现和拓展45°角这个条件的应用,并进行难点分解,尤其是综合题,看似是综合问题,实质是对基础知识的叠加和考查,所以教会学生解题经验的积累和解题智慧的发挥,必要前提是夯实知识基础,并培养学生创造性的思维。在本节的设计中,借助由浅入深的“问题串”,将问题分解,让学生感受到“抽丝剥茧”的解题快乐,学生在问题回答中,找到解决问题的正确方法,由此在一定程度上,促进学生有序观察、深入思考,并成功破解中考难题。

综合题的解题方法比较多,让学生从熟悉的基本解题思想方法和常见的基本图形着手,比如拿到一道综合题,先分析条件,再研究图形,明确未知量和变化的量,寻找变化规律,构建模型,进行思维提升,并借助几何直观、运算推理等数学核心素养提升分析综合题的方法,借助合理、简洁的运算过程,进行函数综合问题的突破,引导学生将复杂图形简单化,让学生去寻找和构造常见的基本图形,同时充分利用图形变化去认识、理解相关的综合题,让学生通过经历“观察—实验—猜想—验证”的过程,培养合理的推断和发现结论能力,并能够从不同的角度去思考问题,培养学生的创新意识。

【课例 2】

模型观念推进几何图形的证明与应用

——“半角旋转”课例分析

一、问题背景

“半角模型”是初中几何常见的题型,掌握半角旋转的基本图形,对于求解角度及线段的长度有着至关重要的作用,本研究以正方形为载体,在题目设置中,隐藏半角旋转模型中的“半角”,探究题干中如何将半角的信息隐藏,从而将其挖掘出来,并快速利用其结论来求解,可培养学生树立模型观念及空间意识,构建几何直观思想,提升学生的推理能力。

二、教学实录

(一)创设情境,发现思维起点

从图形中抽离“半角”模型(如图 1,图 2)。

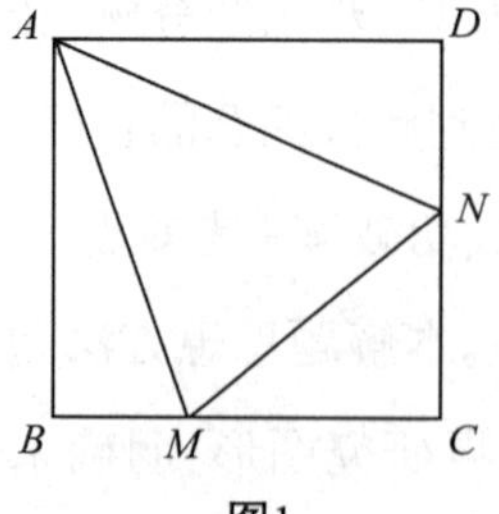

图1

结论: $BM+DN=MN$

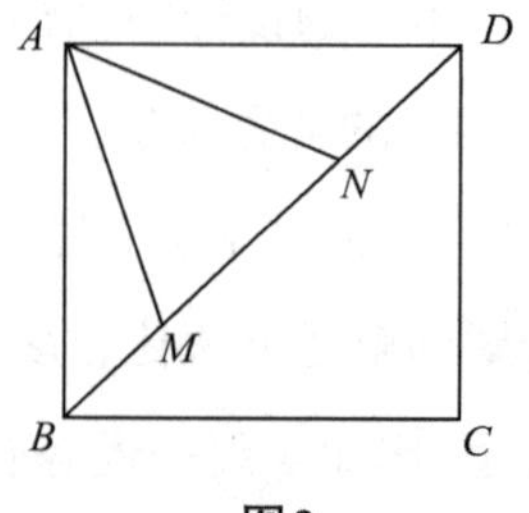

图2

$BM^2+DN^2=MN^2$

引例 如图 3,在正方形 $ABCD$ 中,E 是 BC 上一点,F 是 CD 上一点,连接

AE,AF,EF,且$\angle AEB=\angle AEF$,若$AB=3BE$,$AE=2\sqrt{10}$,求AF的长。

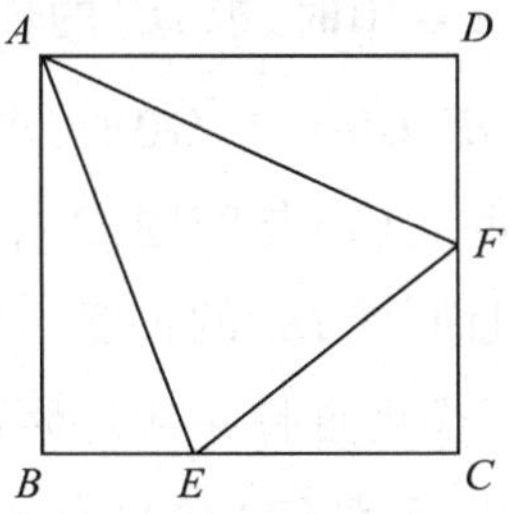

图 3

设计意图:先证明AF平分$\angle EFD$,结合题干中的$\angle AEB=\angle AEF$,可得$\angle EAF=45°$,至此已符合半角模型的所有特征,可运用其进行求解。本题的求解方法是找旋转点(含半角的角的顶点),构造旋转,证三角形全等,从而可利用勾股方程进而求解线段长。

半角模型的“半角”通过题干中的角的关系隐藏起来,通过对条件的梳理,找到半角(45°),通过此引例让学生感知,从角的关系出发,半角旋转模型中的半角是如何藏匿于题干之中的。

(二)分析问题,寻找思维方向

如图4,正方形$ABCD$,点E,G,H分别在AB,AD,BC上,DE与GH相交于点O,边长$AB=6$。

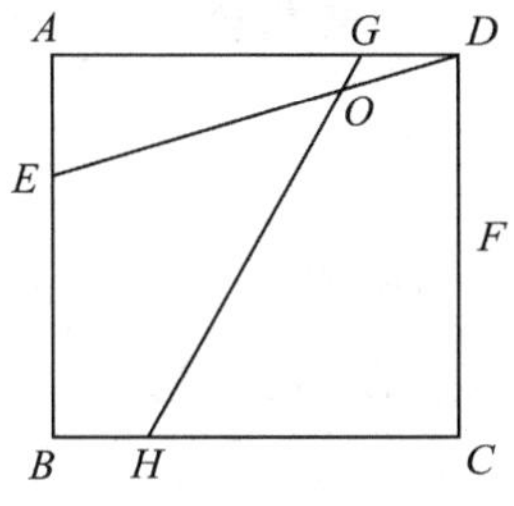

图 4

分析:题干中的背景条件是正方形,并给出了一个隐藏角度45°,容易联想到45°是90°的半角,但点O与点D并不共顶点,所以考虑将O点平移,此时共顶点,边相等且半角45°同时存在,即可以运用半角旋转模型,两步全等(首先造全等,最后证全等),得出边角关系,构造勾股方程进行求解。

(1)当$\angle GOD=45°$,$GH=2\sqrt{10}$时,求DE的长。

(2)当$\angle BHG=135°-\angle ADE$,$GH=2\sqrt{10}$时,求$DE$的长。

师生活动:请同学们对比问题(1)与问题(2),能否观察出异同?学生发现两个题干都给出了角度关系,且同求DE的长度。

设计意图:问题(1)利用两线夹角将共顶点的45°半角隐藏于图形中,通过平移GH,发现其符合半角模型;问题(2)给出角度之间的关系,经过推导可知$\angle EOH=45°$,再次转化成问题(1)的形式。

本问题设计从不同角度出发,将半角通过不共顶点的两条线的夹角隐藏,或通过角与角之间的倍数关系将其隐藏,让学生通过例习题的多维度设置,了解到识别半角模型的突破点,并能充分利用题干信息,来进行模型的抽离,从而培养学生的抽象思维。题目有其丰富的实践意义,可以提高学生解决问题的能力。

(3)当$\angle GOD=45°$,$DE=2\sqrt{10}$时,求GH的长。

(4)当$\angle GOD=45°$,$AE=2$时,求GH的长。

师生活动:引导同学们先独立思考一分钟,结合所给出的条件,你能得到哪些有效信息及基本图形,独立思考一分钟后可进行两分钟小组讨论。学生经过思考发现,两个问题都与给出的$\angle GOD$相关,可以考虑从其入手。

设计意图:将(1)中的条件进行变换,但题的本质并没有变化,找寻藏于题干中的45°半角为解题关键,然后旋转构全等,列出勾股方程即可求解。

(三)延伸同类,确定思维策略

变式1 如图5,在正方形$ABCD$中,点E,K,H分别在AB,BC上,连接DE,DH。边长$AB=6$,$BE=\sqrt{2}PC$,P是EH中点,连接DP并延长交BC于K,$AB=6$,$PK:PD=1:3$。

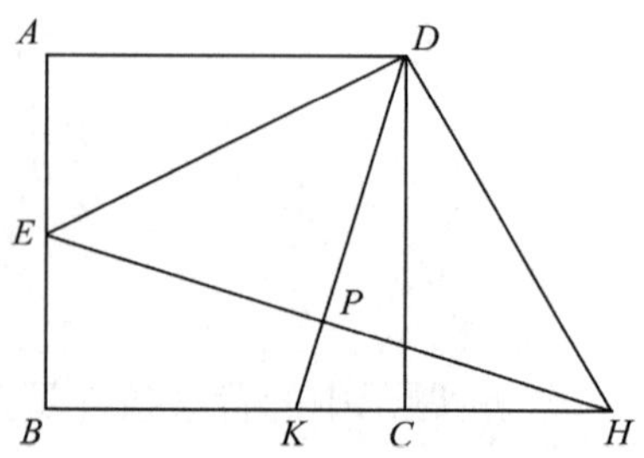

图5

(1)当$DE\perp DH$时,求DE的长。

(2)当$DE=DH$时,求DE的长。

师生活动:学生经过教师对上一个例习

题的讲解，已经对半角旋转模型中如何挖掘半角有了一定的了解，教师将题干中的条件换个方式呈现给学生，学生根据老师的提示进行思考。

教师引导学生对于问题（1）与（2）分别从线段 DE 和线段 DK 的位置关系及数量关系进行设置，根据大题干中的 P 是 EH 的中点，都可以推导出 $\triangle EDH$ 为等腰直角三角形，即 $\angle EDP=45°$，至此学生可以快速识别半角模型，接下来从 $BE=\sqrt{2}PC$，P 是 EH 的中点出发，在 BC 上截取一段线段使其与 BE 相等，结合中点，根据中位线的性质，可推导出 $\angle PCK=45°$，故 CP 为 $\angle BCD$ 的角平分线，根据角平分线分线段成比例，可以求出 CK 的长度，由于半角模型，连接 EK，根据 $\triangle EBK$ 为直角三角形，可列出勾股方程进行最终的求解。

设计意图：本变式题目，在例题的基础上进行变化，不仅将 45°半角通过基本图形藏于题目中，且将中位线、角平分线分线段成比例等知识进行综合运用，考验且锻炼学生的思维及对知识的综合运用能力。

变式 2　如图 6，在正方形 $ABCD$ 中，点 E，H 分别在 AB，BC 的延长线上，连接 DE，DH。$DE=DH$，边长 $AB=6$，$BE=\sqrt{2}PC$，P 是 EH 中点，连接 PC，连接 PA，交 DE 于 Q，$BE=3\sqrt{2}$，$AQ=4$，求 DE 的长。

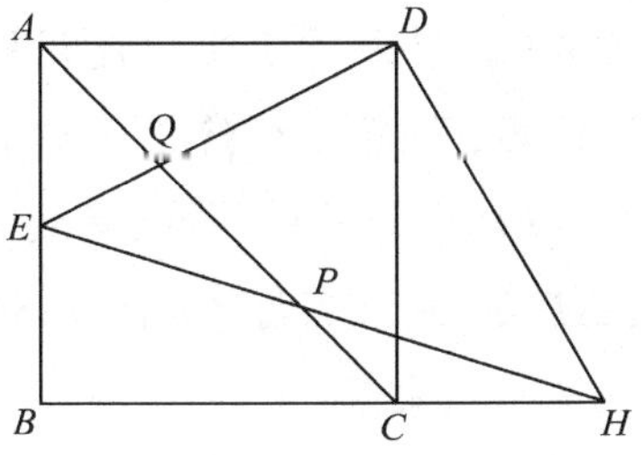

图 6

师生活动：教师请同学们对比变式 1 与变式 2 的题目，发现有何异同？两个问题的题干设置较为相似，以正方形为背景图形，通过 P 是 EH 中点及 $DE=DH$ 可知，$\triangle DEH$ 为等腰直角三角形，连接 DP，所以 $\angle EDP=45°$，至此已经具备半角条件。学生经对比发现，两个题目的题干中都以 $BE=\sqrt{2}PC$，P 是 EH 中点为背景，但变式 2 中，多出 AQ 的边长这一条件。

设计意图：经过前两个例习题及变式训练，同学们对被隐藏在题目中的半角的挖掘及对半角模型的识别已经有了深度的了解，于是变式 2 在此基础上，再次考查半角模型结论的应用，即 $QP^2=AQ^2+PC^2$，此外本题的特殊还在于需要证明 A,P,C 三点共线。通过练习，可以提高学生的解题能力，加强学生对半角模型成立的潜在条件的挖掘，还可以锻炼学生灵活运用知识的能力，培养学生的逻辑思维能力。

（四）课后应用，形成思维提升

在正方形 $ABCD$ 中，点 E 在边 BC 上，点 G 在 BC 延长线上，CP 平分 $\angle DCG$，连接 PE,AE,AC，且 $\angle EAC=\angle EPC$，连接 AP 交边 CD 于点 F，若 $CF=2DF$，$PF=\sqrt{10}$，求 AB 的长。

设计意图：通过 CP 平分 $\angle DCH$，$\angle EAC=\angle EPC$ 可推导出 $AE\perp EP$，$\triangle EAP$ 是等腰直角三角形，所以可知 $\angle EAP=45°$，且满足"共顶点，等邻边"，利用半角旋转的方式，可得到 EF 的边长，过点 P 分别作双垂线，构造勾股方程即可求解 AB。

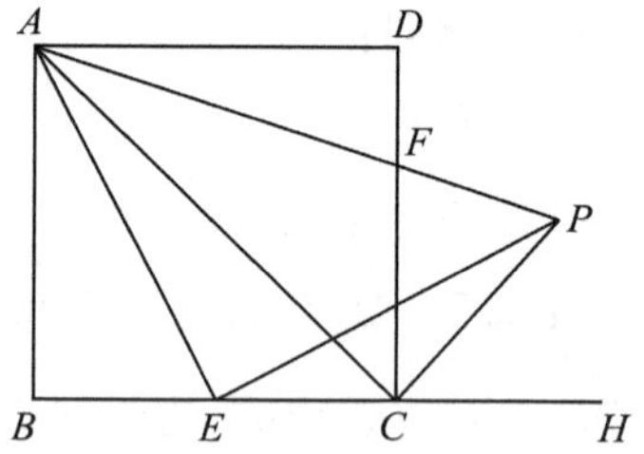

图 7

将 45°半角藏于题干中给出的角度关系及基本图形中，从此角度出发，可以锻炼学生快速识别半角模型的能力。题干中并没有直接将基本题型给出，而是通过给出一组角相等的方式，可挖掘出 $\angle AEP=90°$。此题证明 $AE=EP$ 也是关键所在，需要在 AB 上截取 BM，使其等于 BE，从而证得 $\triangle AME\cong\triangle PCE$，此时可得 $\angle EAP=45°$，半角模型的条件已经满足，接下来依据半角的结论即可以求解。

将此题设置为作业题，可培养学生的模型抽象能力，是前几个例习题及变式题的综合运用，不仅考查学生对半角模型应用的熟练程度，在识别模型后，对未知的线段长度的求解，也是重中之重。此题与平行四边形章节知识相关联，加强了知识之间内在的逻辑联系，将所学习的知识强化，将知识"通路"拓宽，让学生达到综合运用、融会贯通的效果。

三、教学评价

本研究以半角旋转模型为基础，识别出半角的基础结构，即可利用其旋转构造出全等图形，证明图形全等，从而得到图形的边角关系。在对边长进行求解时,考虑利用勾股方程及解斜三角形得到最终结论。

在新课程标准理念下,课堂教学不再仅仅是传授知识,教学的一切活动都着眼于学生的发展,本节课的教学目标是让学生快速识别出半角模型,利用其顺利解决问题,而题干中往往将半角的特征隐藏。本课例研究从不同的角度出发,利用不同的方式将半角隐藏在题干中,培养学生的模型观念,多维度地思考半角隐藏在题目中的方式,达到熟能生巧,快速识别,从而进行构型与证明。在最后的作业设计环节,将本课例所研究的挖掘半角、识别半角模型融合进正方形等基本形中,从例题到变式部分的设计,采用循序渐进的方式,从单一的寻找隐藏的半角逐渐过渡到与基本形的融合,通过线段之间的比例关系来挖掘半角,对于综合题的顺利解答起着至关重要的作用。

在教学中,通过对此类几何问题的探究,采用循序渐进的教学理念,符合维果斯基的“最近发展区理论”,最终通过题目的设计,让学生对于半角模型及其应用产生更深刻的认识,此种方式也可以鼓励学生发散思维,提高学生的创新能力。同时,可以塑造学生的几何直观能力,从长远的角度来看,几何直观是发展学生数学核心素养的关键,可以使学生将抽象问题直观化,帮助学生理解问题的本质,从而更好地解决实际问题。

【课例 3】

培养学生思维能力的探索与实践

——“与角有关的多解问题”课例分析

一、问题背景

“多解问题”在中考几何题中较为常见,这类问题主要考查学生思维的严谨性以及逻辑推理能力。角的和差倍分问题属于初中几何学习中的重要内容与基础内容。在这部分内容的学习中,常常会出现一些多解问题,尤其是那些没有给出图形的问题。学生只要稍有疏忽,就容易出现漏解的情况。本教学设计以与角有关的多解问题为核心,通过引例、变式及多个问题,让学生在画图解题中体会由于射线位置关系不确定而产生的多种情况,总结画图方法,并分析产生多解的原因，掌握画图方法，梳理解题思路，注重审题与规范书写，建立数形结合和分类讨论的思想，并通过作业实现拓展的目的。

二、教学实录

（一）创设情境，发现思维起点

引例 以 O 为端点，按顺时针方向依次作射线 OA,OB,OC，使 $\angle AOB=80°$，$\angle BOC=20°$，则 $\angle AOC=$________°。

变式 （2023 年哈尔滨市）已知 $\angle AOB=80°$，$\angle BOC=20°$，则 $\angle AOC=$________°。

师生活动：学生在练习本上画图、解题并讲解，教师追问，引导学生总结画图方法，并分析产生多种情况的原因。

追问 1 回顾刚才的作图过程，为什么射线 OA,OB,OC 之间只能是这样的位置关系呢？

追问 2 你是按照怎样的顺序作图的？在哪个环节产生了两种情况？

追问 3 分析这道题产生双解的原因是什么？

设计意图：问题 1 是学生熟悉的角的和差问题，题干中“顺次”二字指出了三条射线间的位置关系，而变式中去掉了“顺次”，使三条射线间的位置关系不确定，因而产生两种情况，OC 在 $\angle AOB$ 的内部，或 OC 在 $\angle AOB$ 的外部。根据引例及其变式，总结出产生双解的原因是射线间的位置关系不确定，并总结画图的方法。让学生在解题过程中，体会数形结合的数学思想。

（二）分析问题，寻找思维方向

问题 1 已知 $\angle AOB=80°$，OM 为 $\angle AOB$ 的角平分线，OC 是 $\angle AOB$ 内部的一条射线，$\angle BOC=20°$，求 $\angle COM$ 的度数。（写出规范的解题过程）

变式 已知 $\angle AOB=80°$，OM 为 $\angle AOB$ 的角平分线，$\angle BOC=20°$，求 $\angle COM$ 的度数。（写出规范的解题过程）

师生活动：学生在黑板上画图，写出解题过程并讲解，教师追问，引导学生总结审题的注意事项，以及需要分类讨论的问题中几何书写的基本格式。

追问 1 对比问题 1 及其变式，为什么变式题有两种情况？

追问 2　仔细观察黑板上同学解题过程的书写是否规范？在书写解题过程时需要注意什么？

设计意图：问题 1 给出“OC 是 $\angle AOB$ 内部的一条射线”，而变式中去掉了这一条件。所以变式不能确定射线 OC 在 $\angle AOB$ 的内部还是外部，因而出现两种情况。通过引导学生说出产生双解的原因，以及引导学生寻找提示射线间的位置关系是否确定的关键词，从而使学生学会审题。要求学生写出规范的几何推导过程，强化需要分类讨论的几何问题的基本书写格式，分类讨论之前要写清分类标准，分类讨论后要得出综上所述的结论。此外，还要向学生渗透分类讨论的数学思想。

问题 2　(2024 年牡丹江市中考 17 题变式)：已知 OC 平分 $\angle AOB$，OD 是 $\angle AOC$ 的三等分线，且 $\angle AOD=20°$，则 $\angle AOB=$ ________°。

追问　这道题产生两种情况的原因是什么？

师生活动：学生在黑板上画图并讲解。

设计意图：问题 2 是由于角的三等分线有两条，不确定 OD 是靠近边 OA 还是靠近边 OC，从而出现两种情况。问题多解的关键词是“三等分线”。

(三)延伸同类，确定思维策略

问题 3　已知 $\angle AOB=40°$，射线 OC 在 $\angle AOB$ 内部，$\angle COB=3\angle AOC$，$\angle AOD:\angle BOD=2:3$，求 $\angle COD=$ ________°。

师生活动：学生先独立思考，完成求解。再将前后桌四人分为一个小组，讨论如何分类，以及分成哪几种情况，组内选 1 到 2 位代表，展示本组的思路和结论。

设计意图：此题既有角的比例关系，又有角的倍分关系，射线 OC 的位置确定，射线 OD 的位置不确定。在解决这一问题时，学生需要准确判断需要对哪条射线的位置分类讨论。通过对复杂问题的解决，增强学生的逻辑思维能力和几何洞察力。在小组交流和汇报展示的过程中，培养学生积极参与数学活动，主动与他人合作交流的意识。

(四)课后应用，形成思维提升

1. 线段的计算问题与角的计算问题有着密切的联系，类比“与角有关的多解问题”，设计“与线段有关的多解问题”(要求：自拟题目，并完成求解，尽可能全面列举出各种不同的多解类型)。

2. 已知$\angle AOB=80°$，$\angle BOC=20°$，OM平分$\angle AOC$，ON平分$\angle BOC$。

(1)求$\angle MON$的度数；

(2)若$\angle AOB=\alpha$，其他条件不变，求$\angle MON$的度数；

(3)若$\angle BOC=\beta$(β为锐角)，其他条件不变，求$\angle MON$的度数。

三、教学评价

1. 思维型教学核心在于促进学生积极主动的思维活动。

创设情境引发学生的认知冲突，激发学生的学习动机和探究欲望。从最初的引例，到后续的各种变式，创设了具有挑战性的思维情境，打破学生的思维定式，激发学生主动探索的欲望。开放性问题，可以引发学生深度思考射线位置关系的不确定性，这种从确定到不确定的巧妙转变，恰似在学生的思维湖面投下一颗石子，激荡起层层思维的涟漪，让学生在鲜明的对比中深刻理解几何问题中产生多解的本质原因在于图形的位置关系的不确定。

2. 启发式教学引导学生思考，帮助学生发现知识。

提问应具有启发性、开放性和递进性，能够激发学生的认知冲突，引发学生积极思考，让学生深刻体悟到题目条件中的细微变化可能导致结果的显著变化，从而培养学生的审题能力和敏锐的思维洞察力。

3. 本教学设计力求多维度提升学生的思维能力。

依据思维的发散性原则，通过不断变化的题目条件和问题形式，营造多元思考的空间，培养学生的发散思维，使学生能够从不同的角度去思考问题，勇敢探索多种可能的情况，在解决问题的过程中有效锻炼学生全面思考问题的能力。这与思维型教学理论中强调的培养学生的创造性思维和解决问题的能力相契合。通过不断地归纳总结，帮助学生逐渐构建起科学的思维方法，从而提高解决问题的效率和准确性。这体现了思维型教学理论中对知识结构化和系统化的要求。

【课例 4】

数形结合思想在初中数学专题课中的应用

——“一次函数与等腰直角三角形”课例分析

一、问题背景

代数与几何的综合题是初中数学常见的题型。本专题将研究一次函数与几何问题,主要解决等腰直角三角形问题,很多问题的解决都依托于在这个问题当中抽象出的数学基本图形。此专题先研究“一线三直角”这个基本图形,掌握其图形特征,以及辅助线的构造方法和一般结论,从而使学生能在相对复杂的题目中辨认出基本图形,明确解题方法。一次函数与等腰直角三角形问题在中考试题中可以出现在选择题、填空题的最后一题,也可以出现在解答题的几何证明、综合题中,是一类使用频率高、综合性较强的题型。在平时的训练中,需要提升学生的模型思想,通过提炼问题中的基本图形,利用基本图形的性质特点来突破考题,在具体分析过程中,也要结合数形结合思想,如根据题干信息提炼图形的结构特点,然后结合图形,采用代数运算的方式探求深层信息,促进信息的融合、转化。

二、教学实录

(一)创设情境,发现思维起点

引例 (人教版《义务教育教科书(五四学制)·数学》七年级下册第 103 页第 9 题)如图 1,$\angle ACB=90°$,$AC=BC$,$AD\perp CE$,$BE\perp CE$,垂足分别为 D,E,$AD=2.5$ cm,$DE=1.7$ cm。求 BE 的长。

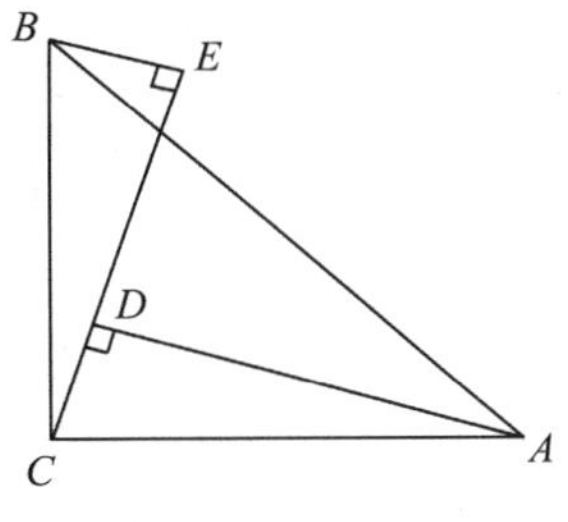

图 1

设计意图:构造“一线三直角”是解决此专题非常必要的方法,因此通过这道教材习题,复习“一线三直角”基本图形的相关知识。

（二）分析问题，寻找思维方向

几何画板展示一个等腰直角三角形 ABC 和一条经过直角顶点 B 的直线 l。

问题 1 请一名同学上黑板拖拽等腰直角三角形 ABC 的一个锐角顶点，感受在拖拽的过程中直线 l 和等腰直角三角形 ABC 有几种位置关系？

答：两种（如图 2，图 3）。直线穿过等腰直角三角形的内部，直线在等腰直角三角形的外部。（不考虑直线与直角边重合的情况）

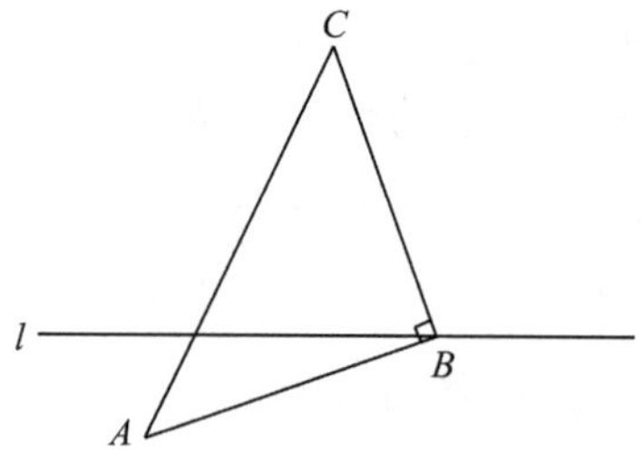

图2

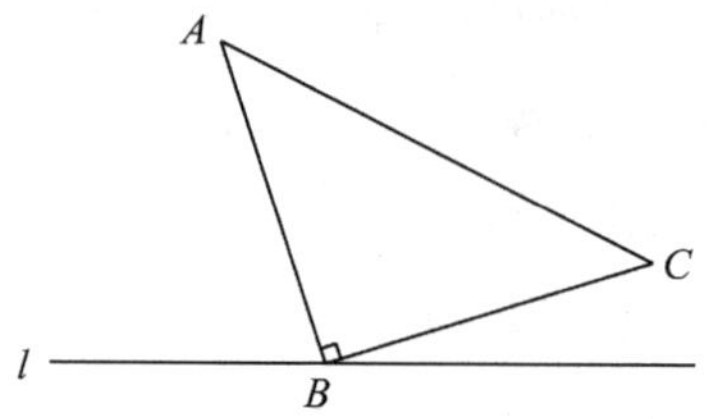

图3

问题 2 如图 4，在 $\triangle ABC$ 中，$\angle ABC=90°$，$AB=BC$，直线 l 是过点 B 的一条直线，过点 A 和点 C 分别作 $AD\perp l$，$CE\perp l$，垂足分别为点 D 和点 E。请你找出图中相等的线段。

$\mathrm{Rt}\triangle ABD\cong\mathrm{Rt}\triangle BCE$，$AB=BC$，$AD=BE$，$BD=CE$。

设计意图：通过此题学生得到启发，过等腰直角三角形的两个锐角顶点分别向经过直角顶点的直线作垂线，可以得到两个全等的直角三角形，进而可以实现线段转移等目的。

变式 如图 5，当直线 l 过等腰直角三角形 ABC 的内部时，请你根据题意画出相应的图形，并找出相等的线段。

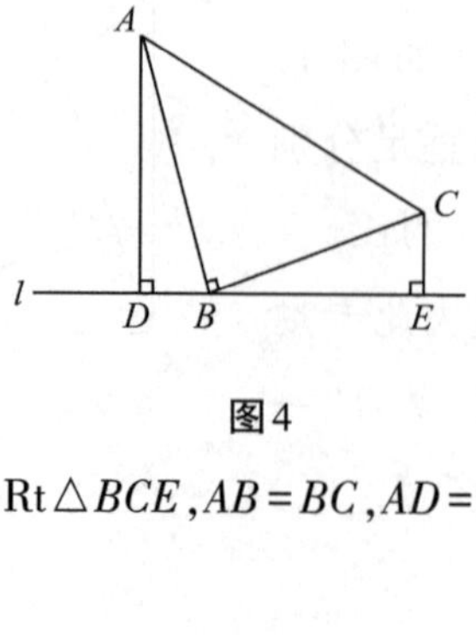

图4

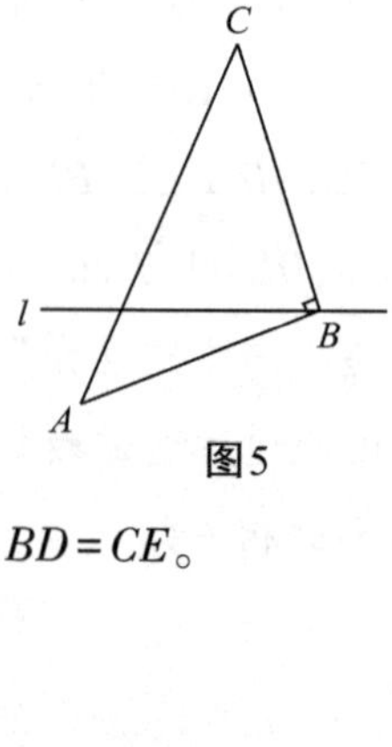

图5

$\mathrm{Rt}\triangle ABD\cong\mathrm{Rt}\triangle BCE$，$AB=BC$，$AD=BE$，$BD=CE$。

设计意图:当直线在三角形外部时,可以直接给出图形,学生通过类比可以作出当直线穿过三角形内部时的辅助线(如图6)。此时,图形中的全等的直角三角形不明显,学生需要仔细观察。

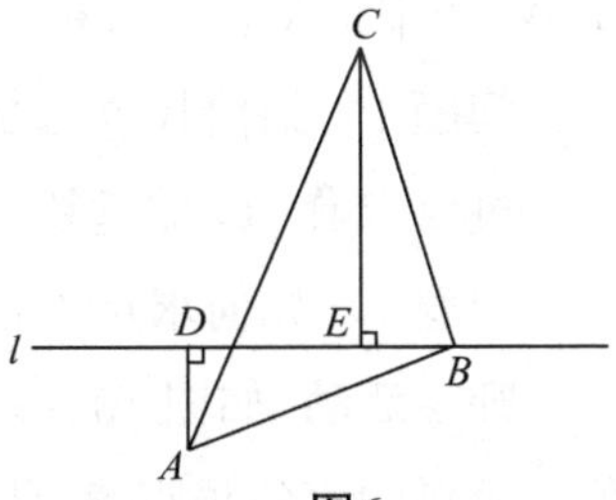

图6

问题3 观察图7和图8这两个基本图形的特征,思考对于这样的基本图形,如何构造辅助线,进而得到相关结论呢?

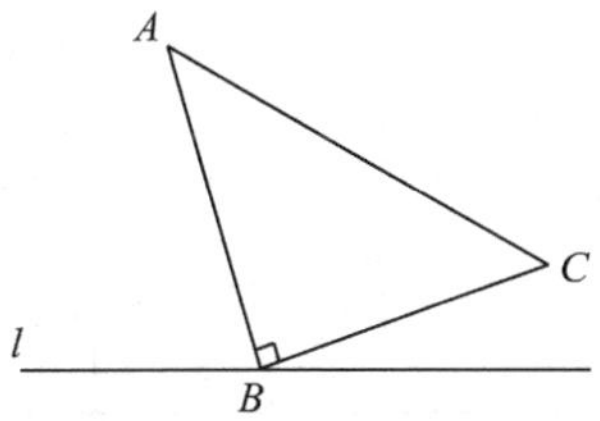

图7

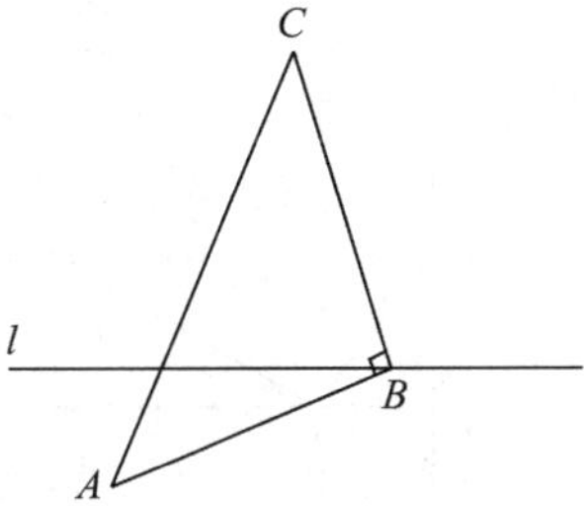

图8

师生活动:学生观察基本图形特征,可以由问题2得到启发,进而想到解决此类基本图形的方法。

图形特征:有一条直线经过等腰直角三角形的直角顶点。

辅助线构造方法:分别过等腰直角三角形的两个锐角顶点向直线作垂线,构造出一对全等的直角三角形。

设计意图:这两个基本图形很重要,在初中阶段也很常用,是解决此专题的基础。到此,基本图形复习完毕。

(三)延伸同类,确定思维策略

类型一 两定一动型

例1 如图9,在平面直角坐标系中,$\triangle ABC$是等腰直角三角形,其中点$A(0,3)$,$B(2,0)$。

(1)$\triangle ABC$是以点B为直角顶点的等腰直角三角形,求点C的坐标。

(2)若$\triangle ABC$为等腰直角三角形,点C

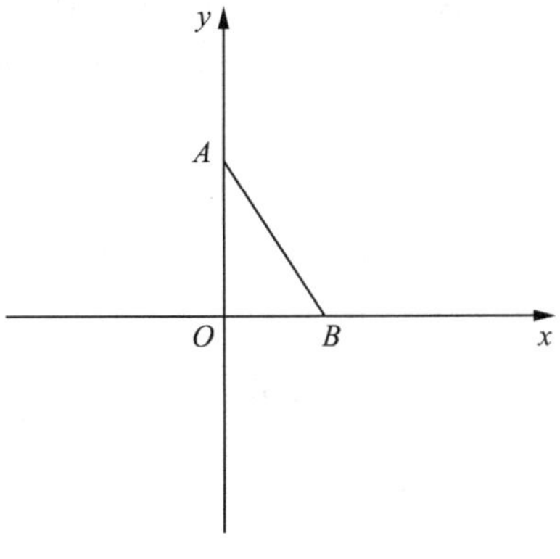

图9

在第一象限,求 C 点坐标。

问题 1　如何找点 C 的位置?

过点 B 作 BA 的垂线,在垂线上截取 $BC=BA$,因此 C 的位置有两种情况。

问题 2　如何求点 C 的坐标?

师生活动:如图 10,图 11,当点 C_1 在第一象限时,x 轴可以看作经过等腰直角三角形的直角顶点 B,且在三角形外部的一条直线,因此可以构造“一线三直角”模型,即过点 C_1 向 x 轴作垂线,构造三角形全等,进而实现线段转移,求出点 C_1 的坐标。

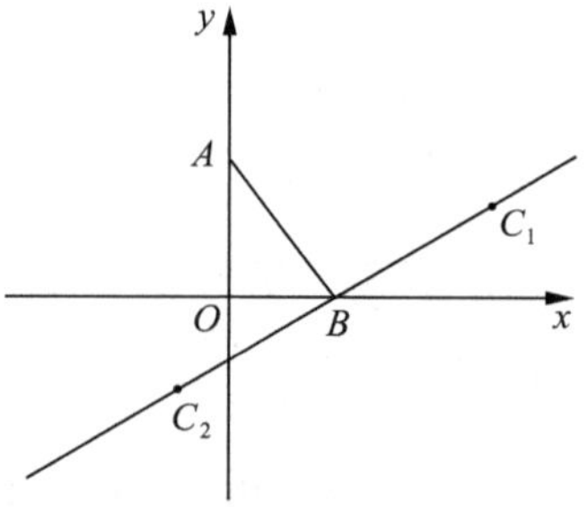

图10

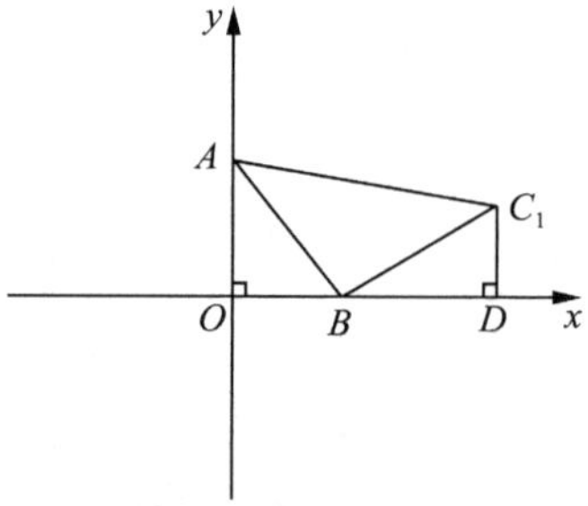

图11

如图 12,当点 C_2 在第三象限时,x 轴可以看作经过等腰直角三角形的直角顶点 B,且穿过三角形内部的一条直线,因此可以过点 C_2 向 x 轴作垂线,构造全等三角形,如图 13,求点 C_2 坐标。因为当直线在三角形外部时全等三角形比较明显,所以也可以过直角顶点 B 作一条直线 MN,为了方便解题,可以让这条直线垂直于 x 轴,再过等腰直角三角形的两个锐角顶点分别向直线 MN 作垂线,如图 14,构造“一线三直角”模型。

学生在黑板上书写步骤,老师带领同学们优化步骤。

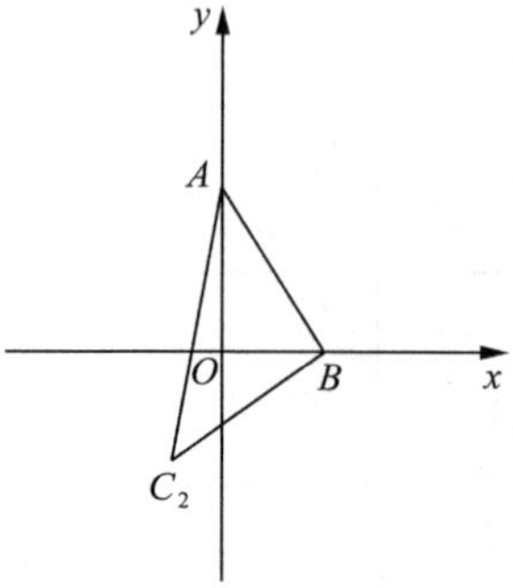

图12

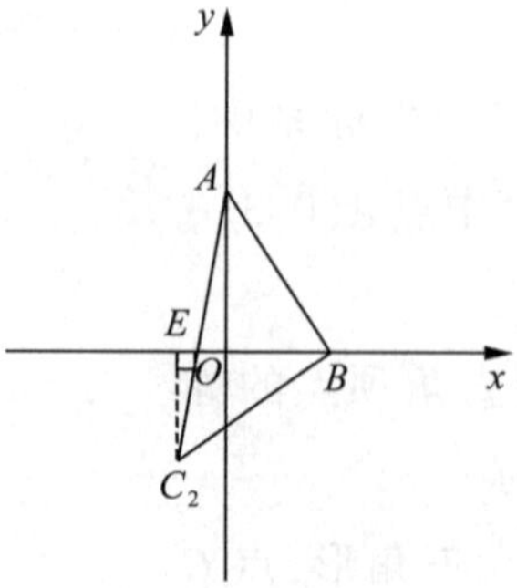

图13

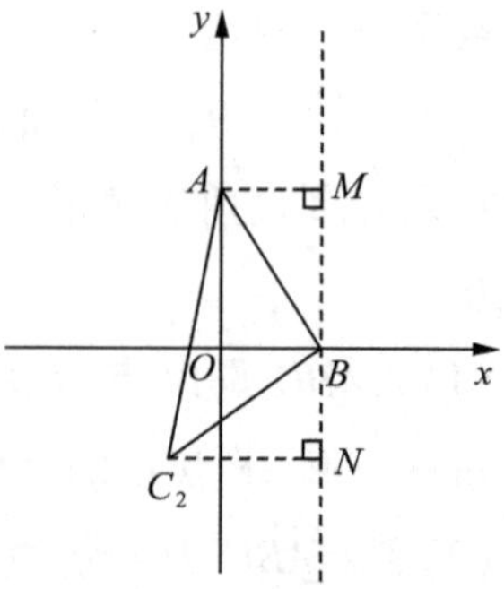

图14

教师总结:这道题的核心是将点坐标转化为线段长,通过三角形全等实现线段的转移,再由线段长转化为点的坐标,体现了转化和数形结合的思想。

设计意图:这道题已知等腰直角三角形的两个顶点,且以其中一个已知点为直角顶点,学生可以较为容易地找到第三个顶点的位置,抽象出基本图形,从而解决问题。

问题 3 (2)问和(1)问的区别?

追问 既然没指出哪个点是直角顶点,应如何讨论呢?

师生活动:分类讨论,分别以点 A,点 B,点 C 为直角顶点,确定点 C 的位置。如图 15,以点 A 为直角顶点的做法和第(1)问以点 B 为直角顶点的做法类似,过点 A 作 AB 的垂线,在第一象限的垂线上截取 $AC_3=AB$,即可确定点 C 的位置. 如图 16,以点 B 为直角顶点的做法同第(1)问。如图 17,以点 C 为直角顶点时,可以借助量角器或三角板找点 C_5 的位置,在第一象限分别作 $\angle BAM=\angle ABN=45°$,射线 AM 和射线 AN 交点即为点 C_5,也可以根据“等腰直角三角形斜边上的中线等于斜边的一半,且垂直于斜边”这条性质来确定点 C_5 的位置。找到点 C_5 的位置后,构造“一线三直角”基本图形求点 C_5 坐标。

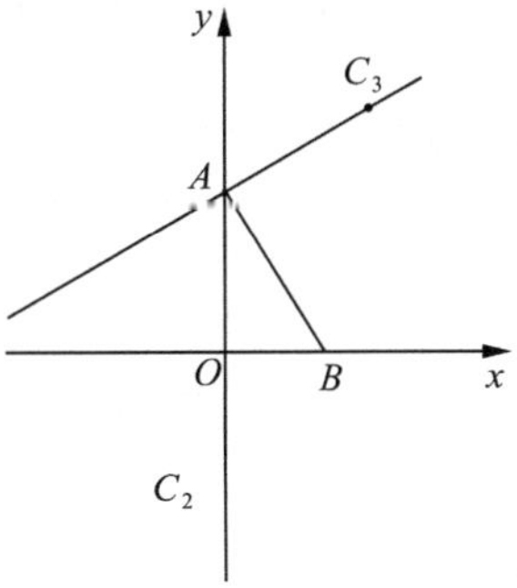

图15

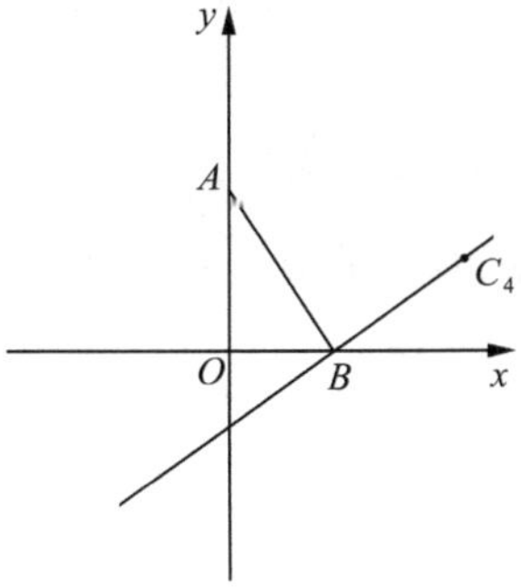

图16

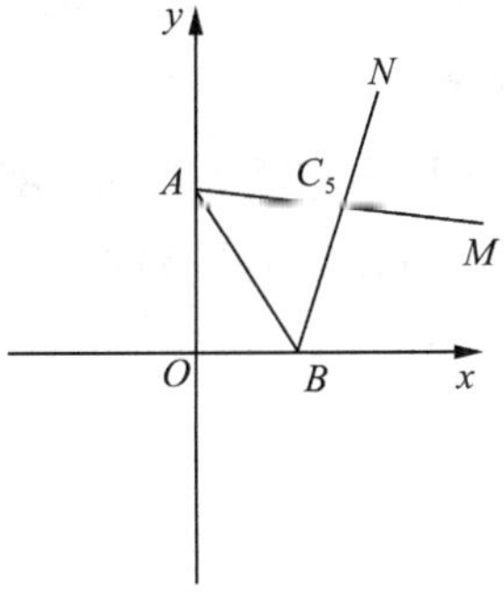

图17

设计意图:本题中等腰直角三角形的两个顶点是固定的点,一个顶点是动点。让学生学会解决此类问题的思路,根据不同的直角顶点分类讨论,画出图形,用构造“一线三直角”基本图形的方法求点坐标。

归纳小结:如图 18,点 $A(x_1,y_1)$,$B(x_2,y_2)$ 为坐标平面内两个定点,点 C 为坐标平面内的一点,若使 $\triangle ABC$ 为等腰直角三角形,满足条件的点 C 有几个?在图中画出。

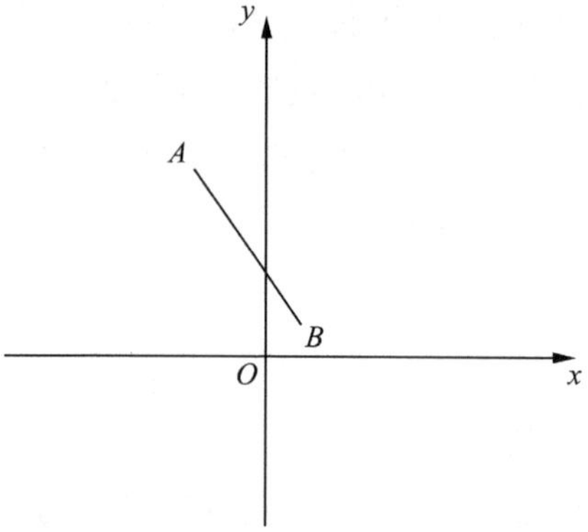

图18

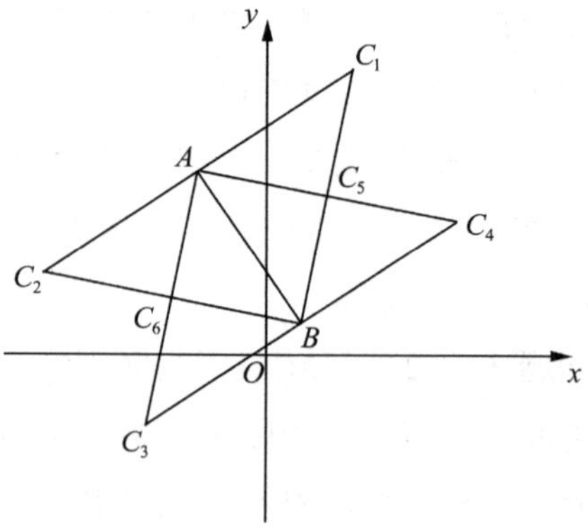

图19

师生活动:分类讨论,分别以 AB 为直角边和斜边作等腰直角三角形。参照问题 1,2,3 的作图方法,找出适合条件的 C 点,如图 19 所示,即为所有合适的等腰直角三角形。

设计意图:使学生学会全面系统地找等腰直角三角形“两定一动”类型中的动点。

类型二　一定两动型

例 2　如图 20,$A(0,3)$,$B(t,0)$,$t>0$,线段 AB 绕点 B 顺时针旋转 90°,得到线段 BC。

(1)请用含 t 的式子表示 C 点坐标。

(2)在(1)的条件下,若点 C 在直线 $y=3x-11$ 上,求 t 值。

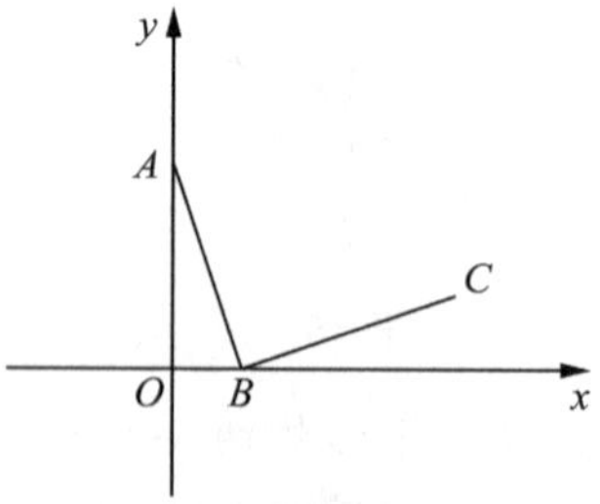

图20

问题 1　此题和第 1 题(1)问的区别和联系?

点 A 的坐标不变,点 B 变成了 x 轴正半轴上的动点,点 C 在第一象限。如图 21,过 C 向 x 轴作垂线 CD,构造全等三角形,求点 C' 坐标。

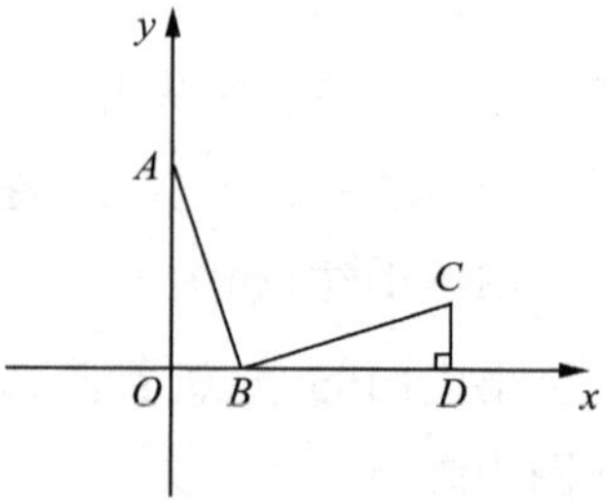

图21

师生活动:老师在几何画板上拖动点 B,使学生直观形象地感知动点 B 在移动的过程中,动点 C 位置的变化,当点 C 在直线 $y=3x-11$ 上时(见图 22)过点 C 作 $CD\perp x$ 轴于 D 点,构造全等三角形,求 C 点坐标(见图 23)。所求 C 点坐标符合条件。

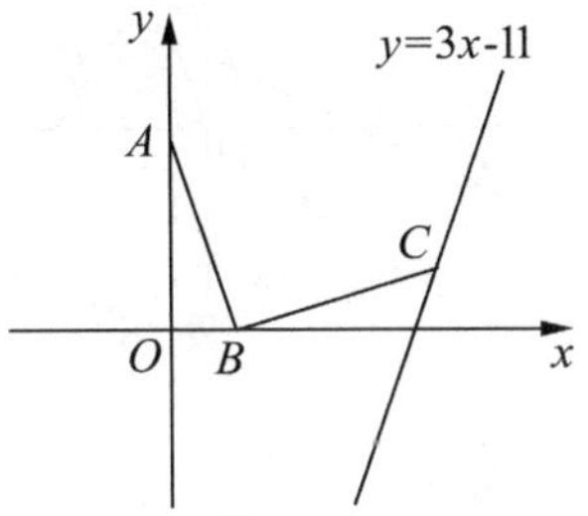

图22

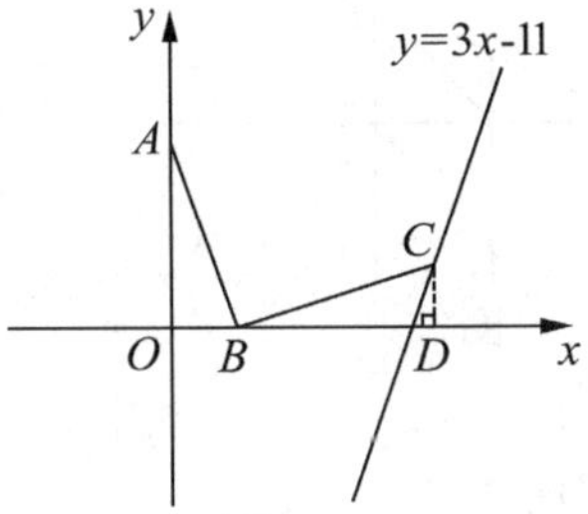

图23

追问 1　思考在没有几何画板的时候,该如何作图,快速确定动点的位置?

追问 2　点 C 在直线 $y=3x-11$ 上,说明什么?

追问 3　前面我们是用含 t 的式子表示出点 C 的坐标,再使点 C 的坐标满足解析式。同学们思考还有没有其他做法?

设计意图:本题属于两动一定类型,学生通过观看几何画板演示,已经直观形象地感知动点的变化过程。在没有几何画板的时候,学生可以借助等腰直角三角板,使三角板的直角顶点落在点 B 上,一条直角边经过点 A,关注另一条直角边与直线的交点,在变化过程中找等腰。

例 3　如图 24,点 P 是直线 $y=\frac{1}{2}x+1$ 上一点,点 Q 是直线 $y=-\frac{3}{2}x+3$ 上一点,问:当△OPQ 是等腰直角三角形时,求 P,Q 的坐标。

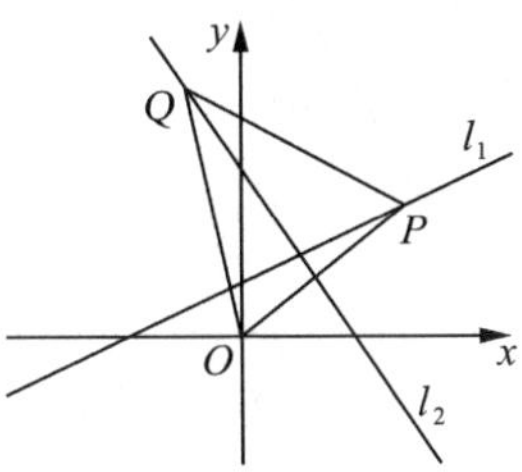

图 24

几何法:构造“一线三直角”型全等,先假设某个点所在角为直角,然后再利用等腰直角三角板在变化过程中找等腰。

①如图 25、图 26，$\angle P=90°$时，

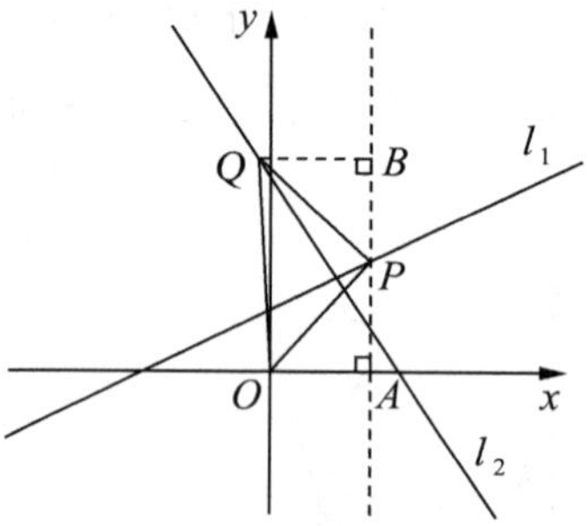

图25

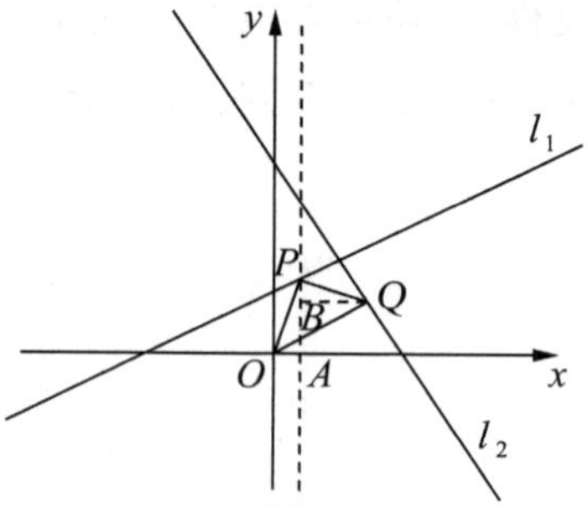

图26

$$\begin{cases} OA=BP \\ AP=BQ \end{cases} \Rightarrow \begin{cases} |x_A-x_O|=|y_B-y_P| \\ |y_A-y_P|=|x_B-x_Q| \end{cases}$$

②如图 27、图 28，当$\angle Q=90°$时，

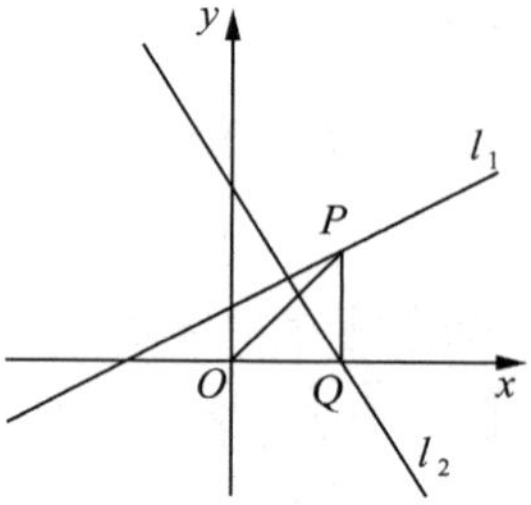

图27

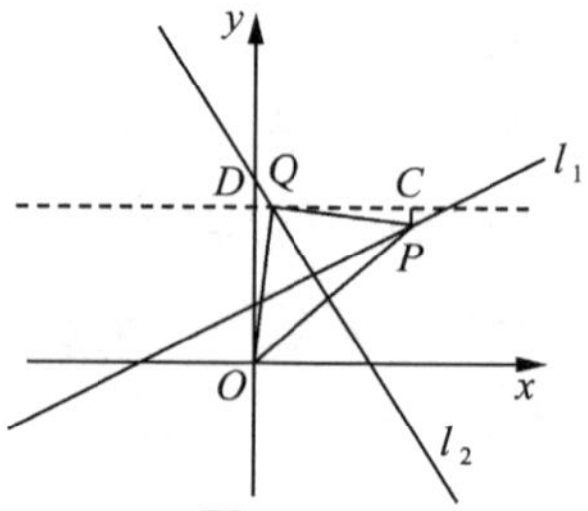

图28

$$\begin{cases} OD=CQ \\ DQ=CP \end{cases} \Rightarrow \begin{cases} |y_D-y_O|=|x_C-x_Q| \\ |x_D-x_Q|=|y_C-y_P| \end{cases}$$

③如图 29，当$\angle O=90°$时，

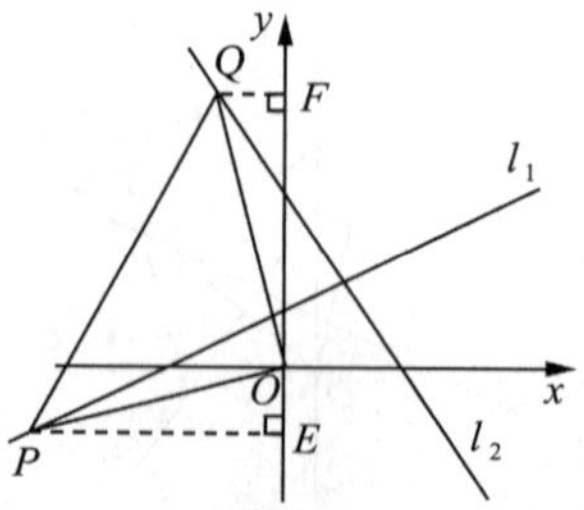

图29

$$\begin{cases} OE=FQ \\ EP=OF \end{cases} \Rightarrow \begin{cases} |y_E-y_O|=|x_F-x_Q| \\ |x_E-x_P|=|y_O-y_F| \end{cases}$$

代数法：边相等+勾股定理

设 O 的坐标为(x_O,y_O),P 的坐标为(x_P,y_P),Q 的坐标为(x_Q,y_Q),

当$\angle P=90°$时,

$$\begin{cases}PO^2=PQ^2\\PO^2+PQ^2=OQ^2\end{cases}\Rightarrow$$

$$\begin{cases}(x_O-x_P)^2+(y_O-y_P)^2=(x_Q-x_P)^2+(y_Q-y_P)^2\\(x_O-x_p)^2+(y_O-y_P)^2+(x_Q-x_P)^2+(y_Q-y_P)^2=(x_O-x_Q)^2+(y_O-y_Q)^2\end{cases};$$

当$\angle Q=90°$时,

$$\begin{cases}OQ^2=PQ^2\\OQ^2+PQ^2=OP^2\end{cases}\Rightarrow$$

$$\begin{cases}(x_O-x_Q)^2+(y_O-y_Q)^2=(x_Q-x_P)^2+(y_Q-y_P)^2\\(x_O-x_Q)^2+(y_O-y_Q)^2+(x_Q-x_P)^2+(y_Q-y_P)^2=(x_O-x_P)^2+(y_O-y_P)^2\end{cases};$$

当$\angle O=90°$时,

$$\begin{cases}OP^2=OQ^2\\OP^2+OQ^2=PQ^2\end{cases}\Rightarrow$$

$$\begin{cases}(x_O-x_P)^2+(y_O-y_P)^2=(x_Q-x_O)^2+(y_Q-y_O)^2\\(x_O-x_P)^2+(y_O-y_P)^2+(x_Q-x_O)^2+(y_Q-y_O)^2=(x_Q-x_P)^2+(y_Q-y_P)^2\end{cases}。$$

设计意图:此题是稍复杂的“一定两动”类型的题,而且没有限定哪个角为直角。所以学生要先分类,假设某个点所在角为直角,然后借助等腰直角三角板在变化过程中找等腰。同时通过这道题向学生渗透代数法,使学生体会到无论几何法还是代数法都应当构造“一线三直角”全等。

(四)课后应用,形成思维提升

1.(2024 年齐齐哈尔)综合与实践:如图 30,这个图案是 3 世纪我国汉代的赵爽在注解《周髀算经》时给出的,人们称它为“赵爽弦图”,受这幅图的启发,数学兴趣小组建立了“一线三直角模型”。如图 31,在$\triangle ABC$中,将线段 BC 绕点 B 顺时针旋转 90°得到线段 BD,作 $DE\perp AB$ 交 AB 的延长线于点 E。

(1)**【观察感知】**

如图 31,通过观察,线段 AB 与 DE 的数量关系是________;

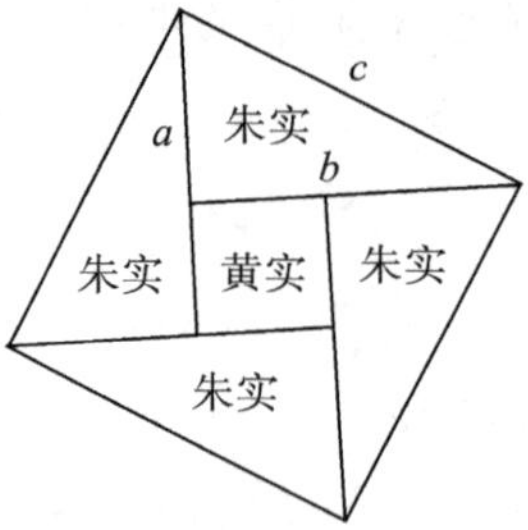

图30

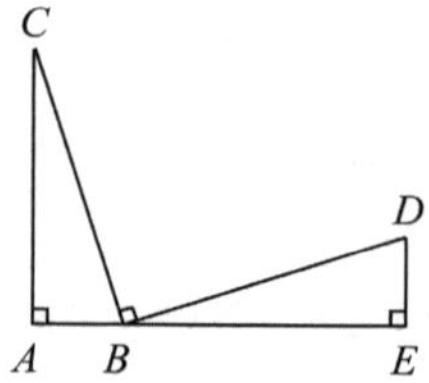

图31

(2)【问题解决】

如图32，连接 CD 并延长交 AB 的延长线于点 F，若 $AB=2$，$AC=6$，求 $\triangle BDF$ 的面积；

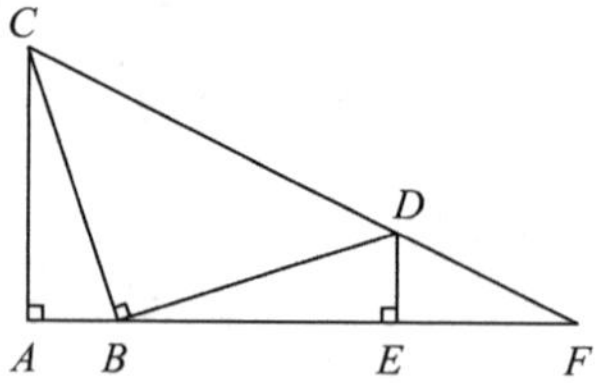

图32

(3)【类比迁移】

在(2)的条件下，连接 CE 交 BD 于点 N，则 $\dfrac{BN}{BC}=$________；

(4)【拓展延伸】

在(2)的条件下，在直线 AB 上找点 P，使 $\tan\angle BCP=\dfrac{2}{3}$，请直接写出线段 AP 的长度。

2.（2024年山东省烟台）如图33，正比例函数 $y=x$ 与反比例函数 $y=\dfrac{k}{x}$ 的图像交于点 $A(\sqrt{6},a)$，将正比例函数图像向下平移 n $(n>0)$ 个单位后，与反比例函数图像在第一、三象限交于点 B，C，与 x 轴，y 轴交于点 D，E，且满足 $BE:CE=3:2$。过点 B 作 $BF\perp x$ 轴，垂足为点 F，G 为 x 轴上一点，直线 BC 与

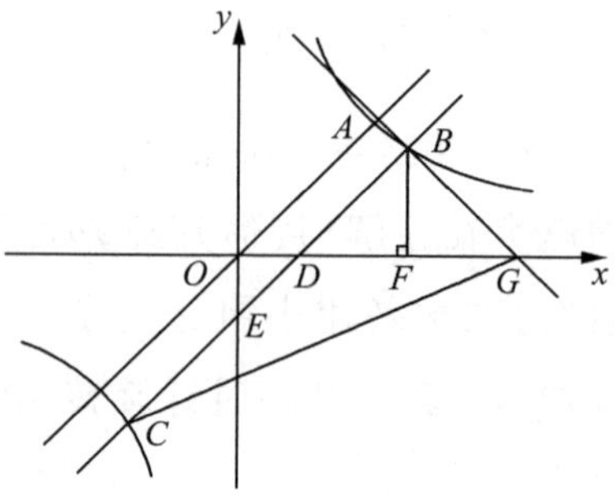

图33

BG 关于直线 BF 成轴对称，连接 CG。

(1)求反比例函数的表达式；

(2)求 n 的值及$\triangle BCG$ 的面积。

三、教学评价

数形结合作为一种重要的数学思想，在教学中可以有效提升学生的思维能力和解决问题的能力。通过此专题，教师可以培养学生从复杂的几何图形中抽象出基本图形的能力，帮助他们掌握基本图形的特征、条件、方法和结论，从而更好地应对中考。以下是对这一专题设计的解读和思考。

1. 问题驱动，激发数学思维动机

本专题采用“问题串”的形式，将多个相关的问题串联起来，逐步引导学生进行深入思考。这种方法帮助学生从简单到复杂、从具体到抽象地掌握知识点。每个问题都是对前一个问题的扩展和深化，这样的问题驱动策略不仅能激发学生的学习兴趣，还能激发他们的思维动机，使他们更主动地参与到学习中来。

2. 知识建构，关联数学思维结构

在学生对等腰直角三角形及一次函数有初步了解后，教师引导他们探讨这两者之间的关系。通过数形结合的方式，让学生明白一次函数的图像(直线)与等腰直角三角形的位置之间的关系。教师可以通过几何画板展示变化过程，使学生在这个过程中逐渐建立起几何与代数之间的联系。此时，学生不再是被动接受知识，而是在主动构建自己的数学思维框架，理解两者之间的内在联系。

3. 深度学习，助推数学思维生长

实现深度学习的关键在于引导学生进行自主探索。在这个专题课中，对于难度稍大的题目，教师可以设置探究任务。比如对于“两动一定”类型的题目，学生需要借助三角板，在变化的过程中找等腰。通过动手操作，学生在不断尝试和修正的过程中，锻炼了他们的观察和分析问题的能力。此外，教师可以组织小组讨论，鼓励学生分享自己的发现与疑惑，进一步促进学生合作学习，提升他们的沟通与表达能力。

4. 反思总结，提升数学素养

在课程结束后，教师应引导学生进行反思与总结，引导他们回顾在学习过程中的思维路径,分析问题的解决策略以及其中的数学思想。这样,通过对学习过程的审视,学生不仅能巩固所学知识,还能形成良好的学习习惯和科学的思维方式,为日后的学习打下坚实的基础。

【课例 5】

积累活动经验　培育核心素养

——"锐角三角函数 数学活动"课例分析

一、问题背景

本节课是初中教学第二十八章锐角三角函数数学活动——活动 2 利用测角仪测量塔高。一般认为,数学活动课是教师引导学生运用所学的数学知识,通过实验、动手操作、推理、计算等一系列活动来解决在生活中常见的数学问题,通过体验式的学习,感悟数学知识,发展数学思维,增强应用意识,形成数学能力,从而提高数学素养。

锐角三角函数是初中数学的关键概念。在初中阶段,学生通过学习正弦、余弦和正切等函数来理解直角三角形的边、角关系。这些知识在高中会扩展至任意角的三角函数,并产生相关定理。此外,锐角三角函数是解决实际问题(如测量和设计)的有力工具,并在日常生活中如建筑设计和机械构造等领域广泛应用。学习锐角三角函数还有助于锻炼学生的逻辑思维和问题解决能力,同时还能初步培养他们的数学建模能力。总体而言,锐角三角函数对初中数学教育至关重要,它不仅连接了初高中数学知识,还可以帮助学生培养多方面的技能和兴趣。

二、教学实录

(一)创设情境,发现思维起点

引例　第二十八章 锐角三角形函数 数学活动 活动 2 利用测角仪测量塔高。

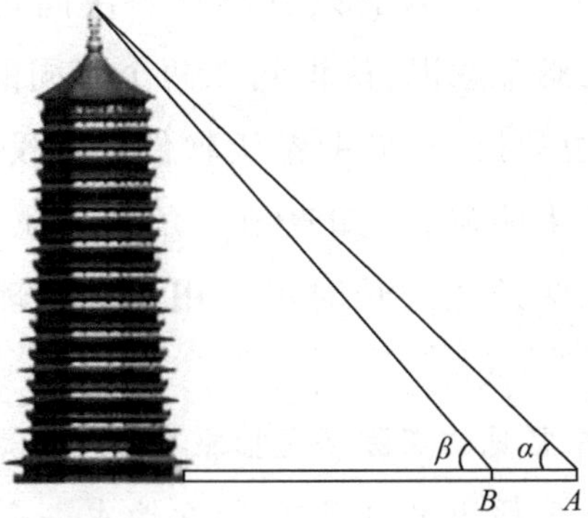

(1)在塔前的平地上选择一点 A,用活动 1 中制作的测角仪测出你看塔顶的仰角 α;

(2)在 A 点和塔之间选择一点 B,测出你由 B 点看塔顶的仰角 β;

(3)量出 A,B 两点间的距离;

(4)计算塔的高度。

设计意图:数学活动不仅是传授和巩固数学知识的有效途径,更是激发学生对数学学习热情与兴趣的关键所在。通过富有创意的数学活动设计,可以极大地激发学生学习数学的兴趣,提升学生的学习动力和参与度,进而实现教学效果的最大化。

(二)分析问题,寻找思维方向

师:解决此类问题我们应该怎么做?你能把这个实际问题抽象或几何图形吗?

问题　如图,塔 MN 垂直于地面 l,在同一平面内的直线 l 上,N 点同侧有两点 A,B,$\angle MAN=\alpha$,$\angle MBN=\beta(\beta>\alpha)$,若 A,B 间的距离是 S,求塔的高度(用含 α,β,S 的式子表示)。

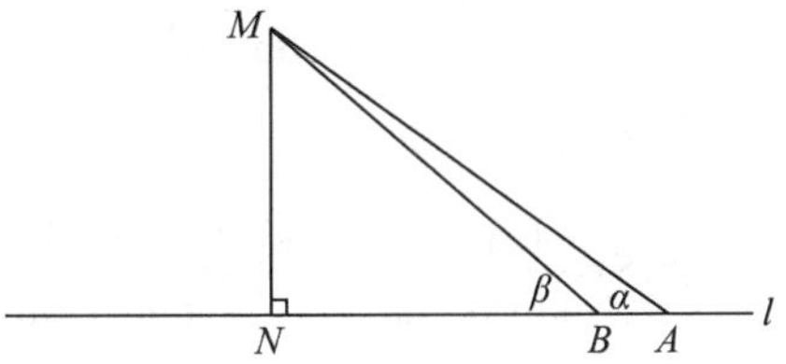

追问 1　你能用 β 的三角函数值表示 $\triangle BMN$ 各边的长吗?

追问 2　同理,你能用 α 的三角函数值表示 $\triangle AMN$ 各边的长吗?

追问 3　根据我们所得出的结论,你认为若要求直角三角形的任意一边,我们至少应知道哪些条件?

师生活动:学生动手作几何图形,并尝试解决问题,教师引导其从三角函数的定义出发,强化概念意识,认识到在两个不同的直角三角形中,锐角的三角函数可以表示边的长,并借助希沃软件同步投影学生的作图过程和结果,通过提问引导学生明确,已知直角三角形一锐角和任意一边时可运用三角函数,已知任意两条边的长时可运用勾股定理,即可求直角三角形其他边的长。

设计意图:把生活中常见的实际问题抽象成数学问题,还原问题的本质,引导学生将求两个直角三角形的边的问题,转化为求一个直角三角形的边的问题,将多元转化为一元,体现转化思想,为后续求解非特殊角的三角形边长做好铺垫。

追问4　你认为△BMN和△AMN除了AB和BN之间的长度差为S之外,它们还有什么联系?

追问5　你认为上述结论中哪个与MN,BN,AN有关系?

学生根据以往的活动经验,在分别由两个直角三角形推出的三角函数关系式中进行筛选,选择有需要的三角函数关系式:①$\tan\beta=\frac{MN}{BN}$,②$\tan\alpha=\frac{MN}{AN}$,③$AN-BN=S$。

追问6　你能用含α,β,S的式子来表示MN吗?

学生解答:$\because \tan\beta=\frac{MN}{BN}$, $\tan\alpha=\frac{MN}{AN}$,

$\therefore AN=\frac{MN}{\tan\alpha}$,$BN=\frac{MN}{\tan\beta}$。

$\because AN-BN=S$,

$\therefore S=\frac{MN}{\tan\alpha}-\frac{MN}{\tan\beta}=\frac{MN\tan\beta-MN\tan\alpha}{\tan\alpha\tan\beta}$,

$\therefore MN=\frac{\tan\alpha\tan\beta}{\tan\beta-\tan\alpha}S$。

所以塔的高度$MN=\frac{\tan\alpha\tan\beta}{\tan\beta-\tan\alpha}S$。

学生意识到要用含α,β,S的式子来表示MN,就应将三角函数的关系式的比例式形式变形为表示线段长的形式，进而运用已知条件中的线段差问题进行代换、化简，进而得出塔高 MN。教师引导学生在图形中，将 MN 的实际意义转化为点线之间距离，即垂线段的长，我们可以利用三角函数来求空间中任意垂线段的长。

设计意图：从问题出发，引导学生通过亲身体验数学原理，构建数学模型，合理地利用三角函数解决实际问题，建立解直角三角形的体系，通过合作交流，培养学生用数学的语言来表达现实世界的素养，通过演绎推理，提高学生的演绎推理和运算能力，让学生在实际操作中感悟数学的魅力和实用性，培养创新意识。

（三）延伸同类，确定思维策略

学生提出：既然能求出 MN 的长，MN 为两个三角形的公共边，那么能不能利用 MN 的长和 α 和 β，求出这两个直角三角形其他边的长呢？

变式 1　塔 MN 垂直于地面 l（如图），在同一平面内的直线 l 上，N 点同侧有两点 A,B，$\angle MAN=\alpha$，$\angle MBN=\beta(\beta>\alpha)$，若 A,B 间的距离是 S，你还可以求出哪些线段的长？（用含 α,β,S 的式子表示）

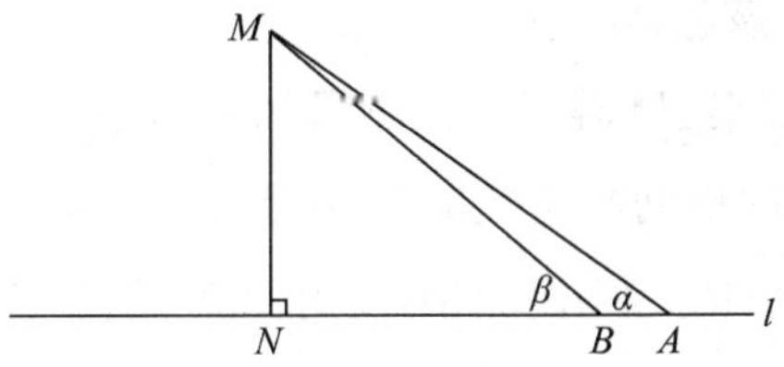

师生活动：小组合作交流，展示在已求过 MN 的基础之上，如何求出图形中的其他线段的长。教师借助希沃软件同步投影学生的作图过程和结果，通过提问，引导学生将两个三角形分开，分别求它们的边长。

设计意图：用开放、探究的学习方式引导学生将求直角三角形中直角边的长或求垂线段的长（最短距离问题）发展为求直角三角形中任意边的长的问题，培养学生质疑、批判的批判性思维，而围绕着对问题猜想的证明、运算、求解，使问题探究不断深化，强化目标意识，注重学生的思维发展和延伸，形成学科素养。

【综合实践】根据以上的学习，借助米尺和我们制作过的测角仪，可以如何测量塔高?

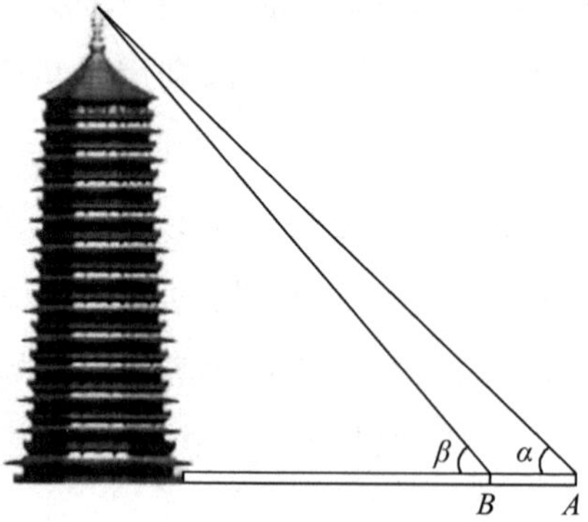

学生提出方案:(方案一)可以测量一边 BN 和仰角 β,构造直角三角形 BMN,利用三角函数求 MN 的长。

(方案二)可以测量一边 BM 和仰角 β,构造直角三角形 BMN,利用三角函数求 MN 的长。

追问 1　你认为在实际操作过程中,容易测量 BM 和 BN 的长吗?会遇到什么困难?

学生提出方案:数据过大或塔前有障碍物,使得测量很难实现。

追问 2　那我们应该怎么办?

学生提出方案:(方案三)避开直接测量 MN,在测量出仰角 β 的基础上,向前或向后移动 S 米,再次借助测角仪测量移动后的仰角 α,抽象出几何图形,建立直角三角形 BMN 和 AMN,利用三角函数求 MN 的长,

$$MN=\frac{\tan\alpha\tan\beta}{\tan\beta-\tan\alpha}S(\beta>\alpha)\text{ 或 }MN=\frac{\tan\alpha\tan\beta}{\tan\alpha-\tan\beta}S(\alpha>\beta)。$$

设计意图:将数学知识与实际问题联系起来,让学生体会到学习的数学知识来源于生活而又服务于生活,学以致用,体会数学的价值。

教师提出:如果受条件限制,另外一个仰角需在塔的对面与 A 地距离 S 米的 B 地进行测量,你该如何进行计算?

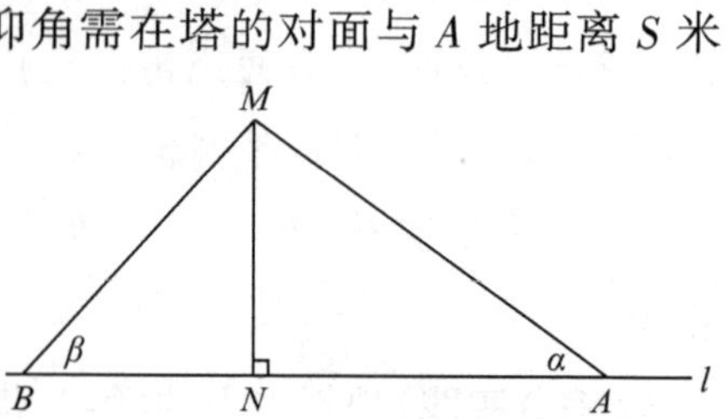

变式 2　塔 MN 垂直于地面 l(如图),在同一平面内的直线 l 上,N 点两侧有两点 A,B,$\angle MAN=\alpha$,$\angle MBN=\beta(\beta>\alpha)$,若 A,B

间的距离是 S，你能求出塔高 MN 吗？除了求 MN 的长，你还可求出哪些线段的长？(用含 α,β,S 的式子表示)

师生活动：在之前学习的基础之上，把 A,B 两点放到 MN 的两侧，通过已知 AB 的距离，并利用三角函数和线段的和差关系，求 MN 的长。学生表示：还可以求 BN,AN,BM,AM 的长。

设计意图：通过对图形的再利用和再剖析，能够使得学生对三角函数进一步理解，设置具有层次性的思考问题，激励学生运用已有知识分析问题，培养他们的逻辑思维和问题解决能力。

(四)构建体系，获得思维反思

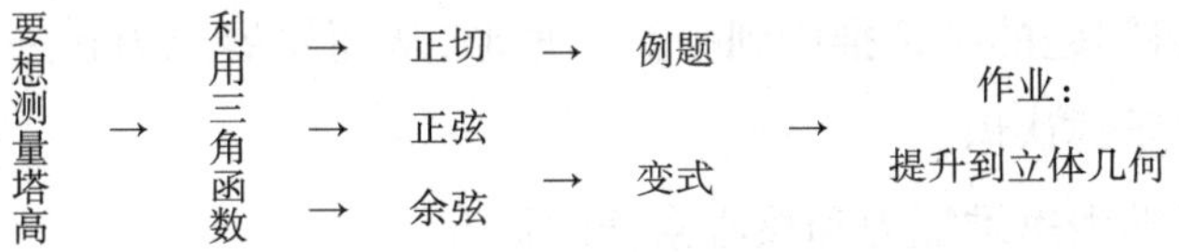

(五)课后应用，形成思维提升

作业 1　塔 MN 垂直于地面 l（如图），如果 A,B,N 不在同一条直线上，在地面上成 90° 即 $\angle ANB=90°$，若 $\angle MAN=\alpha$，$\angle MBN=\beta(\beta>\alpha)$，$A,B$ 间的距离是 S，那么我们还能求出塔高 MN 吗？(用 α,β,S 表示)

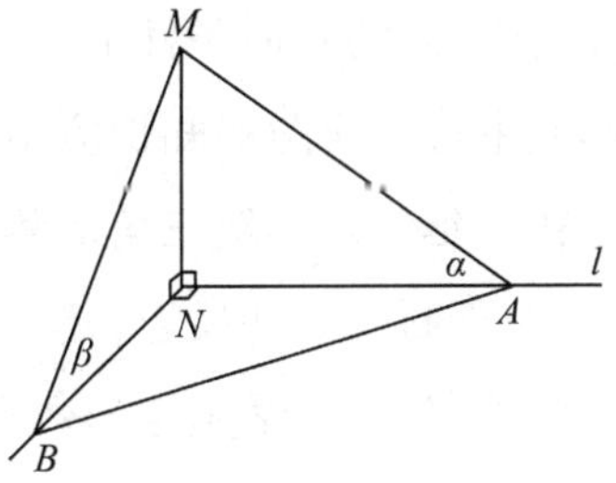

作业 2　塔 MN 垂直于地面 l（如图），在同一平面内的直线 l 上，N 点同侧有两点 A,B，$\angle MAN=30°$，$\angle MBN=37°$，若 A,B 间的距离是 2，你可以求出线段 AM 和 BM 的长吗？($\tan 37°=0.75$，$\sin 37°=0.6$，$\cos 37°=0.8$)

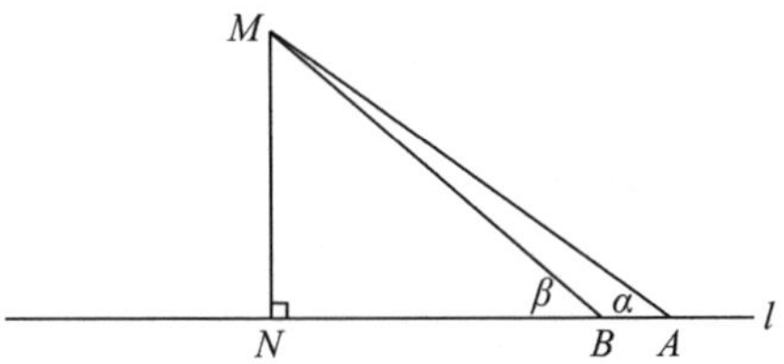

三、教学评价

1. 注重对学生思维方式和解题能力的培养

一般地，平面几何分为直观几何、实验几何和论证几何三个阶段，直观几何和实验几何特别关注学生的几何活动经验和积累，以及几何直观的发展，在培养人的直觉思维和创造思维方面起着重要作用。直观几何、实验几何是学习推理论证的必要前提，具有论证几何无法取代的教育作用和价值。

然而，在几何教学中，不少教师忽视了直观几何和实验几何的价值，直接运用论证几何进行教学，这不利于学生几何思维水平的发展。本课例让学生动手，从应用出发，在已有测角仪的基础上测量塔高，通过实验测量、数据运算、几何模型建立，将问题的结论推广到一般三角形，从而发展成为解三角形的研究，加深对数学本质的认识。

2. 突出对学生思维能力和核心素养的提升

例题展示如何用三角函数来表示塔高，随后通过变式练习加深理解。变式1是在原有认知结论的基础上，可以求三角形任意边的长；变式2改变测量条件，在不同的几何条件下，求任意三角形的边长。而为了进一步提升学生能力，作业中将平面图形知识应用于立体图形线段的计算，同时将解直角三角形的问题转化延伸到解斜三角形和非特殊角的三角函数值上，让学生在解决问题的过程中，不断质疑和反思，建立模型，形成经验，将学生的思维和对知识的理解引向更深层次，向学生渗透数学结合思想和由特殊到一般又到特殊的数学思想。

【课例6】

经历模型生成，助力思维提升

——"'十字架'模型"课例分析

一、问题背景

《义务教育数学新课程标准(2022年版)》指出，针对"图形与几何领域"，应关注对学生几何直观的培养，初中阶段图形与几何的领域包括“图形的性质”“图形的变化”和“图形与坐标”三个主题。在小学阶段，主要侧重学生对图形认识、图形性质，以及图形变化与度量的感知。到了初中阶段，主要侧重学生对图形概念的理解，以及对基于概念的图形性质、关系、变化规律的理解，要培养学生初步的抽象能力、更加理性的几何直观和空间想象力，学生还将第一次经历几何证明的过程，加强对图形的直观感知，在过程中感受图形的生成，形成模型意识、应用意识及创新意识。学生在问题的引导下经历模型的完整生成，通过实验探究、直观发现、推理论证来研究图形，再在用几何直观理解几何基本事实的基础上，从基本事实出发，推导图形的几何性质和定理。同时，在知识生长处有效训练，既能够发展学生的数学能力，又能够高质量地提升学生的数学思维，在这样的学习过程中，有助于学生在空间观念的基础上进一步建立几何直观，提升抽象能力和推理能力，在自然生长课堂中落实数学素养。

二、教学实录

(一)创设情境，发现思维起点

引例 (人教版教材八年级下册 68 页 8 题)如图 1，$ABCD$ 是一个正方形花园，E，F 是它的两个门，且 $DE=CF$，要修建两条路 BE 和 AF，这两条路等长吗？它们有什么位置关系？为什么？

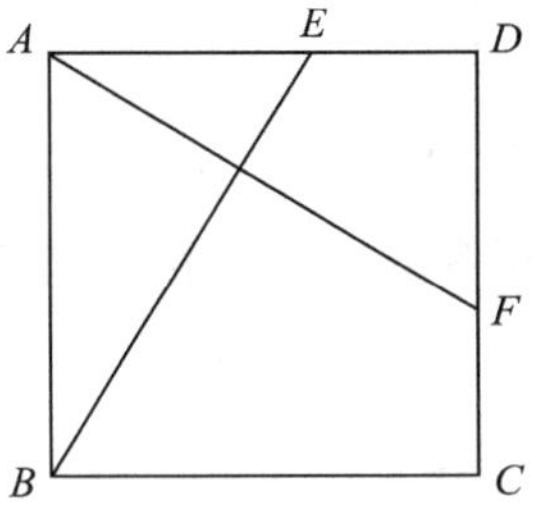

图 1

设计意图：教材习题蕴含基本的解题方法，立足基本图形，让学生亲身经历图形的生成，组织学生经历图形观察与比较的过程，引导学生学会关注事物的共性，分辨事物的差异，形成合适的类，并且会用准确的语言描述研究对象的概念，提升抽象能力，会用数学的眼光观察现实世界。

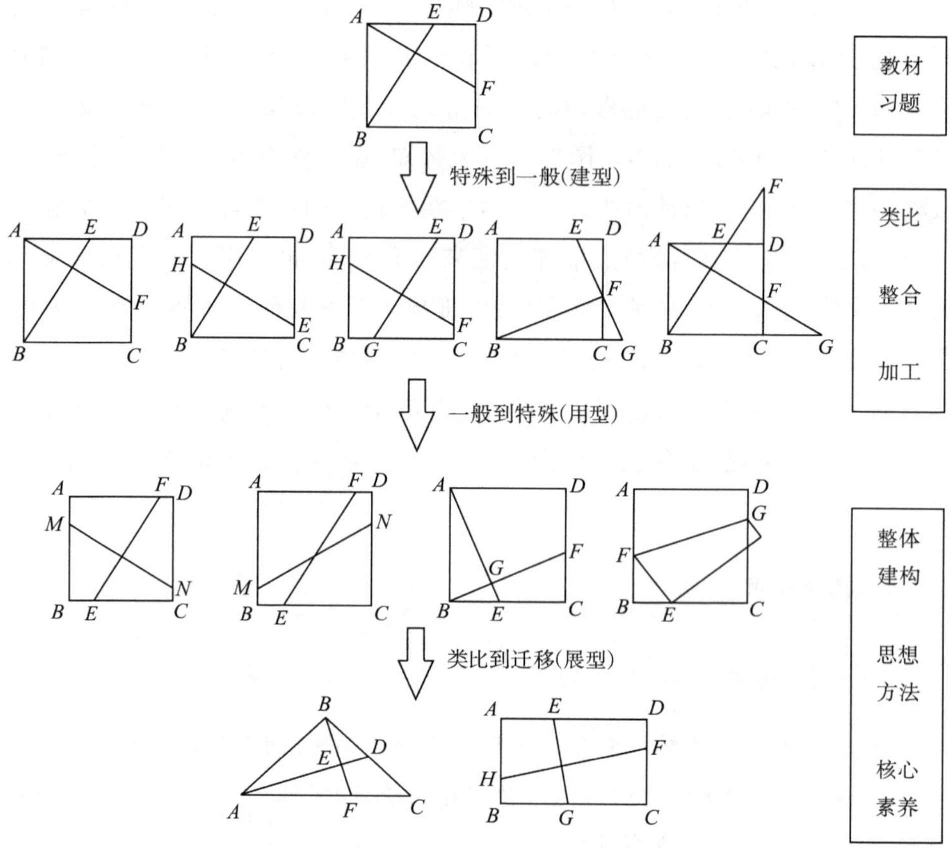

（二）分析问题，寻找思维方向

问题1 如图2，在正方形 $ABCD$ 中，E 为 AD 上一点，F 为 CD 上一点，且 $BE\perp FH$，你发现图中有哪些相等的线段？相等的角？

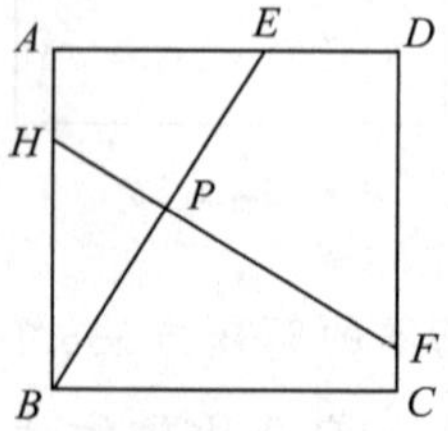

图2

追问 1　你是怎么发现的?

追问 2　怎样验证你猜想的结论是正确的?

师生活动:初步进行直观感知,猜想结果,进行验证。学生 1 用度量方法,学生 2 作平行线,学生 3 平移,学生 4 作垂线。通过简单几何图形的演练(如图 3,图 4 所示),引导学生观察并思考图形的特点。

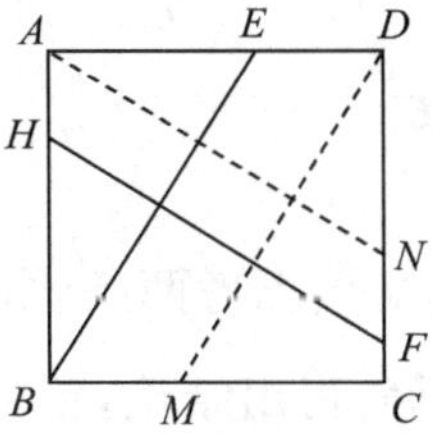

图3

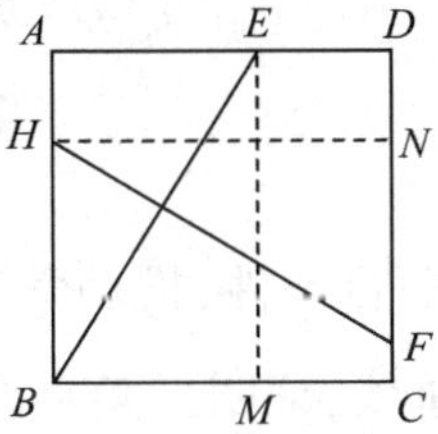

图4

设计意图:给出简单的“十字架”模型,研究其基本特征和相关性质,体会验证手段的多样性,促进学生对基本概念、基本原理的理解。经历几何命题发现和证明的过程,感悟归纳推理过程和演绎推理过程的传递性,增强推理能力,会用数学的思维思考现实世界。

问题 2　如图 5,正方形 $ABCD$ 中, E,F,G,H 分别为 AD,CD,BC,AB 边上的点,且 $GE\perp FH$,GE 与 HF 之间有什么数量关系?请说明理由。

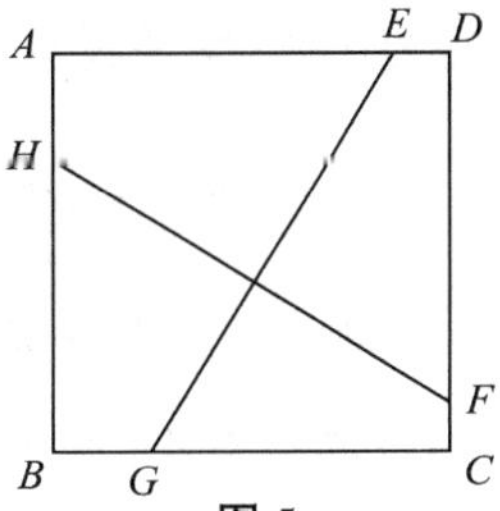

图 5

追问 1　两边均不过顶点,结论是否发生变化?

追问 2　交换题目中的条件和结论,是否依然成立?

师生活动:有的学生回答相等,有的学生回答不一定相等,并板演画出反例。学生归纳总结:正方形中的两条相交线段,垂直一定相等,但相等不一定垂直。

设计意图:让学生亲身经历图形的生成,思考构图过程,培养几何直观,在探究中积累学习经验,提取基本图形,在教学过程中,让学生们去感悟知识,形成思维,发展核心素养。

追问 3　继续变换“十字架”模型线段的位置(图 6),结论是否依然成立?

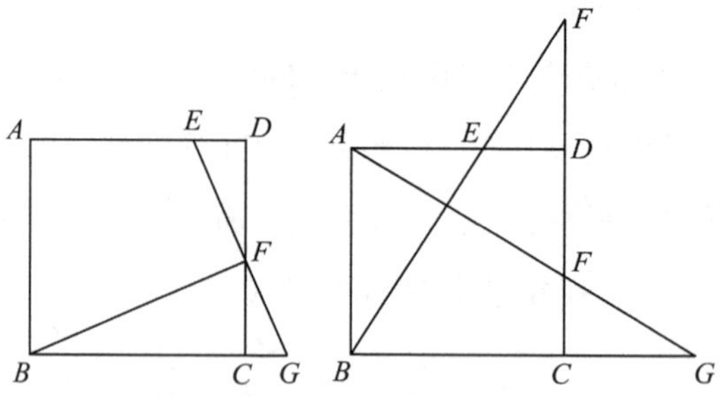

图 6

师生活动:变换题目条件,推动学生继续思考两条线段的位置关系和数量关系,考虑平移或作垂线,证明三角形全等,得出结论:正方形中的“十字架”模型,若垂直,则相等;若相等,则可能垂直,经历知识的生成过程。

设计意图:引导学生观察、比较、分析图形的条件、结论,归纳总结“十字架”模型。让学生看到各种习题的由来,破除对知识认知的神秘感和恐惧感。学生经历针对图形性质、关系、变化确立几何命题的过程。体会数学命题中条件和结论的表述,感悟数学表达的准确性和严谨性,会借助图形分析问题,形成解决问题的思路,发展模型观念,会用数学的语言表达现实世界。

(三)延伸同类,确定思维策略

问题 3 在正方形 $ABCD$ 中,M,N,E,F 分别为 AB,CD,BC,AD 边上的点,且 $EF=MN$,若 $\angle CEF=65°$,则 $\angle BMN$ 的度数是________。

师生活动:识别并运用所学知识,分类讨论:①当 $EF\perp MN$ 时,$\angle BMN=\angle CEF=65°$;②当 EF 与 MN 不垂直时,$\angle BMN+\angle CEF=180°$则 $\angle BMN=115°$。

设计意图:注重引导学生通过小组合作或独立思考,在潜移默化中培养学生的数学建模能力和应用意识,加深学生对几何图形的感知和理解。教师要帮助学生感悟如何从数学的角度审视问题,在发现和提出问题的过程中,学生逐步养成用数学模型进行思考的学习习惯,进一步体会“十字架”模型及解题策略。

例 1 (2023 辽宁丹东)如图 7,在正方形 $ABCD$ 中,$AB=12$,点 E,F 分别在

边 BC,CD 上, AE 与 BF 相交于点 G,若 $BE=CF=5$,则 BG 的长为________。

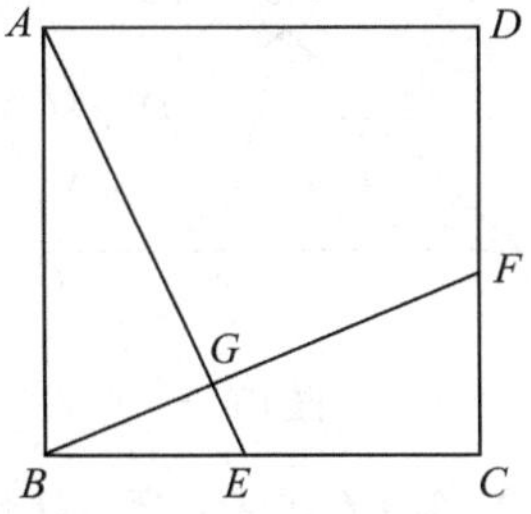

图 7

师生活动:引导学生化繁为简,回归基本图形,得出 $AE=BF$,小组讨论后各小组推荐代表发言,各抒己见,教师点评,可以用相似或等面积求出 BG。

例 2 (2021 牡丹江)如图 8,正方形 $ABCD$ 的边长为3,E 为 BC 上一点,$BE=1$,将正方形沿 GF 折叠,使点 A 恰好与点 E 重合,连接 AF,EF,GE,则四边形 $AGEF$ 的面积为(　　)。

A. $2\sqrt{10}$　　B. $2\sqrt{5}$

C. 6　　D. 5

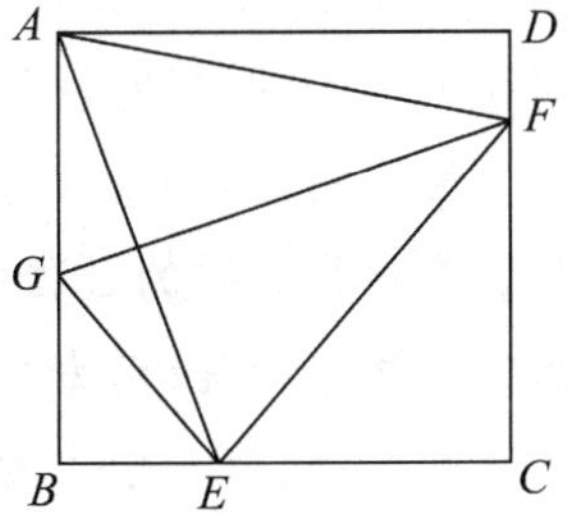

图 8

师生活动:先让学生独立求解,满足学生对中考题的好奇与期待,培养学生在复杂的图形中找到基本模型的意识和能力。方法 1:由折叠性质,在 Rt$\triangle BEG$ 中,用勾股定理求出边长,进而求出面积。方法 2:折痕垂直于对应点连线,利用“十字架”模型,求出线段 AE 长。让学生清楚学习基本图形和回归概念的必要性,来求解边长以及面积问题。

设计意图:选两道中考真题,培养学生从复杂图形中识别基本图形的能力,注重引导学生经历分析和解决问题的过程,关注问题的背景知识,发现问题的本质与规律,然后用数学的概念、定理或公式予以表达。在建立数学模型的过程中,通过练习题的处理可培养学生整体记忆和模仿巩固能力,充分发挥学生的几何直观和推理能力,提升学生的学习效率。

问题 4 如图 9,在 Rt$\triangle ABC$ 中,$\angle ABC=90°$,$BA=BC$,点 D 为 BC 边上的中点,连接 AD,过点 B 作 $BE\perp AD$ 于点 E,延长 BE 交 AC 于点 F,求 $AF:FC$ 的值。

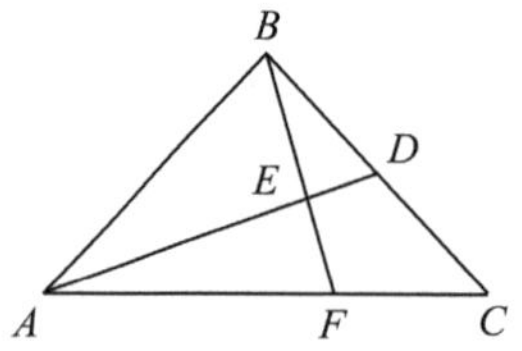

图9

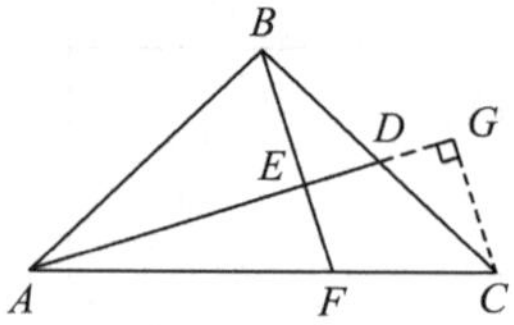

图10

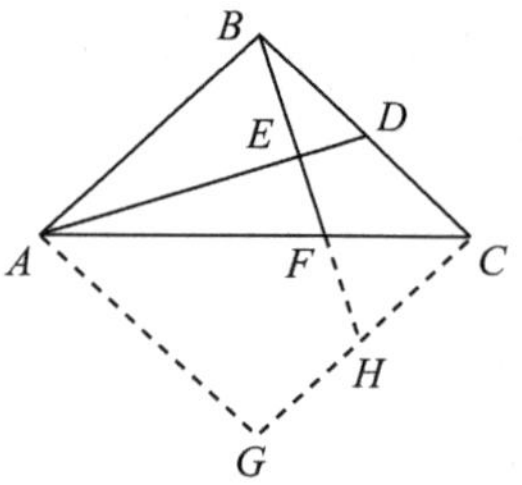

图11

师生活动:方法1:如图10,作 $CG \perp AD$ 交 AD 延长线于 G,得出 $BD:AD=ED:BD$,$\triangle BDE \cong \triangle CDG$,得 $DE=DG$,由 $EF /\!/ CG$ 可知 $AF:FC=AE:EG=2$。方法2:如图11,引导学生补全图形,过点 A,C 分别作 AB,BC 的垂线,交于点 G,延长 BF 交 CG 于点 H,证明 $\triangle ABD$ 与 $\triangle BCH$ 全等,即 $BD=CH$。证明 $\triangle ABF \backsim \triangle CHF$,因此 $AF:CF=AB:CH=2$,通过已有知识经验,通过类比的方法探究,对正方形中的模型进行迁移训练,利用相似进行拓展练习。

设计意图:引导学生解释数学结论的现实意义,在许多情况下需要调整模型。在模型调整的过程中,让学生感悟重事实、讲道理的科学精神,体会数学表达的简洁与精确,助力思维提升,体现转化思想在解决问题中的引领作用,调动学生的思维,培养学生的发散性思维和创新能力,提升问题解决的深度与高度。

问题5 如图12,正方形 $ABCD$ 中,点 E,G,H 分别在 AB,AD,BC 上,DE 与 HG 相交于点 O。

(1)如图12,当 $\angle GOD=90°$ 时,

①求证:$DE=HG$;

②平移图12中的线段 GH,使 G 点与 D 点重合,H 点在 BC 延长线上,连接 EH,取 EH 中点 P,连接 PC,如图13,求证:$BE=\sqrt{2}PC$。

(2)如图14,当 $\angle GOD=45°$ 时,边长 $AB=4$,$HG=2\sqrt{5}$,则 DE 的长为________。(直接写出结果)

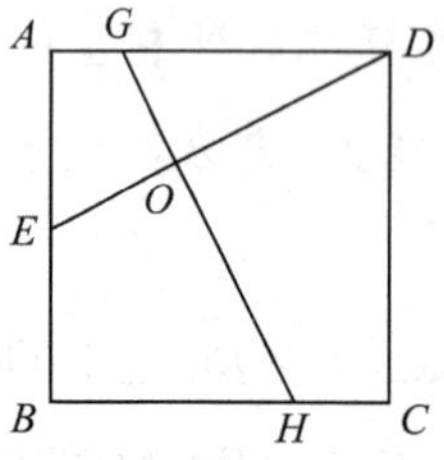

图12

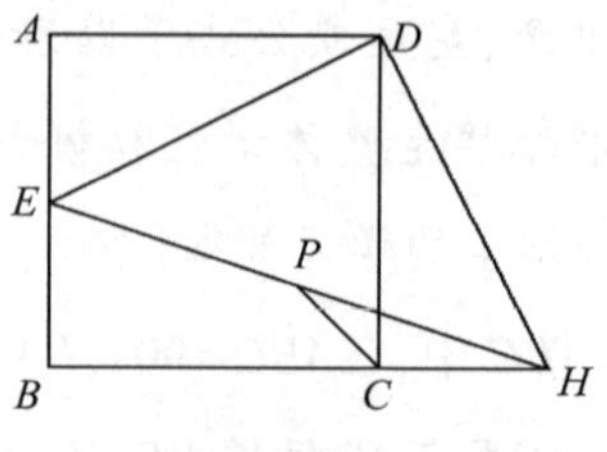

图13

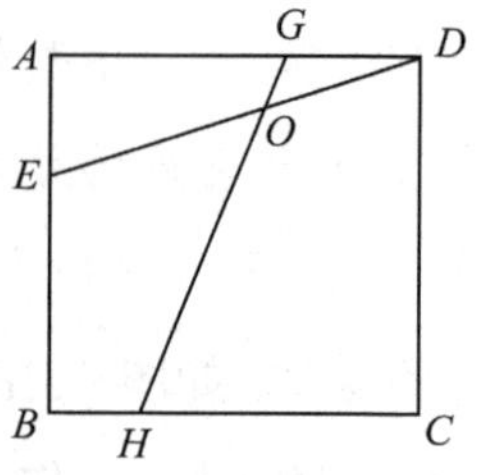

图14

师生活动:学生易证图12,对于图13,在BC上截取一点N,使$BN=BE$,则$\triangle BEN$是等腰直角三角形,$EN=\sqrt{2}BE$,在证明PC是$\triangle EHN$的中位线时,教师及时给予指导,调整思路,对学生的表现积极反馈和评价。图14中平移GH,复习中考中高频出现的半角模型。

设计意图:综合运用,让知识、方法与思想相互融合,互相促进,培养学生从多角度思考问题的习惯。在问题中感悟,在感悟中升华,为学生未来的学习和成长奠定坚实的基础。

(四)构建体系,获得思维反思

1. 让学生小结本节课的主要内容?

2. 基本图形的特征、重要结论及解题思路与方法是什么?

设计意图:通过小结,梳理本节课所学内容,引导学生反思学习过程,进一步理解图形的研究思路,积累数学活动经验。

(五)课后应用,形成思维提升

1. (2021黔西南)如图15,在正方形$ABCD$中,E,F分别是AB,BC的中点,CE,DF交于点G,连接AG。下列结论:

①$CE=DF$;②$CE\perp DF$;③$\angle AGE=\angle CDF$;④$AD=AG$。其中正确的结论是(　　)。

A. ①②④　　B. ①③④

C. ②③　　D. ①②③④

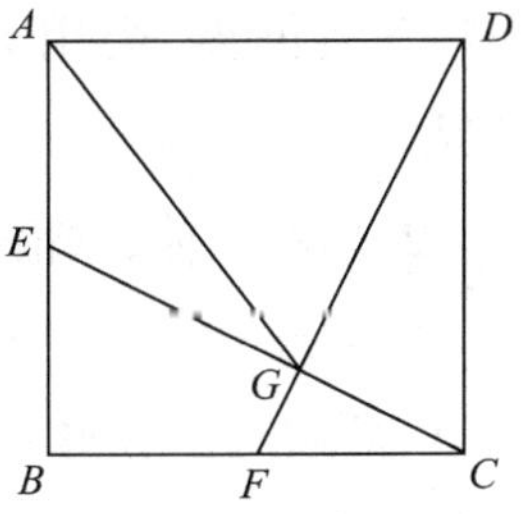

图15

2. 如图16,矩形$ABCD$中,$GE\perp FH$,GE分别交AD,BC于点E,G,HF分别交AB,CD于点H,F。求证:$\frac{GE}{FH}=\frac{AB}{BC}$。

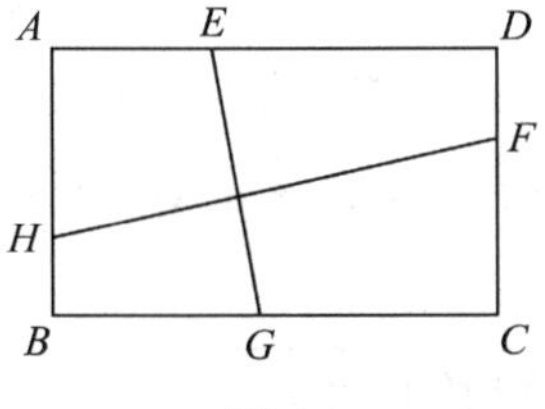

图16

设计意图:作业在练习中比较,在比较中归纳,布置拓展性作业,逐步建立起完整的认知结构,通过纵向和横向的比较,使学生真正学会掌握“十字架”模型的基本技能。

三、教学评价

1. 重视教材教学,探寻基本图形

《义务教育数学课程标准(2022年版)》指出,侧重学生对图形性质、关系、变化规律的理解,经历几何证明过程、数学论证的逻辑。近年来,很多地市的中考几何题的素材均注重围绕教材进行选题,回归课标,回归教材。运用多媒体工具、教具或者绘制图形等方式进行直观展示,能够让学生更加清晰地看到模型的结构和特点。挖掘几何模型,对其进行等价、正逆、横向、纵向改编。在模型探究中,组织学生进行小组合作探究、思考、讨论、实验和验证。学生们相互启发,碰撞出思维的火花,挖掘对应习题的内涵和外延,掌握其中的数学思想和解题方法,迁移运用,创新探究教材知识,会用数学的眼光观察现实世界,会用数学的思维思考现实世界,会用数学的语言表达现实世界。

2. 拓展延伸,领悟数学本质

知识建构是一个逐步积累和整合的过程,在正方形的“十字架”模型教学中,从最初对正方形和垂直相交线段的基本认识,在直观理解和掌握图形与几何基本事实的基础上,经历得到和验证数学结论的过程,感悟具有传递性的数学逻辑,形成几何直观和推理能力,再深入探究线段长度、角度关系以及面积计算等复杂问题,逐步构建模型的知识体系。加强学生对基本概念和基本原理的理解,提升知识的运用能力,培养学生的思维迁移能力。通过模型提炼“构造—应用—类比—迁移—提升—整合”数学模型,在正方形、矩形背景中进行拓展,为学生构建解决一类问题的通性通法。能够帮助学生更好地理解数学知识,发展数学思维,提高数学素养,为学生在数学领域的深入学习和探索提供有力支持。

3. 助力思维提升,培养学科核心素养

习题的设计要关注数学的本质,关注通性通法,满足巩固、复习、应用、拓宽的学习需要,满足不同学生的学习需要,通过交流,学生能够从不同的角度看待问题,拓宽思维视野。学生掌握正方形中的“十字架”模型的基本原理后,引导学生利用数学模型进行知识整合、迁移和应用。培养学生的抽象能力、推理能力、模型观念,鼓励学生大胆探索,激发学生潜能,提升核心素养的全面发展,让学生在自主、合作、探究中经历数学抽象、逻辑推理、数学建模等过程,有利于构建系统、完整的知识体系,从而取得事半功倍的复习效果。

3.3 中考试题评价与作业设计优化

在“双减”背景下,要建立系统的课程思维,积极推进“教-学-评”一致性,是提升教学质量的有效手段,而教学目标、教学内容、教学方法、教学评价是学科教学的四个关键要素。作业评价完善了教师教学过程,同时也是促进学生自主学习,巩固所学知识,内化思想方法,检查学习效果,逐步形成解决问题策略的重要载体,其设计的质量、实施的效果,直接影响学生学科素养的形成与发展。从中考评价的视角引领作业评价,优化作业设计,提高教学质量。

【示例1】

“中位数和众数”作业设计

一、教材分析

本次设计的教学作业为《中位数和众数》,这一节课选自人教版初中数学八年级下册二十章第一节的第二课时。《义务教育数学课程标准(2022年版)》对本节内容的要求是理解平均数的意义,能计算中位数、众数、加权平均数,并了解它们是数据集中趋势的描述。能根据统计结果做出简单评价,结合实际情境,通过对数据的简单分析,体会运用数据进行表达和交流的作用。认识到统计在日常生活及科学领域中的应用,并能解决一些简单的实际问题。中位数与众数同平均数一样是描述一组数据的集中趋势的代表,是帮助学生学会用数据表达基本概念、解决基本问题的重要方法。在本节之前,教材已经设置了第一节“平均数”,本节内容是继学习“平均数”之后的内容,既是对前面所学知识的深化与拓展,又是联系现实生活,培养学生应用数学意识和质疑习惯的良好素材。教材安排了不同的方式来呈现数据,既加强了知识间的联系,巩固了学生对各种图表信息的获取能力,又增强了学生对日常生活中所见到的统计图表进行数据处理和评判的主动性。

二、学情分析

本次作业设计针对的是八年级的学生,正值青春年少时,他们对于喜欢的问题有自主探究能力,好奇心和求知欲旺盛,愿意与同学交流,而且有一定的分析判断能力。通过小组讨论学习进行深入的探索和研究,会有很大的收获。

初中阶段的孩子如果老师激发学生的学习兴趣的方法得当,大多数孩子在数学学习的过程中,会非常积极主动,并且他们已经逐步形成了逻辑推理能力,这对探究新知是非常有帮助的。

数学新课标中指出,数学既要使学生掌握学习和生活中所需的数学知识技能,更要发挥在培养学生的理性思维和创新能力方面的不可替代性。所以,在作业布置过程中,应突出学生主体地位,激发学生学习兴趣,培养学生独立思考和解决问题的能力。

三、设计理念

作业,是为了检验学生能否掌握本节重点内容,是为了更好检验本节课的成果,而不是教师布置的一项任务。作业设计要体现新课程所倡导的因材施教的弹性化原则,培养兴趣的人性化原则,以及学以致用的实效性原则。作业是常规教学的主要环节,它既能对课堂的教学信息进行反馈,又是课堂教学的延伸和补充,也是对学生理解、掌握本节内容程度的一种检验方法,所以作业设计至关重要。

在作业设计上,要提供学生自主选择的机会,不同形式的作业内容,可以使学生的学习潜能得到充分的体现与发挥,进一步激发学生学习数学的兴趣与积极性。在数学作业的布置上要将其与生产、生活、环境保护、人类健康、现代科技紧密联系,在考查学生对知识掌握情况的同时,更要注意对学生学科素养的培养。在作业设计上,要培养学生对知识的运用能力,对问题的分析和解决能力。

作业设计包含了预习性作业、基础性作业、拓展性作业、探究性作业。预习性作业和基础性作业,重在培养学生的自学能力,通过课前预习,掌握本节课重点,锻炼学生的阅读能力,通过阅读分析,锻炼学生总结问题的能力。拓展性作业重点在于将数学与实际生活联系起来,所涉及习题和知识点都与实际生活密切相关,难度有所增加,需要学生结合生活实际进行分析理解。探究性作业要充分调动学生的积极性,激发学生学习的热情,重在考查学生的理解能力与解决实际问题的能力,将“学”与“用”相结合。

作业布置必须符合新课改要求,避免机械性抄写作业以及题海战术。要将教学方式、学习方式、作业布置等方面结合班级学生实际情况进行细致调整,将作业布置由一项枯燥的任务转变为学生自主学习的形式。在今后的作业设计上,教师要更加注重将作业与学生生活相结合,融会贯通地用数学思维、数学知识解决生活实际问题,使作业成为教师与学生间活动与交流的桥梁。

四、作业目标

1. 理解和掌握中位数和众数的概念及其计算方法。

2. 能够在实际问题中灵活运用平均数、中位数和众数这三个统计量进行分析和解释。

3. 准确完成预习性作业、基础性作业、拓展性作业和实践性作业。

4. 班级一半以上同学能独立完成拓展性作业,班级三分之一的同学能通过小组讨论或小组交流形式完成实践性作业。

五、作业设计

作业类型	作业内容	设计意图
预习性作业	1. 旧知回顾 (1)平均数概念:________。 (2)加权平均数概念:________。 2. 阅读教材小组讨论完成导学内容 (1)中位数:将一组数据按照________的顺序排列,如果数据的个数是奇数则________;如果数据的个数是偶数则________。 (2)众数:一组数据中________的数据称为这组数据的众数。	通过预习教材116~120页的内容,加深同学对中位数和众数概念的理解;通过习题进行知识巩固,为本节课学习中位数和众数打下了基础,使学生们更深刻地理解这两个统计量。同时也为下节课数据的波动程度打下基础。
基础性作业	1. 某班级15名学生的英语成绩分别为86,91,81,96,79,87,92,86,84,79,82,97,66,72,93。求这15名学生的英语平均成绩、中位数、众数。 2. 某校男子排球队的年龄分布如下面条形图所示。请找出这些队员年龄的平均数、众数、中位数,并解释它们的意义。 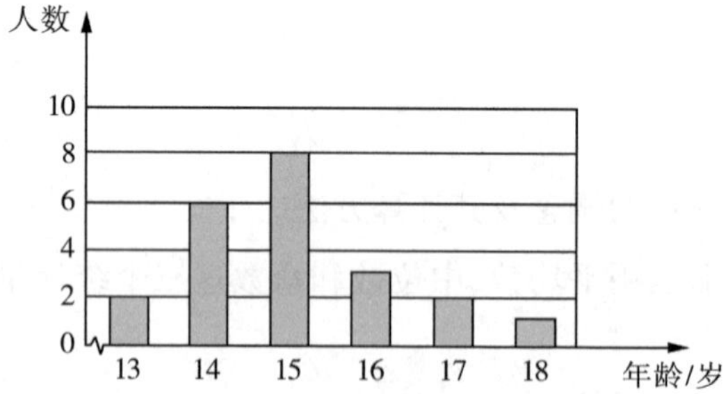 3. 一家公司12名员工的月薪(单位:元)是: 8 000　6 000　2 550　1 700　2 550　4 200 2 550　5 100　2 500　4 400　25 000　12 400 (1)计算这组数据的平均数、中位数和众数; (2)解释本题中平均数、中位数和众数的意义。	学生根据定义求平均数、中位数、众数,锻炼学生的表达能力、归纳能力,以及小组合作能力。 在探究的过程中,让学生参与实际探究,让学生感受数学分析问题的条理性。

续表

<table>
<tr><th>作业类型</th><th>作业内容</th><th>设计意图</th></tr>
<tr><td>拓展性作业</td><td>1. (1)根据题意填写下表：
<table><tr><th>运动员</th><th>平均数</th><th>中位数</th><th>众数</th><th>体能测试成绩合格次数</th></tr><tr><td>甲</td><td></td><td>65</td><td></td><td>2</td></tr><tr><td>乙</td><td>60</td><td></td><td>80</td><td></td></tr></table>(2)请从不同角度对运动员体能测试结果进行判断。
①根据平均数与成绩合格次数比较甲和乙，谁的成绩最好？
②根据平均数与中位数比较甲和乙，谁的成绩最好？
③根据折线统计图和成绩合格的次数，指出哪个的训练效果最好？
2. 若在一组数据 2,4,6,1,2 中再添加一个数后，它们的平均数不变，则添加数据后这组数据的中位数是________。
3. 一组数据 1, 2, a 的平均数为 2, 另一组数据 -2, a, 2, 1, b 的众数为 -2，则数据 $-2,a,2,1,b$ 的中位数为________。</td><td>调动学生的积极性，激发学生学习的热情。
学生根据定义求平均数、中位数、众数，锻炼学生的分析能力，小组合作能力。
结合已知条件，分析各统计量的意义，引导学生找到解决问题的方法，对选择合适的统计量解决问题的过程有进一步的认识。</td></tr>
<tr><td>实践性作业</td><td>1. 分析班级模拟考试的分数分布情况，运用平均数、中位数和众数对班级整体成绩进行描述，并给出合理建议。
2. 设计一个调查问卷，收集同学们对某种电子游戏的喜好程度（如 1~10 分），然后利用平均数、中位数和众数分析调查结果。</td><td>在探究练习中使学生将生活与数学进行紧密结合，培养学生严谨的科学态度，以及认真观察、全面思考问题的能力。
培养学生能灵活应用和处理问题的能力。</td></tr>
</table>

六、教学评价

在本节课中，无论从概念的得出、问题的解决还是决策的制定，合作与交流都贯穿整个教学过程。通过组内讨论、同桌交流体现各层次学生对知识的不同理解。在交流过程中，每个学生的思维与智慧都被整个群体共享，学生对概念的理解更全面、更深入。

通过开放性的问题设计引发学生思考，使学生在认知结构上产生冲突，使之成为学生重新建构认知的良好契机。在学生主动探索、思考、发现的过程中，体会到中位数的产生过程及实际背景。这样,学生不但完成了对新知的整合与建构,而且把探索求知、发现新知的主动权真正交给了学生。

这一节课是本单元较易理解的一部分内容,但也是中考重要考点。在作业设计上,应更加注重习题由易到难,循序渐进。探究性作业主要涉及生活中的实际问题,阅读量大,同学们接受起来可能会存在难度。因此,在作业设计过程中要充分考虑到学生的差异,设置的习题从简单到复杂,从特殊到一般,让学生成为主体,在学习过程中发现问题并能解决问题,培养学生的数学核心素养。

【示例2】

“勾股定理”作业设计

一、教材分析

本次教学作业设计题目为“勾股定理”,本节课选自人教版中学数学八年级下册第十七章第一节第一课时,是人教版八年级下册数学课程中的重要章节。“勾股定理”从边的角度进一步刻画了直角三角形的特征,即直角边的平方和等于斜边的平方,巧妙地将形与数密切联系起来,它架起了代数与几何之间桥梁,在数学的发展中起着非常重要的作用,在实际生活中也有着广泛的用途,“数学源于生活,又服务于生活”是本章所体现的主要思想。

勾股定理的学习是在学生已经掌握了三角形、全等三角形等有关知识的基础上进行的内容,是对直角三角形性质的拓展和深化,勾股定理常用来求解线段长度或距离问题,也是初三几何中解直角三角形及圆中相关计算的必备知识。

本节内容形式活泼、图文并茂、趣味直观,问题的编排联系社会实际,贴近学生生活。在探究勾股定理的过程中,需要学生将“形”的问题转化为“数”的问题,体验由特殊到一般地探索问题的方法,提高学生数形结合的能力,培养学生归纳解决问题的能力,使学生树立学好数学的自信心。此外,通过讲述我国古代研究勾股定理的成就,培养学生的民族自豪感和爱国情怀。

二、学情分析

本次作业设计适用于八年级的学生，不同于七年级的学生，八年级的学生正处于思维发展的高峰期，对新鲜事物表现出浓厚的兴趣，并且经过一年的几何学习，他们对几何图形的观察、分析能力及逻辑推理能力已初步形成，学生在此基础上学习勾股定理，可以加深学生对勾股定理的理解和记忆，极大程度地提升学生掌握本节课内容的效率，提高其应用知识解决问题的能力。但是学生对面积割补的解题方法和解题技巧比较陌生，利用面积割补法解决问题的意识有限，缺乏有效的解题策略。现阶段由于学生学习积极性高，具有强烈的求知欲望，合作交流的意愿较强，善于表达自己的想法，这也为学好本节课奠定了基础。

在数学教育中，勾股定理的教学是培养学生逻辑推理、空间想象和数学应用能力的关键环节，旨在通过知识的传授和技能的训练，培养学生的数学素养和综合能力。具体来说，希望学生能够掌握勾股定理的基本概念和证明方法，理解其在几何和代数中的应用，并能够运用所学知识解决实际问题。因此，在作业的设计上，既注重基础训练，又强调实际应用，使学生在掌握知识的同时，能够灵活运用勾股定理解决实际问题，提升学生的数学素养，激发他们对数学的兴趣和热情。

三、设计理念

作业设计是教学中不可或缺的一环，它既是对学生学习成果的检验，也是对学生知识掌握程度的反馈。作业设计以学生为中心，注重个性化和针对性，充分考虑学生的实际情况和学习能力，合理安排作业内容和难度，让每个学生都能在适当的挑战下完成作业，从而提高学生的学习积极性和成就感。作业不仅是对学生知识掌握程度的检验，更是开拓学生思维，培养和训练学生创新能力和实践能力的主渠道。作业可以真实地反映课程的价值，使课堂教学得以延伸，同时使学生完成对知识的自我消化和能力的自我构建、自我发展。遵循以上要求，本次作业设计主要体现以下几个理念。

1. 作业具有针对性、趣味性、挑战性

根据当天讲的知识内容，有针对性地布置相关的阅读，以及对旧知识复习巩固的题目，让学生能够提前了解课堂内容，为课堂上的学习做好准备，有效地实现新旧知识的正向迁移。预习性作业要具有趣味性，学生通常对繁重的作业任务不感兴趣，因此，在设计预习性作业时，教师应考虑增加一些有趣味性的题目，运用几何画板作图，与现代信息技术有机融合起来，增加学生完成预习性作业的积极性，培养学生的动手能力，让学生在预习过程中体会跨学科学习的乐趣。

2. 作业具有适应性、层次性、个性化

设计基础性作业难度要适中，并面向全体学生，以确保学生能独立完成并有所收获，这不仅有助于学生巩固课堂所学知识，还能培养学生的自主学习能力，发挥学生的主体作用。拓展性作业将充分考虑学生的个体差异和学习需求，为不同的学生提供多样化的学习资源和支持，通过融入跨学科应用，丰富学生的学习体验，提高学生的学习效果，培养学生跨学科的整合能力，还能帮助他们更好地理解数学和其他学科的关联和互动。

3. 注重学生参与度与合作机制的引导

学生参与是作业设计中不可或缺的一环，因此在实践性作业中，通过设计需要小组合作完成的题目，鼓励学生进行团队合作和交流，让小组合作成为培养他们团队协作能力和沟通能力的有效途径。

4. 多元化的评价机制

作业评价将采用多元化的评价标准，包括知识的掌握程度、解题能力、创新思维等方面，同时设定明确的反馈机制，及时向学生提供作业批改和反馈意见，反馈意见包括指出学生的优点及不足之处，并根据优点及不足之处提出针对性的建议和改进方向。这有助于学生及时了解自己的学习状况，并根据实际情况调整学习策略和方法，使作业评价成为师生交流的有效媒介。

有效的作业设计能帮助学生更好地巩固课堂所学知识，提高知识吸收率，培养学生良好的学习习惯和态度，为他们终身学习奠定基础，也能使教师更深入地了解学生的实际情况和需求，掌握一定的教学设计技巧和策略，提高自身的教学质量。

四、作业目标

1. 理解并掌握勾股定理的内容和证明方法，并能熟练运用其解决简单的计算问题。

2. 会运用勾股定理将实际问题抽象成数学问题,培养学生应用数学的意识。

3. 通过完成预习性作业、基础性作业、拓展性作业、实践性作业,进一步加深对勾股定理的认识,发展学生的数学思维。

五、作业设计

作业类型	作业内容	设计意图
预习性作业	1. 旧知复习 直角△ABC 的主要性质:$\angle C=90^{\circ}$。(用几何语言表示) (1)两锐角之间的关系:________; (2)若 D 为斜边中点,则斜边中线长为________; 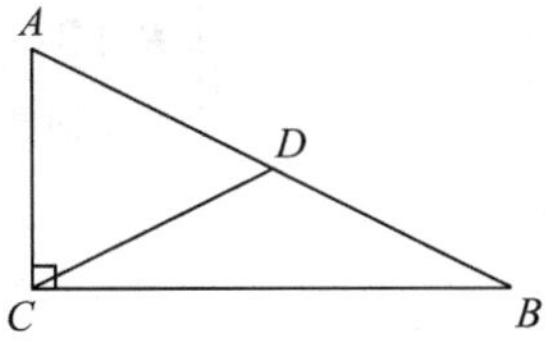 (3)若 $\angle B=30^{\circ}$,则 $\angle B$ 的对边和斜边的关系是________。 2. 阅读教材 22~24 页,并完成下列任务 (1)画一个直角边长分别为 3 cm 和 4 cm 的 Rt△ABC,用刻度值测量出斜边 AB 的长; (2)画一个两直角边长分别为 5 cm 和 12 cm 的 Rt△ABC,用刻度尺测量出斜边 AB 的长。 问题:你是否发现 3^2+4^2 与 5^2,5^2+12^2 与 13^2 的关系,即 3^2+4^2 ________ 5^2,5^2+12^2 ________ 13^2。 注:作图时可借助几何画板等作图软件。	对旧知识复习巩固,促进学生新旧知识的正向迁移。 培养动手操作能力,结合信息技术手段,既可以让学生发现的规律更具备准确性,也可以让学生体会信息技术带给学习的便捷。
基础性作业	1. 下列说法正确的是( )。 A. 已知 a,b,c 是三角形的三边长,则 $a^2+b^2=c^2$ B. 在直角三角形中,两边的平方和等于第三边的平方 C. 在 Rt△ABC 中,若 $\angle C=90^{\circ}$,则 $BC^2+AC^2=AB^2$ D. 在 Rt△ABC 中,若 $\angle B=90^{\circ}$,则 $BC^2+AB^2=AC^2$ 2. 若一个直角三角形的一条直角边长为 7,其斜边长比另一条直角边长多 1,该直角三角形的斜边长为________。 3. 等腰三角形的腰长为 13,底边长为 10,则它底边上的高为________。	考查学生对勾股定理使用条件的掌握情况,以及运用勾股定理进行简单计算的能力。 考查学生是否初步形成方程思想。

续表

作业类型	作业内容	设计意图
拓展性作业	1. 如图，在 Rt $\triangle ABC$ 和 Rt $\triangle BDE$ 中，$\angle C=90°$，$\angle D=90°$，$AC=BD=a$，$BC=DE=b$，$AB=BE=c$，且 B，C，D 三点在同一条直线上，试利用图形证明勾股定理。 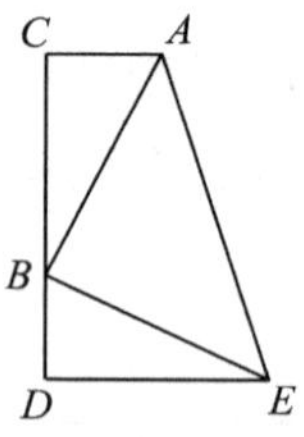 2. 若一个直角三角形的三边长为 6，8，x，则 $x=$________。 3. 赏古代诗词，析勾股定理，从下面两首诗词中任选其一进行赏析，诗词的情境中主要阐述了什么问题？请你用勾股定理搭建数学模型，帮助诗词作者解决问题。 **蒲生池中（西江月）** 今有方池一所，每边丈二无疑。 中心蒲长一根肥，出水过于两尺。 斜引蒲稍至岸，适然与岸方齐。 绕公能算更能推，蒲、深各该有几？ **立木垂索（西江月）** 树立高干一所，不知杆索如何。 杆尖索子垂平途，委地二尺有五。 平地引斜恰尽，离杆十五无余。 有人达得这玄机，堪可应他算举！	通过对勾股定理的验证，加深对勾股定理的理解，锻炼学生的逻辑思维能力。 考查学生分类讨论的数学思想。 从情境刻画出勾股模型，从而解决问题，培养学生的读题能力，拓展学生的知识面，体会数学知识和实际生活的紧密联系，同时提升学生的数学建模、数学抽象的能力。
实践性作业	如图，在 $\triangle ABC$ 中，$\angle ACB=90°$，$AB=10$，$AC=6$，点 P 从点 A 出发，以每秒 1 个单位长度的速度，按照 A—C—B—A 的方向运动，设运动时间为 t 秒（$t>0$）。 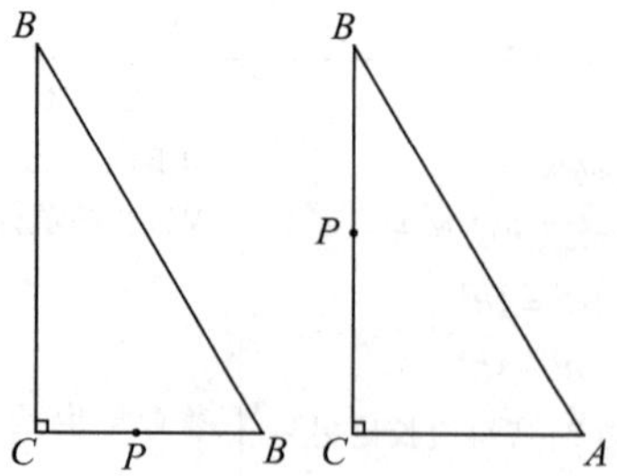 （1）若点 P 在 AC 上，且满足 $PA=PB$，求 t 的值； （2）若点 P 恰好在 $\angle BAC$ 的平分线上，求 t 的值。	通过小组合作让学生亲身参与、动手实践，将抽象的数学知识转化为具体的实践操作，加深学生对知识点的理解，培养学生的团队意识。

六、教学评价

勾股定理是初中数学教学中几何部分的核心内容之一,它的学习过程是培养学生数学素养的重要途径。同时,勾股定理常常与其他数学知识相互渗透,形成各种综合性试题,具有广泛的适用性和较高的灵活性,通常是中考数学试题的难点和重点,这就要求学生具备严密的逻辑思维能力、空间想象能力以及将实际问题抽象为数学模型的能力。因此本次作业设计注重个性化、互动性、适应性、实践性,与现代教学功能的特点相契合。作业设计立足于学生的认识基础,进行作业素材的选择,并采取让学生独立学习领悟勾股定理解决问题的方法,使学生感受数学与生活的紧密联系,进而体现数学中的化归思想和建模思想。同时在作业中注重以小组合作的形式,让学生人人参与,提高学生的学习兴趣。通过完成本次作业,逐步加深学生对勾股定理的理解,并让学生掌握勾股定理解题的方法,为后续其他知识的学习打好坚实的基础。

【示例 3】

“二次函数图像与性质”作业设计

一、教材分析

“二次函数的图像与性质”,选自人教版中学数学九年级上册第二十二章。从教材设计上看,在讲解过“一次函数”后,开展“二次函数的图像与性质”的讲授,这样的设计更有利于学生掌握二次函数的概念、图像和性质。通过之前的学习,学生们已经掌握了基本的一次函数知识,例如,一函数的概念、图像、性质等。同时,学生们也具备了初步的观察、操作、分析、讨论、表达的能力。在这之后安排本节课,更有利于学生掌握和理解二次函数这一种具有特殊条件的函数。二次函数是初中数学的重要内容之一,它涉及的知识点包括函数的定义、图像、性质以及应用等。在教材中,二次函数的性质通常以图像的形式进行展示,让学生通过观察图像来理解函数的性质。此外,教材还会通过大量的例题和练习来帮助学生巩固和运用这些性质。在教材中,二次函数的性质包括开口方向、对称轴、顶点坐标等,这些性质不仅可以帮助我们理解函数的图像变化规律,还可以帮助我们解决一些实际问题。例如,在物理学中,二次函数可以用来描述物体的运动轨迹;在经济学中,二次函数可以用来描述某种商品的需求量与价格之间的关系等。

此外,教材还会强调二次函数的应用价值,通过分析实际问题中的数据关系,让学生学会运用二次函数的知识来解决实际问题。这不仅有助于提高学生的数学应用能力,还有助于培养他们的逻辑思维和创新能力。

总的来说,二次函数是初中数学的重要内容,学生需要深入理解其性质和应用,以提高他们的数学素养和解决问题的能力。从而提升学生的逻辑思维能力、数形结合思想,让学生收获快乐,感受数学的奥妙。

二、学情分析

学生已掌握了二次函数的概念,以及初二年级所学的函数图像的作法(描点法)。对于作出二次函数的图像难度不会很大,但若学生的水平不是很好,在由特殊的函数到一般的二次函数 $y=ax^2$ 的性质和图像的平移规律的探索过程中,会有较大的难度,本节课通过几何画板课件,利用动态的演示使学生直观地发现函数的性质,大大地降低学生理解的难度。对于二次函数的图像,大部分学生完成是没有问题的,可以引导学生先回顾描点法,并在教师的提示下列表,完成函数图像,认识到二次函数的图像是抛物线。根据作函数图像的过程,学生可以更容易找出图像的开口方向、对称轴、顶点坐标等性质,通过作出其他几个函数的图像并加以对比,归纳得出函数 $y=ax^2$ 的平移规律和性质,体验从特殊到一般的数学探索规律。通过对近几年中考、模拟考试及阶段性学业水平考试的数据进行分析,发现学生在二次函数图像这一单元的学习方面主要存在以下问题:

(1)不能熟练运用公式法求得含参二次函数的对称轴、顶点坐标;

(2)不会分析含参二次函数的不变性特征;

(3)应用二次函数的对称性分析、解决问题的意识欠缺;

(4)数形结合求参数取值范围的学习经验不足。

结合新课程标准要求及学情实际确定单元作业目标。所以,在作业布置过程中,要突出学生主体地位,激发学生学习兴趣,帮助学生形成空间想象力,培养学生独立思考、独立解决问题的能力。

三、设计理念

作业是为了检验学生能否掌握本节课的重点内容，是为了更好检验本节课的教学成果，而不仅是教师布置的一项任务。作业设计要体现新课程标准所倡导的因材施教的弹性化原则、培养兴趣的人性化原则，以及学以致用的实效性原则。在作业设计上，培养学生对知识的运用能力，对问题的分析和解决能力。作业设计包含了预习性作业、基础性作业、拓展性作业、实践性作业。预习性作业和基础性作业重在培养学生的自学能力，通过课前预习掌握本节课重点，锻炼学生阅读能力，通过阅读分析锻炼学生总结问题的能力。拓展性作业重点在于将数学与实际生活联系在一起，所涉及习题和知识点都与实际生活密切相关，难度有所增加，需要学生结合生活实际进行分析理解。实践性作业要充分调动学生的积极性，激发学生学习的热情。作业布置要符合新课改的要求，要避免机械性抄写作业以及题海战术，要将教学方式、学习方式、作业布置等方面结合班级实际情况进行调整，将作业布置由讨论或小组交流的形式，转变为学生自主学习的形式来完成实践性作业。

在今后的作业设计上，教师应更加注重将作业与学生生活相结合，引导学生能用数学思维、数学知识解决生活实际问题，使作业成为教师与学生之间活动与交流的桥梁。

四、作业目标

从单元作业角度看，学生对含参二次函数图像特征的分析一般只集中出现在单元复习阶段综合题的教学中，缺乏有层次分解式的训练。对含参函数的不变性特征主要侧重的是数学运算，学生直观想象、逻辑推理素养欠缺，结合新课程标准要求及学情实际确定以下单元作业目标。

1. 会画数字系数的二次函数 $y=a(x-m)^2+k(a\neq0)$ 的示意图。

2. 会用配方法将数字系数的二次函数的一般式化为顶点式，会分析数字系数的二次函数图像的顶点坐标、开口方向、与坐标轴的交点情况。

3. 会用公式法求字母系数的二次函数的对称轴、顶点坐标。

4. 会分析简单的含参二次函数的不变性特征，并能够画出示意图，能分析不同条件下的二次函数的对称轴表达式。

5. 会解决在指定区间内求二次函数的最值问题，会用数形结合思想求含参二次函数参数取值范围，知道两个二次函数图像之间的变换关系。

6. 会确定二次函数的表达式。

五、作业设计

作业类型	作业内容	设计意图
预习性作业	一、基础知识回顾 1. 请写出二次函数的一般形式，并解释每个系数的意义。 2. 回忆一下二次函数图像中抛物线的顶点坐标如何表示？对称轴又如何表示？当 $a>0$ 和 $a<0$ 时，抛物线开口分别朝向哪里？为什么？ 3. 二次函数是指形如 $y=ax^2+bx+c$（其中 $a\neq 0$）的函数。其中，a，b，c 是常数，分别决定了函数的开口方向、对称轴和与 y 轴的交点。 4. 通过绘制不同 a，b，c 值所对应的二次函数图像，观察图像的开口方向、顶点位置以及其与 x 轴的交点，理解参数对图像的影响。 （1）二次函数的对称轴为直线________。（用含 a 的式子表示） （2）若二次函数在 $0\leqslant x\leqslant 3$ 有最小值 -5，则实数 a 的值是________。	帮助学生提前了解下节课的教学内容，为学习新知做好准备。 预习二次函数图像与性质的关系，并尝试用语言描述。 巩固学生对二次函数基本概念和性质的理解。 完成课本上的相关练习题，包括选择题、填空题和简答题。
基础性作业	1. 在同一个平面直角坐标系 xOy 中，二次函数 $y_1=a_1x^2$，$y_2=a_2x^2$，$y_3=a_3x^2$ 的图像如图所示，则 a_1，a_2，a_3 的大小关系为________（用“>”连接）。 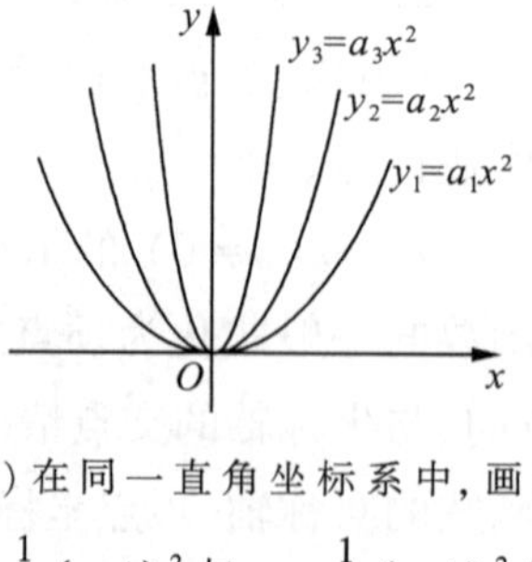 2.（2023 江苏）在同一直角坐标系中，画出二次函数 $y=-\frac{1}{2}x^2$、$y=-\frac{1}{2}(x+1)^2$ 与 $y=-\frac{1}{2}(x-1)^2$ 的图像。根据所画图像，填写下表：	通过完成课堂练习，使学生加深对函数 $y=ax^2$ 的性质的理解和应用，对以后进一步学习二次函数打好基础。 本作业设计旨在通过二次函数图像与性质的学习，帮助学生深入理解二次函数的图像特征及性质，提升学生运用二次函数解决问题的能力。通过诊断性作业的练习，检测学生对二次函数知识的掌握情况，为后续教学提供依据。

续表

<table>
<tr><th>作业类型</th><th>作业内容</th><th>设计意图</th></tr>
<tr><td>基础性作业</td><td>
<table>
<tr><th>抛物线</th><th>开口方向</th><th>对称轴</th><th>顶点坐标</th><th>增减性</th></tr>
<tr><td>$y=-\frac{1}{2}x^2$</td><td></td><td></td><td></td><td></td></tr>
<tr><td>$y=-\frac{1}{2}(x+1)^2$</td><td></td><td></td><td></td><td></td></tr>
<tr><td>$y=-\frac{1}{2}(x-1)^2$</td><td></td><td></td><td></td><td></td></tr>
</table>
3. 设二次函数 $y=x^2-(2a-4)x-1$，其中 a 为实数。
4. 二次函数性质规律
<table>
<tr><th colspan="2">函数</th><th>$y=ax^2$</th><th>$y=a(x-h)^2+k$</th><th>$y=ax^2+bx+c$</th></tr>
<tr><td rowspan="2">方向</td><td>$a>0$</td><td colspan="3"></td></tr>
<tr><td>$a<0$</td><td colspan="3"></td></tr>
<tr><td colspan="2">对称轴</td><td></td><td></td><td></td></tr>
<tr><td colspan="2" rowspan="2">顶点最值</td><td rowspan="2"></td><td></td><td></td></tr>
<tr><td></td><td></td></tr>
<tr><td rowspan="2">增减性</td><td>$a>0$</td><td colspan="3"></td></tr>
<tr><td>$a<0$</td><td colspan="3"></td></tr>
<tr><td colspan="2">对称性</td><td colspan="3"></td></tr>
</table>
</td><td>鼓励学生自主地对二次函数的图像性质规律进行归纳，揭示二次函数的解析式与图像间的关系。通过作业练习，使学生熟练掌握二次函数的基本概念、公式及性质，能够准确识别二次函数图像的特征及变化规律。通过作业练习，激发学生对数学学习的兴趣，培养学生的探究精神和合作意识。</td></tr>
<tr><td>拓展性作业</td><td>1. 如图，二次函数 $y=(x+a)^2$ 与一次函数 $y=ax-a$ 的图像可能是(　　)。
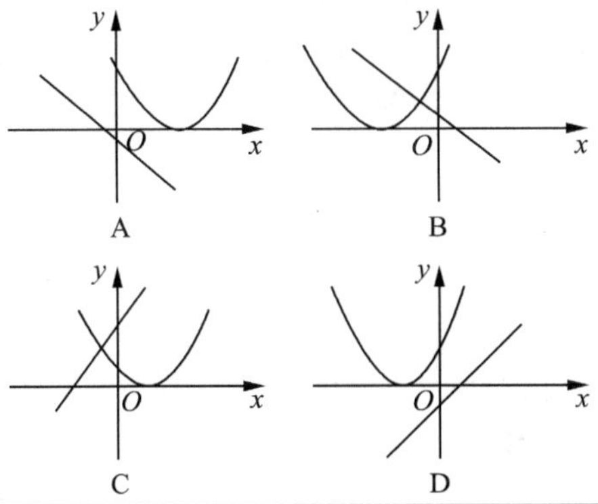

</td><td>了解学生对本节课的内容的掌握情况，并且了解学生哪部分没学好，适当留白和开放，鼓励学生进行自主学习和探究。通过解决一些具有挑战性的问题，激发学生的求知欲和学习兴趣，培养他们的独立思考和解决问题的能力。</td></tr>
</table>

续表

作业类型	作业内容	设计意图
拓展性作业	2. 如图所示，有一边长为 5 cm 的正方形 $ABCD$ 和等腰三角形 PQR，$PQ=PR=5$ cm，$QR=8$ cm，点 B,C,Q,R 在同一直线 l 上。当 C,Q 两点重合时，等腰三角形 PQR 以 1 cm/s 的速度沿直线 l 按箭头所示方向开始匀速运动，t 秒后，正方形 $ABCD$ 与等腰三角形 PQR 重合部分的面积为 S cm^2。解答下列问题： 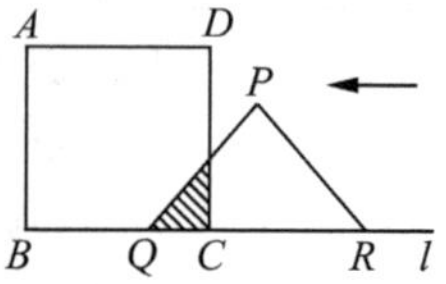 （1）当 $t=3$ 秒时，求 S 的值； （2）当 $t=5$ 秒时，求 S 的值。 3. 试写出一个开口方向向上，对称轴为直线 $x=2$，且与 y 轴的交点坐标为（0，3）的抛物线的表达式。 4. 如图，抛物线 $y_1=ax^2+bx+\frac{3}{4}$ 与 x 轴交于点 $A(-3,0)$，点 B，点 D 是抛物线 y_1 的顶点，过点 D 作 x 轴的垂线，垂足为点 $C(-1,0)$。 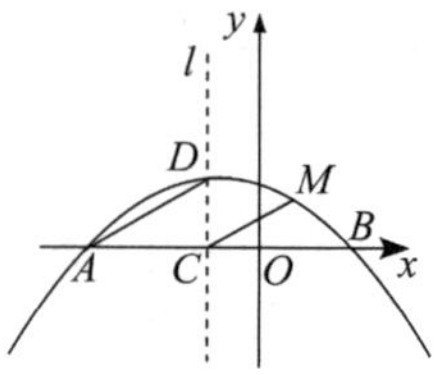 （1）求抛物线 y_1 所对应的函数解析式； （2）如图 1，点 M 是抛物线 y_1 上一点，且位于 x 轴上方，横坐标为 m，连接 MC，若 $\angle MCB=\angle DAC$，求 m 的值； （3）如图 2，将抛物线 y_1 平移后得到顶点为 B 的抛物线 y_2。点 P 为抛物线 y_1 上的一个动点，过点 P 作 y 轴的平行线，交抛物线 y_2 于点 Q，过点 Q 作 x 轴的平行线，交抛物线 y_2 于点 R。当以点 P,Q,R 为顶点的三角形与 $\triangle ACD$ 全等时，请直接写出点 P 的坐标。 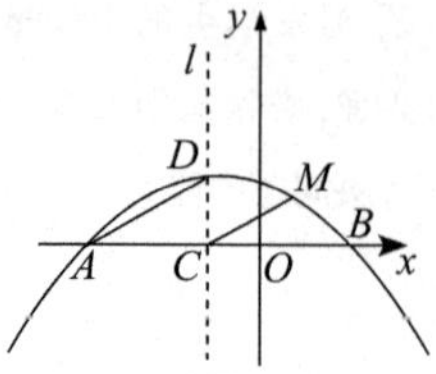 图1 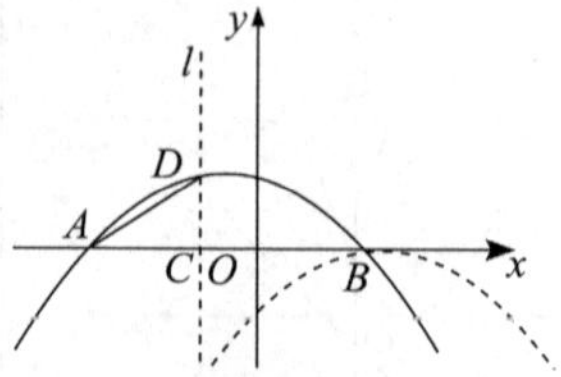 图2	

续表

作业类型	作业内容	设计意图
实践性作业	1. 分别用定长为 L 的线段围成矩形和圆,哪种图形的面积大？为什么？ 2. 图 1 是古代的一种远程投石机,其投出去的石块运动轨迹是抛物线的一部分。据《范蠡兵法》记载:“飞石重十二斤,为机发,行二百步”,其原理蕴含了物理中的“杠杆原理”。在如图 2 所示的平面直角坐标系中,将投石机置于斜坡 OA 的底部点 O 处,石块从投石机竖直方向上的点 C 处被投出,已知石块运动轨迹所在抛物线的顶点坐标是 $(50,25)$, $OC=5$。  图1 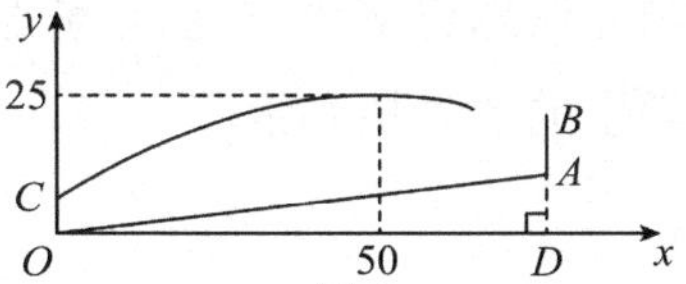 图2 (1)求抛物线的表达式; (2)在斜坡上的点 A 建有垂直于水平线 OD 的城墙 AB,且 $OD=75$, $AD=12$, $AB=9$,点 D,A,B 在一条直线上。通过计算说明石块能否飞越城墙 AB。 3. 如图 1,一个移动喷灌架喷射出的水流可以近似地看成抛物线。图 2 是喷灌架为一坡地草坪喷水的平面示意图,喷水头的高度(喷水头距喷灌架底部的距离)是 1 米,当喷射出的水流与喷灌架的水平距离为 10 米时,达到最大高度 6 米。现将喷灌架置于坡地底部点 O 处,草坡上距离 O 的水平距离为 15 米处有一棵高度为 1.2 米的小树 AB, AB 垂直水平地面且 A 点到水平地面的距离为 3 米。  图1 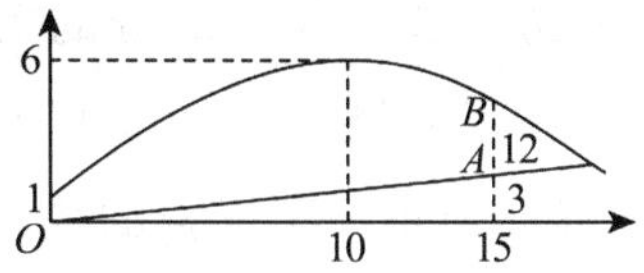 图2 (1)计算说明小树是否会对水流浇灌到树后面的草坪造成影响？ (2)求水流的高度与斜坡铅垂高度差的最大值。	体会把实际问题抽象为数学模型,并运用二次函数知识求解。在探究练习中,使学生将生活与数学进行紧密结合,培养学生严谨的科学态度。 效果与亮点分析:本题需要学生自己建立数学模型,并自己画图,运用数形结合帮助解题。

六、教学评价

二次函数是初中数学的重要内容,是初高中衔接的重点知识,也是中考的重要考点,学好本节内容对于学生思维的发展,对于学生后续的学习都具有重要作用。数学是一门培养和发展人类思维的学科,因此在设计中要体现“问题—探究—反思—提升”的过程,让学生在实践操作、情境分析中巩固基础知识,激发学习兴趣和求知欲,培养自主学习和合作学习的能力。

在作业设计上,要注重循序渐进,由易到难。实践性作业主要涉及生活中的实际问题,阅读量较大,因此在作业设计过程中要充分考虑到学生的差异,从简单到复杂,从特殊到一般,让学生成为主体,在完成作业的过程中,发现问题、思考问题,并能用数形结合与建模思想解决问题,培养学生的应用意识、模型意识与创新意识,进一步落实学生的数学核心素养。

【示例4】

“一元一次方程”作业设计

一、教材分析

“一元一次方程”是人教版中学数学七年级上册第五章第一节的第二课时,在之前的学习中,学生已初步知晓方程,并且能够用方程呈现简单情境里的数量关系,也会解简单的方程,就是说在方程的认识上已经度过了入门阶段,拥有了一定的基础。这些基本且质朴的认知给进一步学习方程创造了条件。从教材设计来讲,一元一次方程属于初中数学代数部分的关键内容,是在学生学习了有理数运算、整式的加减等知识以后展开的。如此安排这节课,更有益于学生对一元一次方程的掌握与理解。一元一次方程的定义,同样是学生后续学习二元一次方程组、一元二次方程、不等式等知识的基础,它发挥着承上启下的重要作用。

学生已经熟悉了有理数的运算、整式的加减等基础内容,这些知识为学习一元一次方程提供了运算及表达式的基础。例如,在解一元一次方程时,需要借助整式的加减运算来简化方程。在思维模式方面,之前的数学学习促使学生实现了从具体数字运算到符号表示的思维转变,这为理解一元一次方程中用字母代表未知数以及构建方程模型做好了铺垫。

一元一次方程也是后续学习二元一次方程、一元二次方程等更复杂的方程的基础。通过学习一元一次方程的解法和应用,学生能够渐渐掌握解方程的一般思路与方法,为后续处理多元方程和高次方程积累经验与技巧。在实际运用中,一元一次方程的应用范围广泛,像行程问题、工程问题、利润问题,等等。通过解决这些实际问题,可以培养学生运用数学知识解决实际问题的能力,为学习函数等更高级别的数学知识做好准备。

二、学情分析

对于现阶段的学生,在学习一元一次方程时,展现出如下的特点与状态。

学生已有知识基础状况:学生已熟练掌握有理数的运算以及整式的加减等知识,这为他们理解方程的概念和判断一元一次方程提供了一定的保障,然而,部分基础薄弱的学生,可能在这些前置知识的掌握上存在欠缺之处。

学习能力和习惯情况:一部分学生具有较强的逻辑思维、抽象概括能力以及运算能力,能够较快地领会方程和一元一次方程的概念,还能独立完成有一定难度的题目,但也有一些学生在学习时比较被动,缺少主动思考与总结归纳的良好习惯,需要更多的指引和监督。

心理特点表现:这个年龄段的学生好奇心强,渴望展示自我,但同时也容易因遭受挫折而丧失信心,当面对一元一次方程相对复杂的运算和应用时,或许会产生焦虑或者抵触的情绪。

学习难点所在:在理解方程中未知数概念里的整式时,学生可能会感到迷茫;在实际问题中构建方程模型时,准确找出等量关系并用未知数合理表示也是学生普遍遭遇的难题。

个体差异体现:学生之间在数学基础、学习能力和学习速度方面存在显著差异,有的学生能够迅速掌握并灵活运用方程来解决问题,而有的学生可能需要反复练习以及更多的辅导才能够跟上教学进度。

针对以上学情,教师在教学过程中应当注重因材施教,运用多元化的教学方法和手段,激发学生的学习兴趣,协助学生战胜困难,逐步提升学生运用一元一次方程解决问题的能力。

三、设计理念

作业设计的内容符合新课程标准的要求，避免了机械性抄写作业以及题海战术，将教学方式、学习方式、作业布置等方面结合班级实际情况进行调整，将作业布置由一项任务转变为学生自主学习的形式。在今后的作业设计中，教师应更加注重将作业与学生生活相结合，能用数学思维、数学知识解决生活实际问题，使作业成为教师与学生之间活动与交流的桥梁，以及展示学生能力和思维发展水平的平台。

四、作业目标

1. 理解方程和一元一次方程的定义。

2. 能结合方程的定义，建立方程模型，并能将其应用在实际问题中，并找到相等关系列出方程。

3. 准确完成预习性作业、基础性作业、拓展性作业和实践性作业。

4. 班级一半以上同学能独立完成拓展性作业，班级三分之一的同学能通过小组讨论或小组交流的形式完成实践性作业。

五、作业设计

作业类型	作业内容	设计意图
预习性作业	1. 自主查阅资料了解下列内容： (1)历史上在方程的发展中做出过杰出贡献的数学家：____________________； (2)历史上有关方程的著作：____________________。	通过自主查阅资料，加深同学对方程的概念的理解，让同学知其然，也知其所以然。
	2. 阅读教材小组讨论完成下列内容： (1)方程：含有________的________叫作方程； (2)一元一次方程：只含有________个未知数，未知数的次数都是____________，等号两边都是____________，这样的方程叫作一元一次方程； (3)解方程：求出使方程中等号左右两边________的未知数的值，这个值就是方程的________。	通过预习教材内容，深刻的理解方程和一元一次方程的定义，以及解方程和方程的解的概念，为后面学习解方程打下基础。

续表

作业类型	作业内容	设计意图
基础性作业	1. 下列方程中,是一元一次方程的是(　　)。 A. $x^2+2x=1$　　B. $x+5=0$ C. $3x+y=8$　　D. $\frac{1}{x}+1=2$ 2. 在下列方程中,解是 $x=2$ 的方程是(　　)。 A. $3x=x+3$　　B. $-x+3=0$ C. $2x=6$　　D. $5x-2=8$ 3. $4x^{1-3m}-3=7$ 是关于 x 的一元一次方程,则 $m=$________。 4. 解为 $x=-2$ 的一元一次方程可以是________。(写出一个即可) 5. 列等式表示: (1)比 a 大 5 的数等于 8; (2)b 的三分之一等于 9; (3)x 的 2 倍与 10 的和等于 18; (4)x 的三分之一减 y 的差等于 6; (5)比 a 的 3 倍大 5 的数等于 a 的 4 倍; (6)比 b 的一半小 7 的数等于 a 与 b 的和。 6. 若用买 12 个大水杯的钱,可以买 16 个小水杯,大水杯的单价比小水杯的单价多 5 元,两种水杯的单价各是多少元? (1)若设小水杯的单价为 x 元,根据题意,可列方程为________________; (2)若设大水杯的单价为 x 元,根据题意,可列方程为________________; (3)若设大水杯的总价为 x 元,根据题意,可列方程为________________;	理解并巩固方程、一元一次方程及方程的解的概念,通过多种多样的形式,既加强了对基础知识的理解和运用,也减轻了学生的书写负担。列式表示让学生体会到用代数式表示和用方程表示的区别与联系,形成概念观念和模型意识,培养学生从算术思维到代数思维到方程思维的进阶,学会用数学的思维去思考实际问题。
	7. 下列方程中是一元一次方程的是(　　)。 A. $3x+2=5y-3$　　B. $\frac{x+2}{x-1}-1=x^2$ C. $x^2=4$　　D. $x^2-4=(x-2)^2$ 8. 关于 x 的方程 $2x-\|m\|=3$ 的解是 $x=2$,则 m 的值(　　)。 A. $m=1$　　B. $m=2$　　C. $m=\pm1$　　D. $m=\pm2$	巩固学生对方程、一元一次方程、方程的解以及解方程的基本概念的理解,并能初步运用它们解决相关问题。

续表

作业类型	作业内容	设计意图
基础性作业	9. 下列式子中：①$2x-1$；②$2m+15=3$；③$3x-5=5x+4$；④$x^2+2x=1$；⑤$-3x+1.8=3y$；⑥$3a+9>15$；⑦$\frac{1}{x}+1=2$，其中，是一元一次方程的有________。（只填序号即可） 10. 若$3x^{\|m\|}+(n-2)y-5=0$是关于x的一元一次方程，则$m+n=$________。 11. 检验下列未知数的值是不是方程$\frac{3}{x}=x-2$的解。 （1）$x=2$；（2）$x=-1$。	能估算简单方程的解和检验方程的解，让学生把握好数学本质，厘清知识间的逻辑关系，渗透转化思想，培养数学抽象和运算能力。
	12. 一辆客车和一辆卡车同时从A地出发沿同一公路同方向行驶，客车的行驶速度是70 km/h，卡车的行驶速度是60 km/h，客车比卡车早1 h经过B地。A，B两地间的路程是多少？ （1）两地间的路程是x km，根据题意，可列方程为________________； （2）卡车经过B地需x h，根据题意，可列方程为________________； （3）客车经过B地需x h，根据题意，可列方程为________________。 13. 当$m=$________时，方程$x^2+(m+1)x+m+1=0$的解是$x=0$。 14. 如果关于x的方程$(a-1)x^2-ax+5=0$是一元一次方程，那么$a=$________。 15. 把1400元奖学金按照两种奖项奖给22名学生，其中一等奖每人200元，二等奖每人50元。获得一等奖的学生有多少人？ （1）设获得一等奖的学生有x人，根据题意，可列方程为________； （2）设获得二等奖的学生有x人，根据题意，可列方程为________； （3）设一等奖学金x元，根据题意，可列方程为________； （4）设二等奖学金x元，根据题意，可列方程为________。	渗透"一般观念"，让学生寻找实际问题中的数量关系，假设未知数，列出方程，体会不同的未知数所表示出的方程也不同，但问题中的数量关系的本质没有发生改变，让学生会用数学的眼光来观察现实世界，体会其中的辩证关系，感悟数学语言是表达现实世界的重要载体。

续表

作业类型	作业内容	设计意图
拓展性作业	1.（2024 叙州区期末）已知关于 x 的一元一次方程 $ax+b=0$（其中 $a\neq0$，a，b 为常数）。若这个方程的解恰好为 $x=a-b$，则称这个方程为“恰解方程”。例如，方程 $2x+4=0$ 的解为 $x=-2$，恰好为 $x=2-4$，则方程 $2x+4=0$ 为“恰解方程”。若关于 x 的一元一次方程 $5x=-k$ 是“恰解方程”，则 k 的值为（　　）。 A. $\frac{25}{4}$　B. $-\frac{10}{3}$　C. $-\frac{25}{6}$　D. $\frac{1}{4}$ 2. 在 2024 年全国数学奥林匹克竞赛中，某校学子再创辉煌，竞赛成绩全市领先，共 56 人获得全国一等奖，包揽初二年级组冠、亚、季军，在校内选拔赛时，某位同学连续答题 40 道，答对一题得 5 分，答错一题扣 2 分，最终该同学获得 144 分。请问这位同学答对多少道题？（用尽可能多的方法列方程）	开放性问题设置，强调知识的再构建，多角度地解决问题，在主动变换的视角下发现数量关系的不同呈现方式，培养发现问题、提出问题的能力，以及发散思维和创新意识。
实践性作业	请找出生活中可以用一元一次方程解决的实际问题，并尝试列出方程。	将所学的知识应用到实际生活中，提高学生运用数学解决实际问题的意识和能力，同时增强学生对数学的兴趣和对生活中数学的敏感度。

六、教学评价

数学概念是数学教学的重要内容。数学概念教学要关注价值、过程，以及思辨指导数学研究的路径与方法，把握数学知识的结构与关系。一元一次方程的定义是本章的起始内容，但列方程解决实际应用问题却是本章乃至整个初中数学学习的一个重难点，同时也是中考考查的重点。因此在作业设计上，应更加注重知识的结构化，在学生经历了感知、归纳、概括和初步内化的过程中，以作业的形式，建立起具体的模型，体现概念螺旋式上升的原则，为今后学习函数打下基础。

【示例5】

“反比例函数的几何意义”作业设计

一、教材分析

“反比例函数的几何意义”选自人教版中学数学九年级下册第二十六章第二节的第二课时。从教材设计上看,在学习过“反比例函数”的概念和性质后开展“反比例函数的几何意义”的研究。通过之前的学习,学生们已经掌握了反比例函数的基本性质。例如,当 $k>0$ 时,反比例函数的图像在第一,三象限;当 $k<0$ 时,反比例函数的图像在第二,四象限。同时,学生们也具备了初步的观察、操作、讨论、表达的能力,此时再安排本节课,能更有利于学生掌握和理解反比例函数的几何意义。

反比例函数是对函数概念和性质的进一步深化和拓展,之前所学的一次函数等函数为理解反比例函数的性质和特点奠定了基础,通过对比不同类型函数的特征,能加深对函数多样性和复杂性的认识,了解反比例函数是比例关系的直接扩展。在基础数学中,学生首先学习的是正比例关系。例如,$y=kx(k\neq0)$,其中变量 y 与 x 成正比例关系,比例系数为 k。反比例函数可以视为当一个量固定时,另一个量与其倒数成比例,这深化了学生对比例和倒数概念的理解。另外,反比例函数的几何意义是对反比例函数性质的直观展示,可以解决具有共同特征的一类事物,体现出深度学习效果。

反比例函数的几何意义的研究模式是数学学习常用的一种手段,这种研究方法为后续特殊的反比例函数即幂函数、指数函数、对数函数等的学习奠定了基础。此外,反比例函数的几何意义中涉及图形面积计算、线段比例关系等知识,也与几何中的三角形、四边形等内容相互联系,为综合运用数学知识解决问题提供了重要的桥梁。

本部分内容需要学生运用数学模型思想,结合现阶段所学知识来解决生活中的实际问题,从而培养学生的创新思维和探索精神,提高学生的论证能力,发展学生的逻辑思维能力,让学生收获快乐,感受数学的奥妙。

二、学情分析

九年级的学生通常已经掌握了基本的代数知识，包括解方程、函数的基本概念以及简单的几何知识。对于反比例函数，他们可能已经了解其定义、图像特征和一些基本性质，但可能尚未深入理解其几何意义。

这一年龄段的学生好奇心强，对新鲜事物充满求知欲，愿意参与课堂活动和讨论。反比例函数的几何意义可以通过实际生活中的例子来激发他们的学习兴趣，例如解释物体间的相互依赖关系或变化规律。学生应具备一定的抽象思维能力，能够将实际问题转化为数学模型。学生需要具备一定的计算和推理能力，以便理解和证明反比例函数的几何特性。

在小组讨论学习中，学生能够独立思考并积极参与，提出自己的观点和解决问题的方法。同时，鼓励学生利用已有的三角形知识来探索和研究反比例函数的几何意义。

三、设计理念

设计关于反比例函数几何意义的作业时，应遵循以下设计理念，旨在促进学生的理解、探究、实践和创新能力。

1. 直观感知与动手操作。设计作业时，应鼓励学生通过绘制反比例函数的图像，体会其双曲线的特性。作图时学生可以采用几何画板、在线图形计算器或手工绘图等方式，让学生直观看到随着 x 的增减，y 如何变化，以及双曲线的对称性、渐近线等特征。

2. 探究与发现。设置探究性问题，引导学生发现反比例函数的性质，如面积恒定性质（从原点到函数上任一点形成的三角形面积为常数）、渐近线的存在及其意义等。可以通过提出问题，如“如何证明从原点到双曲线上任意点构成的三角形面积始终为 $\frac{|k|}{2}$？”从而激发学生的探索欲。

3. 分层次挑战。作业应包含不同难度的问题，满足不同学习水平学生的需求。基础题目可涉及图形识别、基本性质验证，进阶题目则涉及性质的综合运用、与其他函数的对比分析等，以促进所有学生的成长。

4. 合作学习与交流。设计小组作业或讨论题，让学生合作探讨反比例函数的几何特性以及复杂问题的解决方法。通过小组讨论,学生可以在交流中相互启发,共同深化理解。

5. 反思与总结。鼓励学生在完成作业后进行自我反思,总结反比例函数的学习要点,包括图形特点、关键性质及其背后的数学原理。可以通过撰写学习日记、制作思维导图等形式,帮助学生巩固知识,提升认知能力。

通过上述设计理念的实施,作业不仅能加深学生对反比例函数几何意义的理解,还能培养他们的数学思维、探究能力和应用意识,为后续的数学学习奠定坚实的基础。

总之,反比例函数的作业设计应该注重培养学生的独立思考能力,培养他们的创新思维和实践能力,同时也应该注重实用性,让数学知识在生活中得到应用。

四、作业目标

1. 理解和掌握反比例系数 k 的几何意义。
2. 灵活运用 $|k|$ 的几何意义来求几何图形的面积。
3. 准确完成预习性作业、基础性作业、拓展性作业。
4. 全班同学完成基础性作业,一半同学完成拓展性作业。

五、作业设计

作业类型	作业内容	设计意图
预习性作业	1. 旧知回顾 (1)一般地,形如________的函数叫作反比例函数,其中________是自变量,________是函数。自变量的取值范围是________。 (2)一般地,当 $k>0$ 时,观察反比例函数 $y=\frac{k}{x}$ 的函数图像,并结合解析式,我们可以发现: ①函数图像分别位于第________象限; ②在每一象限内,y 随 x 的增大而________。	基础练习帮助学生深入理解反比例函数的基本概念,包括函数的定义、图像特征(如双曲线形状),以及反比例关系的本质(乘积恒定)。

续表

作业类型	作业内容	设计意图
预习性作业	(3)一般地,当 $k<0$ 时,观察反比例函数 $y=\frac{k}{x}$ 的函数图像,并结合解析式,我们可以发现: ①函数图像分别位于第________象限; ②在每一象限内,y 随 x 的增大而________。 2. 如果反比例函数的图像经过点 $A(1,2)$,那么这个反比例函数的图像在第________象限。 3. 反比例函数 $y=\frac{k-1}{x}$ 的图像在第二、四象限,则 k 的取值范围是________。	设计与学生已有知识相关联的任务,复习反比例函数的性质,便于新旧知识之间的有效连接。
基础性作业	1. 如图,点 $P(m,n)$ 是反比例函数 $y=\frac{2}{x}$ 图像上的任意一点,过点 P 分别向 x 轴、y 轴作垂线,垂足分别为点 A,B,则 $S_{矩形OAPB}=$________。 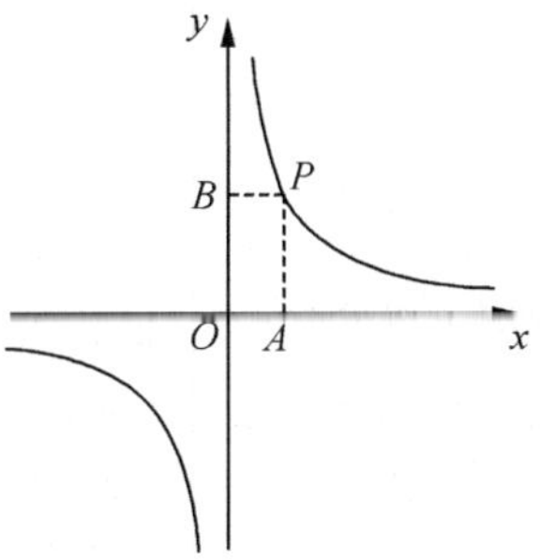 2. 如图,点 $P(m,n)$ 是反比例函数 $y=\frac{k}{x}$ 图像上的一点,过点 P 向 x 轴作垂线,垂足为 A,则 $S_{\triangle PAO}=$________。 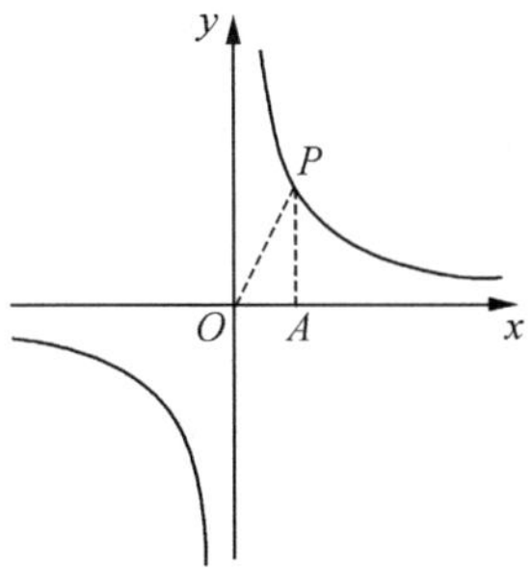 	进一步理解点的坐标与方程的解之间的关系,体会数与形之间的联系,明确反比例函数中的两个变量所蕴含的意义,加深学生对核心知识的理解。

续表

<table>
<tr><th>作业类型</th><th>作业内容</th><th>设计意图</th></tr>
<tr><td rowspan="2">基础性作业</td><td>

3. 如图，点 P 是反比例函数 $y=\frac{2}{x}$ 图像上的一点，$PD\perp x$ 轴于 D，则 $\triangle POD$ 的面积为________。

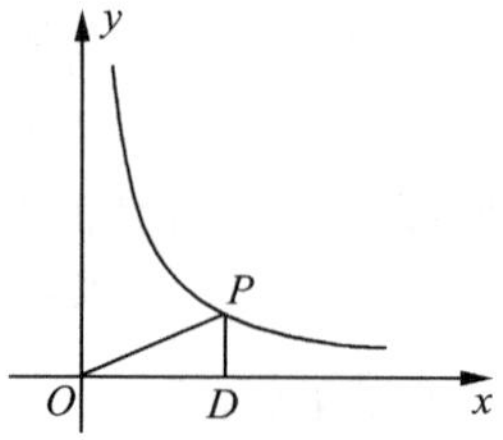

4. 如图，点 P 是反比例函数 $y=-\frac{3}{x}$ 图像上的一点，过点 P 分别向 x 轴、y 轴作垂线，则阴影部分面积为________。

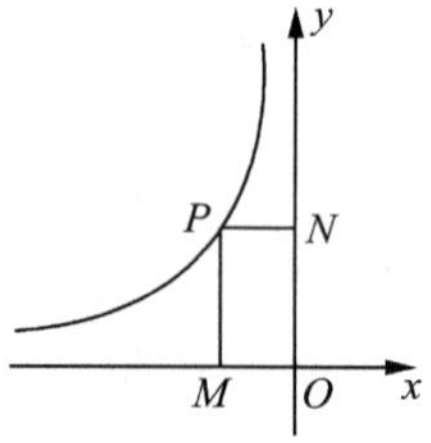

</td><td>将几何图形由矩形转化三角形，异中求同，关注通性通法，也进一步体会在平面直角坐标系中函数与几何图形的关系。</td></tr>
<tr><td>

5. 如图，过反比例函数 $y=\frac{2}{x}$ 图像上任意两点 A,B 分别作 x 轴的垂线，垂足分别为 C,D，连接 OA,OB，设 AC 与 OB 的交点为 E，$\triangle AOE$ 与梯形 $ECDB$ 的面积分别为 S_1，S_2，则（　　）。

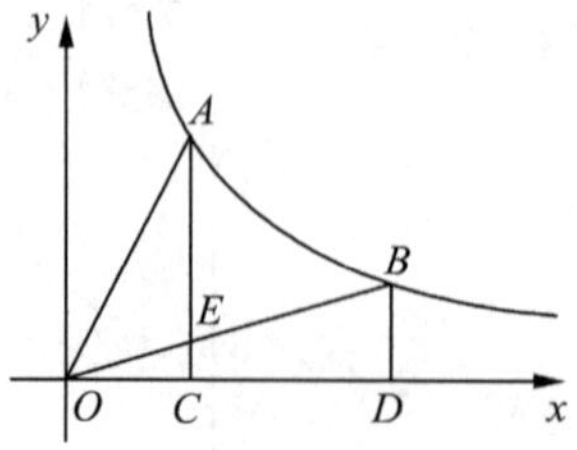

A. $S_1>S_2$

B. $S_1=S_2$

C. $S_1<S_2$

D. S_1 和 S_2 的大小关系不确定

</td><td>通过问题情境的变化，体现在反比例函数图像的曲线变化关系中所呈现出的几何问题与代数问题的关联作用，感悟数与形在变化中的不变性，提升学生的几何直观、空间观念、抽象能力和运算能力。</td></tr>
</table>

续表

<table>
<tr><th>作业类型</th><th>作业内容</th><th>设计意图</th></tr>
<tr><td>基础性作业</td><td>6. 如图，点 A，B 是双曲线 $y=\frac{3}{x}$ 上的点，过点 A、B 两点分别向 x 轴、y 轴作垂线，若 $S_{阴影}=1$，则 $S_1+S_2=$________。
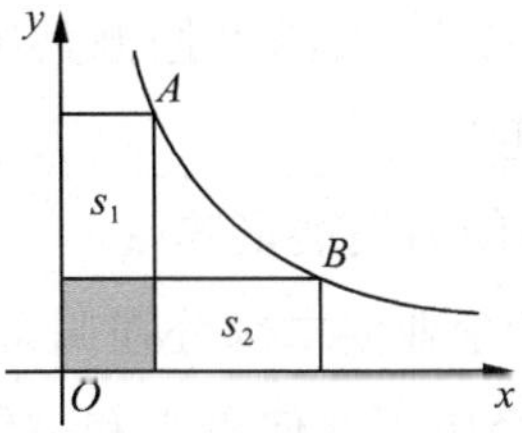
</td><td></td></tr>
<tr><td>拓展性作业</td><td>1. 点 A，B 是双曲线 $y=\frac{3}{x}$ 上的点，过点 A，B 分别向 x 轴、y 轴作垂线交于点 C，若 S 阴影 $=1$，则 $S_{矩形ACBD}=$________。
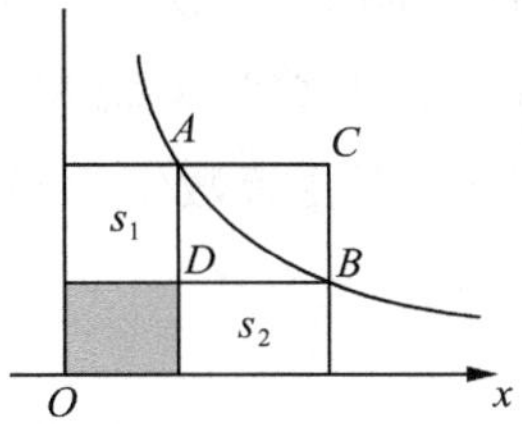

2. 点 A，B 是双曲线 $y=\frac{3}{x}$ 上的点，过点 A、B 分别向 x 轴、y 轴作垂线交于点 C，若 S 阴影 $=1$，则 $S_{四边形OACB}=$________。
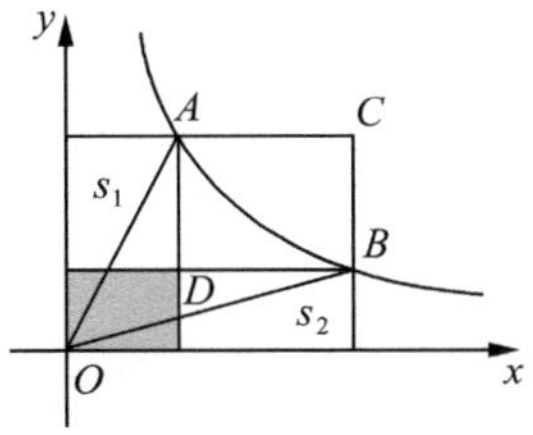
</td><td>在初步理解反比例函数的几何意义基础上，完成对知识的再认识和对数形结合及转化思想的再理解，使学生的应用能力再提升，从而夯实基础，形成技能。</td></tr>
</table>

六、教学评价

1. 在新课程标准理念下深度研究和深刻理解核心内容

随着《义务教育数学课程标准（2022 年版）》的发布，课程的理念、目标、内容等方面都发生了变化，主要体现为素养导向、主题学习、学业质量评价，并且加强了学段衔接，凸显了育人价值，这些都为中考命题提供了新方向和思路。新课程标准当中明确指出，会用坐标描述简单几何图形的位置，会用坐标表达图形的变化、简单图形的性质，感悟通过几何图形建立几何直观，通过代数得到函数式的表达过程，深刻理解函数本身的性质与几何图形的性质，是数形相互转化的关键。因此，在教学中或中考备考中，要深度挖掘其中蕴含的数学思想方法，夯实基础，强化“四基”，提升“四能”。

2. 在课堂教学实践中感悟思想提升能力发展素养

新课程标准在“图形与坐标”内容的学业要求部分强调，在具体的情境中学会从几何的角度发现问题和提出问题，经历用几何直观和逻辑推理来分析问题和解决问题的过程，培养应用意识和创新意识，提升几何直观、空间观念、抽象能力、推理能力等学科素养。这使得该部分知识在中考试题中常常以代数和几何运动变化的形式出现，试题通过设置探索图形，变换中点的坐标或利用图形的几何性质，来实现对函数的考查，以及对学生数学思想和基本活动经验的考查，涵盖了数形结合、分类、转化、方程、变与不变等数学思想方法，为今后学习二次函数等相关知识打下基础。

4 “以评促教”理念下的中考评价体系与数学试题特征分析

在“以评促教”的理念下，中考评价体系与数学试题呈现出了一些显著的特征。首先，中考评价体系更注重考查学生对数学知识的综合运用能力。数学试题不再仅仅局限于对单一知识点的简单考查，而是倾向于将多个知识点融合在一个问题中，要求学生能够灵活调用所学知识解决实际问题，以此检验学生对数学知识的理解深度和掌握程度。其次，强调对数学思维的考查。试题会设置一些需要学生进行逻辑推理、分析归纳、抽象概括的问题，培养学生的创新思维和批判性思维，促使学生不再仅仅是机械地记忆公式和定理，而是能够真正理解数学的本质和思想方法。然后，与生活实际的紧密联系也是重要特征之一。中考数学试题会引入大量真实的生活情境，如经济、工程、科技等方面，让学生运用数学知识解决这些情境中的问题，从而体现数学的应用价值，培养学生运用数学解决实际问题的能力。接着，评价体系还注重考查学生的数学阅读和理解能力。试题中的题干可能会较长且复杂，需要学生准确提取关键信息，理解问题的核心，这对学生的阅读理解和信息处理能力提出了较高要求。最后，在题型设置上，会增加开放性和探究性的试题。鼓励学生提出不同的解题思路和方法，展示学生的个性和创新能力，培养学生的自主探索精神。总之，在“以评促教”理念下，中考评价体系引导下的数学试题更加注重综合能力、思维培养、实际应用、阅读理解以及创新探索，旨在促进数学教学的改革与发展，培养学生的数学素养和综合能力。

4.1 中考评价的核心功能与数学试题命制原则

中考评价体系通过明确考查内容和要求,为中考命题提供指导,同时也对教师的教学和学生的学习起引导作用。它旨在培养学生的社会责任感、创新精神和实践能力,促进学生全面发展。为高中阶段学校选拔学生提供依据,确保招生的公平、公正、科学。引导初中学校和教师遵循教育规律,改进教学方法,提高教育质量,推动素质教育的实施,培养学生的核心素养,为学生的未来发展奠定基础。作为数学学科学习结果性评价的"数学试题"应体现新课程标准的要求,试题的命制要做到规范,数学命题要注重考查基础知识、数学思维与能力,题目素材背景要密切联系实际,给不同层次的学生提供不同层次的问题,为学生提供较大的思维空间和个性展示空间。

4.1.1 中考评价的核心功能

4.1.1.1 检测功能

检测功能即检验学生在初中阶段对知识与技能的掌握程度。

中考作为一种总结性评价,通过纸笔测验等方式,检验学生在初中阶段对各学科知识的掌握程度,以及运用所学知识解决实际问题的能力。中考还会对学生的综合能力进行考查,如逻辑思维能力、创新能力、实践能力等。这些能力对于学生的未来发展至关重要,中考评价可以为学生和家长提供一个了解学生综合能力水平的机会,考查学生的综合能力。通过中考评价,学生可以发现自己在学习过程中存在的问题和不足之处,为后续的学习提供参考和依据。同时,教师也可以根据中考评价的结果,了解学生的学习情况,及时调整教学策略和方法,提高教学质量,发现学生学习中的问题。中考评价的结果是学生升学的重要依据之一,高中阶段学校会根据学生的中考成绩和其他评价指标,如综合素质评价等,进行招生录取。因此,中考评价对于学生的升学和未来发展具有重要意义,能作为学生的升学依据。

例如,在中考数学试卷中,设置了各种类型的题目来检测学生的不同能力。

对于基础知识的检测,可能会有这样的题目:“计算$(-2)^2+3\times(-1)$”,这可以考查学生对有理数运算规则的掌握。对于知识应用能力的检测,如“一个直角三角形的两条直角边分别为 3 和 4,求斜边的长度”,这需要学生运用勾股定理来解决实际问题。再比如,“在平面直角坐标系中,点$A(2,-3)$关于 x 轴对称的点的坐标是什么?”这样的题目可以检测学生对平面直角坐标系和轴对称性质的理解和运用。通过这些题目,可以全面、细致地检测学生在初中数学学习中各个方面的掌握情况,从而了解学生的学业水平,发现学生的优势和不足,为后续的教育决策和学生的学习调整提供有价值的参考。

4.1.1.2 选拔功能

通过考试成绩等为高中阶段学校选拔合适的学生。

中考的选拔功能是指通过考试成绩等方式,筛选出适合进入高中阶段学习的学生。中考作为一种选拔性考试,其结果在一定程度上决定了学生能否进入理想的高中,进而影响到他们未来的教育和职业发展。在当前的教育体系中,中考的选拔功能主要体现在以下几个方面。

中考成绩是学生升入高中的重要依据之一。高中阶段教育在一定程度上决定了学生的升学和未来发展方向,因此中考的选拔功能对于学生的未来发展具有重要意义。另外,优质高中通常拥有更好的师资力量、教学资源和学习环境,能够为学生提供更好的教育和发展机会。中考成绩优异的学生有更多机会进入优质高中,从而获得更好的教育资源和发展机会,中考成绩还可以为学生提供选择适合自己教育路径的机会。例如,一些学生可能更适合选择职业教育或其他特殊教育路径,而中考成绩可以为他们提供相应的选择依据;中考的选拔功能可以激发学生的学习动力和竞争意识,促使他们更加努力地学习和提高自己的能力。

需要注意的是,中考的选拔功能应该在保证教育公平和质量的前提下进行。教育部门和学校应该采取措施,确保中考的公平性和科学性,避免过度强调选拔功能而忽视学生的全面发展和个性特长。同时,家长和社会也应该树立正确的教育观念,不要过分追求中考成绩,而是要关注学生的全面发展和健康成长。

4.1.1.3 导向功能

引导学校、教师和学生关注教学重点和学习方向，促进教育教学质量的提升。

中考作为一种重要的评价方式，其考试内容和评价标准对教学具有重要的导向作用。中考的内容和标准可以引导教师和学生更加注重知识的掌握和能力的培养，促进教学质量的提高。中考的评价标准不仅仅是学生的学习成绩，还包括学生的综合素质和能力。通过中考的评价，可以引导学生更加注重自身素质和能力的培养，促进学生的全面发展。中考的改革可以推动教育改革的深入发展，通过中考改革，可以引导教育教学更加注重学生的创新能力和实践能力的培养，促进教育教学质量的提高。中考成绩是学生升入高中的重要依据之一，它可以为学生选择适合自己的高中提供参考。同时，中考成绩也可以为高中阶段的教育教学提供依据，帮助高中学校更好地了解学生的学习情况和能力水平，为高中阶段的教育教学提供参考。中考的公平性和公正性可以促进教育公平的实现，通过中考的评价，可以为学生提供一个公平竞争的机会，避免因家庭背景、社会关系等因素影响学生的升学。

以下是一些具有导向功能的中考试题。

例题 1 随着环保意识的增强，新能源汽车越来越受欢迎。某品牌新能源汽车的续航里程在过去几年中不断提升。以下是该品牌新能源汽车 2018 年至 2022 年每年续航里程的统计数据(单位：千米)：

年份	2019	2020	2021	2022	2023	2024
里程	300	340	400	480	580	700

(1)请根据以上数据绘制折线统计图；

(2)根据统计图，分析该品牌新能源汽车续航里程的变化趋势，并预测 2025 年的续航里程。

导向功能体现：这道题引导学生关注现实生活中的科技发展和数据处理，可以培养学生运用数学知识分析实际问题的能力，同时也强调了对统计图表绘制和分析的掌握的重要性。

例题 2 为了推进垃圾分类工作,某社区进行了垃圾分类的宣传和培训。在活动结束后,对部分居民进行了垃圾分类知识的测试,测试成绩如下(满分 100 分):

85,90,75,80,95,70,85,90,80,85

(1)计算这组数据的平均数、中位数和众数。

(2)如果社区要评选垃圾分类知识“小达人”,你认为平均数、中位数和众数哪个数据更能合理地作为评选标准?请说明理由。

导向功能体现:此题引导学生关注社会热点问题——垃圾分类,并且主要考查学生对数据集中趋势的理解和运用,引导学生思考如何合理选择统计量来描述和分析数据。

例题 3 某工厂要制作一个无盖的长方体水箱,水箱的长、宽、高分别为 5 米、3 米、2 米。

(1)制作这个水箱需要多少平方米的材料?

(2)若水箱装满水,此时水的质量是多少吨?(1 立方米的水的质量为 1 吨)

导向功能体现:这道题引导学生将数学知识应用于实际的工程问题,强调了对长方体表面积和体积计算的掌握,培养学生解决实际生产问题的能力。

4.1.1.4 激励功能

激励功能即激发学生的学习动力和潜能,鼓励他们不断努力进取。

中考是对学生九年学习成果的一次检验,通过中考,学生可以看到自己在学习上的进步和不足,从而对自己的学习成果有一个客观的认识。同时,中考成绩也是学生升入高中的重要依据之一,优异的中考成绩可以为学生提供更多的升学机会和选择,这也是对学生学习成果的一种肯定和鼓励。中考的激励功能还体现在它可以激发学生的学习兴趣。中考的考试内容和评价标准对教学具有重要的导向作用,它可以引导教师和学生更加注重知识的掌握和能力的培养。通过中考,学生可以了解到自己在各个学科上的优势和不足,从而有针对性地进行学习和提高。这种针对性的学习可以让学生感受到自己的进步和成长,从而激发学生的学习兴趣和动力。中考是一种选拔性考试,它可以让学生在竞争中提高自己的能力和素质,通过中考,学生可以了解到自己在同年龄段学生中的位置和水平,从而激发学生的竞争意识和进取精神。同时,中考的竞争也可以让学生学会面对挫折和困难,培养学生的抗压能力和适应能力。中考的激励功能还体现在它可以促进学生的全面发展。中考的评价标准不仅仅是学生的学习成绩,还包括学生的综合素质和能力。通过中考,学生可以更加注重自身素质和能力的培养,如思维能力、创新能力、实践能力等。这些能力的培养不仅有助于学生在中考中取得好成绩,也有助于学生在未来的学习和生活中更好地发展。

总之,中考的激励功能是多方面的,它可以肯定学生的学习成果,激发学生的学习兴趣,培养学生的竞争意识,促进学生的全面发展。这些功能对于学生的成长和发展具有重要的意义。

4.1.1.5 反馈功能

反馈功能即为教育行政部门、学校、教师和学生提供关于教学效果和学习状况的反馈信息,以便及时调整和改进。

中考的反馈功能是指中考作为一种教育评价手段,能够为学生、教师、学校和教育管理部门提供有关学生学习成果、教学质量和教育政策等方面的信息反馈。具体来说,中考的反馈功能主要体现在以下几个方面:中考成绩可以反映学生在各学科上的学习水平和掌握程度,帮助学生了解自己的学习状况,发现自己的优势和不足,为学生提供改进的方向和动力;中考成绩可以反映学校和教师的教学质量,帮助学校和教师了解教学效果,发现教学中存在的问题,为教学改进提供依据;中考成绩可以为教育管理部门提供有关教育政策的实施效果和教育资源的分配情况等方面的信息反馈,为教育政策的调整和优化提供依据;中考成绩可以为社会提供有关学校和学生的教育质量和水平的信息反馈,帮助社会了解学校的教育质量和学生的综合素质,为社会评价学校和学生提供依据。总之,中考的反馈功能是多方面的,它可以为学生、教师、学校和教育管理部门提供有关学生学习成果、教学质量和教育政策等方面的信息反馈,为教育教学改进提供依据和动力。

4.1.2 中考数学试题命制的基本原则

依据《义务教育数学课程标准(2022年版)》,中考数学试题的命制应紧密围绕其所规定的课程目标、课程内容和学业质量标准,确保考查内容不超出课程标准的范围和要求,突出对学生数学学科核心素养的考查,如数学抽象、逻辑推理、数学建模、直观想象、数学运算和数据分析等。试题应注重联系实际,考查学生运用数学知识解决实际问题的能力,体现数学的应用价值。将不同数学知识、方法和技能进行有机整合,考查学生综合运用数学知识解决复杂问题的能力,重视对学生数学思维过程的考查,如推理过程、探究过程、思考过程等,而不仅仅是结果。试题的难度要适中,有合理的梯度,既能考查大多数学生的学习水平,又能区分不同层次学生的能力,采用多样化的题型,如选择题、填空题、解答题等,以全面考查学生的数学能力,试题表述准确、清晰,语言简洁,图形规范,答案准确无误,具有良好的效度和信度。这些原则旨在引导中考数学试题命制更加科学、合理,促进学生数学素养的提升和数学教育的发展。

数学学业质量描述,是依据课程目标,对学生完成课程阶段性学习后的学业成就具体表现特征进行总体刻画。数学学业质量以学生在数学课程学习中核心素养的达成情况为主要维度,结合课程内容对学生的学业成就具体表现特征进行了具体的描述。例如,在数与代数领域,学业质量描述可能包括学生能否理解数的概念、进行数的运算、运用方程解决实际问题等方面的表现;在图形与几何领域,可能描述学生能否认识图形的特征、进行图形的变换、解决与几何图形相关的实际问题等。学业质量描述通常会区分不同学段或不同水平层次,例如,会分为“掌握”“理解”“应用”“创新”等不同程度,清晰地说明了学生在相应学段应该达到的学业水平,为教学评价、考试命题等提供了重要依据。具体的学业质量描述内容,可以参考《义务教育数学课程标准(2022版)》81页中的表3,义务教育数学课程学业质量标准。

学段	学业质量描述
第四学段 （7~9 年级）	能从生活情境、数学情境中抽象概括出数与式、方程与不等式、函数的概念和规则，掌握相关的运算求解方法，合理解释运算结果，形成一定的运算能力、推理能力和抽象能力；知道运动过程中的不变量、图形运动的变化特征，能运用几何图形的基本性质进行推理证明，初步掌握几何证明方法，进一步增强几何直观、空间观念和推理能力；知道频数、频率和概率的意义，能够进行简单的数据分析，形成数据观念。综合运用数学和其他学科知识与方法解决问题，积累数学活动经验，发展核心素养。 能从具体的生活与科技情境中，抽象出函数、方程、不等式等数学表达形式，用数学的眼光发现问题并提出（或转化为）数学问题，用数学的思维探索、分析和解决具体情境中的现实生活问题，给出数学描述和解释，运用数学的语言与思想方法，综合运用多个领域的知识，提出设计思路，制订解决方案。能够在解决问题的过程中选择合适的方法进行评估，并对结果的实际意义作出解释。能够知道解决问题方法的多样性，具备一定的应用意识和模型意识，初步会用数学语言表达与交流。 感悟数学的价值，能够从问题解决的过程中获得数学活动经验，产生对数学的好奇心和求知欲，增强学习数学的兴趣，建立学习数学的自信心。能够在解决问题的过程中，学会独立思考、合作探究，形成批判质疑、克服困难、勇于担当的科学精神，具备一定的创新意识。

中考数学试题命制通常需要遵循科学性、基础性、全面性以及导向性等基本原则。

4.1.2.1 科学性原则

试题内容必须科学准确，无知识性错误，题目的表述和逻辑要严谨。中考命题的科学性原则主要包含以下几个方面：试题内容必须准确无误，符合数学学科的基本原理和概念，不出现知识性错误；试题的语言表述要清晰、准确，避免产生歧义，使考生能够明确理解题意；试题的解法应基于科学的数学方法和原理，不使用超纲或不恰当的解法；试题难度应适中，既要有一定的挑战性，又要避免过于困难或过于简单，以区分不同水平的考生；试题的结构应合理，各部分之间的比例和分布要恰当，以全面考查考生的知识和能力；试题中所涉及的数据应真实、可靠，且符合实际情况，避免使用不合理的数据；试题的答案应唯一、确定，且符合数学逻辑，便于阅卷评分；命题过程应严格保密，防止试题泄露,确保考试的公平性和公正性。科学性是中考命题的基本原则之一,只有遵循科学性原则,才能保证试题的质量和考试的有效性。

4.1.2.2 基础性原则

强调对基础知识、基本技能的考查,覆盖主要的知识点和数学核心概念,中考命题的基础性原则如下。首先中考作为学业水平测试,其目的是全面、准确地评估学生在初中阶段的学习成果。因此,中考命题会以基础知识和基本技能为重点,确保学生掌握了新课程标准所要求的核心内容。这些基础知识包括数学中的基本概念、定理、公式、字词、语法、修辞等, 除了基础知识以外,基本技能也是中考命题的重要内容。例如,计算能力、推理能力、空间想象能力等。这些基本技能是学生进一步学习和发展的基础,也是学生在日常生活和工作中所必需的。其次,中考命题还会注重考查学生的学科素养,即学生在学科学习中所形成的思维方式、创新能力、实践能力等。例如,会考查学生的数学思维、数学方法和数学应用能力,这些学科素养是学生在学科学习中所积累的宝贵财富,也是学生未来发展的重要支撑。再次,中考命题会尽量贴近学生的实际生活,将学科知识与实际生活相结合,让学生感受到学科知识的实用性和价值。例如,会考查学生运用数学知识解决实际问题的能力。这种联系实际生活的命题方式,有助于激发学生的学习兴趣,提高学生的学习积极性。最后,中考命题会根据学生的年龄特点和认知水平,合理控制试题的题型从易到难的程度。一般来说,中考试题的题型从易到难的比例为 7 : 2 : 1,即基础题占 70%,中等难度题占 20%,较难题占 10%。这样的难易比例既可以保证大部分学生能够取得较好的成绩,又可以区分出不同水平的学生,为高中阶段的学校招生提供参考。

4.1.2.3 全面性原则

要全面反映新课程标准的要求,体现数学知识的系统性和整体性。中考的全面性原则是指考试内容应涵盖初中阶段所学的各个学科领域,以全面评估学生的知识水平和能力。首先应确保对学生的知识水平进行全面考查, 除了考查学生对知识的掌握情况以外,中考还应考查学生的多种能力,如理解能力、分析能力、综合运用能力等。通过不同类型的题目,如选择题、填空题、简答题、论述题等,全面评估学生的能力水平。全面性原则也体现在学科之间的融合上,中考命题可能会涉及跨学科的知识和技能,以考查学生对不同学科之间联系的理解和应用能力。中考命题通常需要依据教学大纲和课程标准,以确保考试内容与教学要求相符,从而可以全面反映学生在初中阶段的学习成果。遵循全面性原则有助于保证中考的公平性和科学性,能够更全面地了解学生的学习情况,为高中阶段的教育提供参考。同时,这也促使学生在初中阶段全面发展,使学生可以掌握多学科的知识和技能,为未来的学习和发展打下坚实的基础。

4.1.2.4 导向性原则

引导教学方向,从而引导教师更加注重培养学生的数学思维和能力,而不是单纯地机械记忆和刷题。中考的导向性原则是指命题应有助于落实立德树人根本任务,有助于推进“双减”工作,有助于导向教学,有助于全面反映学生在学科课程学习方面达到的水平,发展和提高学生的学科课程核心素养。导向性原则应符合教育部关于中考命题的相关要求,中考命题应注重培养学生的社会责任感、创新精神和实践能力,引导学生树立正确的世界观、人生观和价值观;命题应考虑不同地区和不同群体学生的实际,在试题设计和作答等方面注意公平,避免出现偏题、怪题,让所有考生都有平等的机会展示自己的水平;中考命题应注重考查学生的基础知识和基本技能,引导教师改进教学方法,提高教学质量;中考命题应全面反映学生在学科课程学习方面达到的水平,包括知识与技能、过程与方法、情感态度与价值观等方面;中考命题应注重考查学生的学科核心素养,如语言运用能力、数学思维能力、科学探究能力等,促进学生的全面发展和提高。总之,中考的导向性原则是为了更好地发挥中考的选拔和评价功能,促进学生的全面发展和能力的提高,同时也是为了推动教育教学改革,提高教育质量。

4.1.2.5 发展性原则

中考数学既要考查学生当前的数学水平,也要有利于学生的后续学习和发展。中考的发展性原则是指命题应有助于学生的全面发展和终身学习,注重考查学生的综合素质和创新能力,促进学生的个性发展和潜能发挥。中考命题应关注学生的个体差异和发展需求,尊重学生的个性和特长,为学生提供展示自己的机会,促进学生的全面发展;中考命题应注重考查学生的综合能力,包括知识运用能力、问题解决能力、创新思维能力等,以培养学生的创新精神和实践能力;中考命题应从实际出发选取素材,考查学生从实际生产、生活中提取信息、分析和处理问题的能力,以及理解和运用数学知识的水平,引导教学联系学生生活经验、社会实际,加强科学发展和学科发展的联系;中考命题应关注科学技术的最新发展和学科的前沿知识,引导学生了解科学发展的趋势和学科的发展方向,培养学生的科学素养和创新意识;中考命题应有助于教师了解自己在教学中的问题和不足,为教师改进教学提供参考,促进教学质量的提高;中考命题应考虑不同地区和不同群体学生的实际,在试题设计和作答等方面注意公平,避免出现偏题、怪题,让所有考生都有平等的机会展示自己的水平。

4.1.2.6 合理性原则

题目难度分布合理,有适当的区分度,能够区分不同水平的学生。中考命题应依据教学大纲和考试要求,确保试题内容覆盖知识点全面,不超纲、不偏题,能够准确考查学生对知识的掌握程度和应用能力;中考命题的难度和复杂程度应与学生的年龄、学习阶段和认知水平相适应,不过分超出学生的能力范围,也不低于学生的实际水平,以保证考试的公平性和有效性;中考命题应突出学科特点,遵循学科的知识体系和逻辑结构,注重考查学生对学科基本概念、原理和方法的理解和掌握,以及运用学科知识解决实际问题的能力;试题内容应贴近学生的生活实际和社会发展,注重考查学生对知识的应用能力和创新思维,引导学生关注社会热点、科技发展和生活中的实际问题,培养学生的实践能力和社会责任感;中考命题应经过严格的审核和把关,确保试题的质量和稳定性;中考命题应具有明确的考查目标和评价标准,避免出现模糊不清、歧义或错误的情况;中考命题的难度和题型应保持相对稳定,以便学生和教师能够更好地适应考试要求;中考命题应尊重学生的个性和差异,避免对某些群体或个体造成不公平的影响;中考命题应具有一定的灵活性和开放性,鼓励学生发挥自己的特长和优势,展示个性和创新能力;中考命题应考虑考试的时间和资源限制,合理安排试题的数量和难度,确保学生在规定的时间内能够完成答题,同时也要保证考试的安全性和保密性。总之,中考的合理性原则要求命题者在命题过程中充分考虑各种因素,确保试题的质量和公平性,以便能够有效考查学生的知识和能力,促进学生的全面发展和个性发展。

4.1.2.7 创新性原则

适当设置一些具有创新性的题目,培养学生的创新意识和创新能力。中考命题应关注社会热点、科技发展和学生生活实际,创设新颖的问题情境,引导学生运用所学知识解决实际问题,培养学生的创新思维和实践能力;采用多样化的命题形式,如开放性试题、探究性试题、综合性试题等,鼓励学生发表自己的观点和见解,展示学生的个性和创新能力;探索多元化的评价方式,除了传统的纸笔测试外,还可以采用实验操作、作品展示、口头表达等方式,全面评价学生的综合素质和创新能力;教师在教学过程中应注重培养学生的创新意识和创新能力,采用启发式、探究式、合作式等教学方法,激发学生的学习兴趣和主动性;中考改革应体现创新教育理念,注重培养学生的创新精神、实践能力和社会责任感,为学生的未来发展奠定基础。例如,在数学中考命题中,可以通过设计具有实际背景的问题,引导学生运用数学知识解决实际问题,培养学生的创新思维和实践能力。总之,中考的创新性原则要求命题者在命题过程中注重创新,通过创新的命题内容、形式和评价方式,引导教学方法和教育理念的创新,培养学生的创新意识和创新能力,促进学生的全面发展。

以下是一些中考创新性试题的例子。

例题 1 (数学跨学科应用)在一次科学实验中,研究人员需要测量一个不规则物体的体积。他们先将一个底面半径为 5 厘米,高为 10 厘米的圆柱形量筒装满水,然后将这个不规则物体完全浸没在水中,此时量筒中水面的高度上升到了 12 厘米。请你计算这个不规则物体的体积。

创新点:将数学中的圆柱体体积计算与物理实验中的排水法测量物体体积相结合,考查学生的跨学科知识运用能力。

例题 2 (数学推理与探究)观察以下等式:

第 1 个等式:$1\times2\times3\times4+1=25=5^2$

第 2 个等式:$2\times3\times4\times5+1=121=11^2$

第 3 个等式:$3\times4\times5\times6+1=361=19^2$

……

请你写出第 n 个等式,并证明你的结论。

创新点:要求学生通过观察,归纳总结出规律,并进行推理证明,培养学生的逻辑思维和创新能力。

例题 3 (数学情境创设与问题解决)某城市为鼓励居民节约用水,实行阶梯水价制度。规定每户每月用水量不超过 10 立方米时,水价为每立方米 2 元;超过 10 立方米的部分,水价为每立方米 3 元。已知小明家上月水费为 28 元,问小明家上月用水多少立方米?若本月小明家计划水费不超过 30 元,且用水量比上月有所增加,那么他家本月最多可用水多少立方米?

创新点:创设与生活密切相关的阶梯水价情境,考查学生运用方程和不等式解决实际问题的能力,同时培养学生的节约意识和数学应用意识。

例题 4 (数学图形创意)如图,在一个边长为 1 的正方形网格中,有一个由若干个小正方形组成的图案。请你通过平移、旋转或轴对称等变换,设计出一个新的图案,使其面积与原图案不同,但仍然美观且具有一定的对称性。

创新点:考查学生对图形变换的理解和运用,同时鼓励学生发挥创意和想象力,培养学生的空间观念和审美能力。

4.1.2.8 规范性原则

试题格式、语言表达等要符合规范要求。要制定详细的考试组织方案,包括考试时间、地点、考场安排、监考人员培训等,确保考试的顺利进行;命题应符合新课程标准和考试大纲的要求,注重考查学生的基础知识和基本技能,同时也要有一定的难度和区分度,以保证考试的公平性和科学性;评卷应按照统一的标准和程序进行,确保评卷的公正性和准确性,评卷人员应经过培训,熟悉评卷标准和流程;考试成绩应及时公布,并按照规定的程序进行统计和分析,成绩管理应严格保密,防止成绩泄露和篡改。考场应符合考试要求,设置合理,环境安静;考场内要严格遵守考试纪律,防止作弊行为的发生;监考人员应严格遵守监考纪律,认真履行监考职责,维护考场秩序,确保考试的公平性和公正性;考生对考试成绩有异议的,可以按照规定的程序进行申诉。对于考生的申诉处理应及时、公正、透明,保障考生的合法权益。例如,在命题过程中,命题人员应严格按照新课程标准和考试大纲的要求进行命题,确保命题的科学性和规范性。总之,中考的规范性原则是保证中考公平、公正、科学的重要保障,需要在考试的各个环节中严格遵守和执行。

4.1.2.9 情境性原则

创设贴近学生生活实际或具有一定学科背景的情境，使试题更具生动性和现实意义。中考的情境性原则是指中考命题应基于真实、典型、适切的问题情境，注重考查学生灵活运用所学知识解决实际问题的能力。该原则旨在将纸笔测试与现实生活对接，“倒逼”学校教学在知识与技能教学的基础上走向发展性的教学。在遵循情境性原则时，中考试题命制者通常会考虑以下几个方面：中考试题命制者通常会选择基于真实生活世界的情境，以增强试题的现实感和可信度，这些情境可以是学生熟悉的生活场景、社会热点问题或学科相关的实际问题，通过在真实情境中设置问题，能够更好地考查学生在实际生活中运用知识和技能的能力；中考试题命制者会选择具有代表性和典型性的情境，以确保试题能够涵盖学科的核心知识和关键能力，这些情境应该能够反映出学科的本质和特点，同时也能够考查学生对学科知识的理解和掌握程度；中考试题命制者会根据学生的年龄、学习阶段和学科特点，选择适合学生的情境，这些情境应该既不过于简单，也不过于复杂，能够在学生的认知水平和能力范围内，激发学生的思考和探究欲望；中考试题命制者会以能力立意为主，通过在情境中设置问题，考查学生的综合能力，如分析问题、解决问题、创新思维、实践能力等，这些能力是学生在未来学习和生活中所需要的，也是中考命题的重要目标之一；中考试题命制者会将情境与学科素养相结合，通过在情境中设置问题，考查学生的学科素养，如学科观念、学科思维、学科方法等，这些素养是学生在学科学习中所形成的，也是中考命题的重要内容之一。总之，中考的情境性原则旨在通过创设真实、典型、适切的问题情境，考查学生灵活运用所学知识解决实际问题的能力，从而更好地发挥中考“指挥棒”的正面导向功能，带动课堂教学方式的转变和作业设计质量的提高。

4.1.2.10 公平性原则

确保试题对所有考生公平，不存在地域、文化等方面的偏向。中考的公平性原则是指中考制度应该确保所有参加考试的学生都在相同的条件下进行竞争，不受任何形式的歧视或偏见。这一原则旨在保障每个学生都有平等的机会展示自己的知识和能力，从而实现教育的公平和公正。为了体现公平性原则，中考通常会采取一系列措施。例如，统一命题和评分标准，中考的试题应该由专业的命题人员进行编写，确保试题的难度和内容在各个地区和学校之间保持一致，评分标准也应该明确规定，以保证评分的公正性和客观性；严格的监考制度，在考试过程中，应该建立严格的监考制度，防止作弊和违规行为的发生，监考人员应该经过专业培训，严格遵守监考规则，确保考试的公平性和公正性；成绩公示和申诉机制，中考成绩应该及时公示，让学生和家长了解考试结果，同时，应该建立申诉机制，让学生和家长有机会对成绩提出异议，并进行复核和申诉；多元化的评价方式，除了考试成绩之外，中考还可以采用多元化的评价方式，如综合素质评价、体育艺术特长加分等，以全面评价学生的能力和潜力；保障教育资源的公平分配，政府和教育部门应该努力保障教育资源的公平分配，减少地区之间、学校之间的教育差距，为学生提供平等的学习机会和条件。总之，中考的公平性原则是中考制度的核心原则之一，它关系到每个学生的切身利益和未来发展。只有确保中考的公平性，才能真正实现教育的公平和公正，促进学生的全面发展和社会的进步。

4.2 中考评价的核心内容与数学试题特征

中考评价核心内容是学生的知识掌握、技能培养与思维发展情况的评价。在数学学科的教学过程中，要求学生扎实掌握数与代数、图形与几何等基础知识，具备运算、推理等技能，同时要注重逻辑思维、创新思维及问题解决能力的培养。让学生体会数学的应用价值和文化内涵，认识到数学在科学技术、社会生活等方面的重要作用。数学试题的特征表现为：基础性，主要考查基本概念和方法；综合性，融合多个知识点；应用性，紧密联系实际生活；创新性，有新颖题型和开放问题；层次性，满足不同层次学生需求，为高中选拔提供科学依据。

4.2.1 中考评价体现的核心内容

4.2.1.1 学科知识的掌握

数学概念是对数学对象本质属性的概括，是构建数学知识体系的基石。例如,函数的概念、三角形的概念等。对数学概念的理解不能仅仅停留在表面的定义表述,而要深入理解其内涵和外延。定理是经过证明确认为真的命题,它是数学推理和证明的重要依据。比如勾股定理、相似三角形的判定定理等。理解定理的条件和结论,以及定理的证明过程,有助于更好地运用定理解决问题。公式是用数学符号表示的数量关系,如面积公式、体积公式等。记住公式的形式仅仅是基础,更重要的是要明白公式中每个符号的含义以及公式的适用范围。法则是进行数学运算或推理的规则,例如四则运算法则、分数的基本性质等。准确掌握法则可以保证运算的正确性和推理的逻辑性。对这些基础知识的理解有助于避免死记硬背导致的错误运用,并且能够举一反三,灵活应对各种变形和拓展的问题,为进一步学习更复杂的数学知识打下坚实基础。记住这些基础知识则是能够快速、准确地在解题中应用的前提。通过反复练习、归纳总结等方式,可以加深记忆。数学知识不是孤立的点,而是相互联系构成的一个有机的整体。例如,在代数中,方程与函数有着密切的联系,一元一次方程的解与一次函数的图像和坐标轴的交点相对应,二次函数与一元二次方程的根通过判别式相关联;在几何中,三角形、四边形、圆等知识板块也相互关联,三角形是其他多边形的基础,许多四边形的性质可以通过三角形的知识来推导和证明,圆中的一些角度关系也与三角形的内角和定理等相关。不同知识板块的综合运用体现在解决复杂的数学问题时,需要调动多个领域的知识。比如,求解一个涉及几何图形的动点问题,可能需要运用几何图形的性质得出相关线段的关系,再通过建立函数模型,利用代数方法求出最值。对数学知识体系的整体把握有助于从宏观上理解数学的架构,明确学习的重点和方向,当遇到新问题时,能够迅速定位所需的知识和方法,高效解决问题,从而发现数学知识的内在规律和美感,提高学习数学的兴趣和积极性。为了达到对数学知识体系的整体把握,学生可以通过制作思维导图、总结归纳知识点的关联、多做综合性的练习题等方式来不断提升自己的能力。

4.2.1.2 数学能力

准确是运算能力的首要要求。这意味着在进行数与式的运算时,能够遵循正确的运算法则和顺序,避免出现低级错误,如符号错误、遗漏计算步骤等。规定时间内完成运算,则要求学生具备熟练的运算技巧和高效的计算方法。这包括对常见数字的运算结果的熟悉(如乘法口诀),掌握简便运算方法(如乘法分配律、结合律等),为了达到准确和迅速的目的,学生需要在平时进行大量的练习,积累经验,提高心算和笔算的能力。同时,对于复杂的运算,要求学生能够合理安排计算步骤,选择最优的计算路径。运算能力不仅体现在基本的四则运算中,还体现在代数式的化简、方程的求解、指数和对数运算等更高级的数学运算中。证明是逻辑推理的一种典型形式,要求学生能够依据已知的定理、定义和条件,通过一系列严密的推理步骤,得出所要证明的结论。学生需要清晰地阐述每一步推理的依据,确保逻辑的连贯性和严密性。推理判断则是在给定的条件下,对数学命题的真假、关系的成立与否等进行判断,并给出合理的理由。培养逻辑推理能力需要学生熟悉数学中的各种推理规则和方法,如归纳法、演绎法、反证法等。同时,学生还要善于从已知条件中挖掘隐含信息,进行合理的假设和推导。逻辑推理能力不仅在数学证明题中发挥了作用,在解决应用题、探究题等各类数学问题时,都有助于学生厘清思路,找到正确的解题途径。对几何图形的想象能力包括能够在脑海中构建出二维或三维图形的形状、大小、位置关系等。例如,看到一个平面图形,能够想象出它在空间中的立体形态,或者根据描述,能够想象出复杂几何图形的构成。构造能力体现在能够根据给定的条件或要求,通过作图、搭建模型等方式,准确地构造出相应的几何图形。这需要对几何元素的性质和相互关系有深刻的理解。分析几何图形时,能够识别图形中的基本元素,如边、角、对角线等,以及它们之间的数量关系和位置关系。能够通过图形的变换(平移、旋转、对称等)来观察和发现不变的性质。空间想象能力的培养可以通过观察实物、制作模型、进行图形变换的练习等方式来实现。它对于解决几何证明、立体几何、解析几何等问题至关重要。数据的收集要求学生明确研究的问题和目标,选择合适的数据收集方法,如调查、实验、观察等,并确保数据的准确性和可靠性。整理数据包括对收集到的数据进行分类、排序、编码等操作,以便于后续的数据分析。分析数据时,运用统计方法计算各种统计量,如平均数、中位数、众数、方差等,绘制统计图和统计表,从而揭示数据的分布特征、趋势和规律。解释数据意味着能够根据分析结果,对所研究的问题做出合理的解释和推断,发现数据背后隐藏的信息和关系,并在此基础上,做出合理的判断和决策,例如预测趋势、评估方案的优劣等。为了提高数据分析能力,学生需要学习统计学的基本概念和方法,多进行实际的数据处理和分析练习，培养对数据的敏感度和洞察力，将实际问题转化为数学模型，在此过程中需要学生能够从实际情境中提取关键的数学信息，忽略次要因素，确定问题中的变量和常量，以及它们之间的数学关系。例如，将行程问题转化为速度、时间和路程的关系模型。求解数学模型涉及运用适当的数学方法和工具，如方程、函数、不等式等，对模型进行计算和推导，得出数学结果。验证则是将数学结果还原到实际问题中，检查其是否符合实际情况，是否具有合理性和可行性。如果不符合，需要对模型进行修正和改进。数学建模能力的培养需要学生多接触实际问题，学会将实际问题抽象为数学问题，并运用数学知识解决实际问题。同时，要培养创新思维和解决实际问题的能力。这五种数学能力相互关联、相互促进，共同构成了学生数学素养的重要组成部分，对于学生的数学学习和未来的发展都具有重要意义。

4.2.1.3 数学思维

抽象思维是数学学习和研究中极为重要的一种思维方式。它指的是能够从具体、复杂和多样化的实际问题中，剥离出非本质的特征和属性，提炼出关键的数学元素和关系，进而揭示出隐藏在背后的数学本质和规律。在面对具体问题时，例如一个实际的物体运动场景、经济活动中的数据变化或者几何图形的组合等，抽象思维要求我们忽略问题中的非数学因素，如物体的颜色、形状的细节、交易的具体对象等，专注于其中可以用数字、符号、公式和图形来表示和描述的数学因素，比如速度、时间、价格的变化规律以及图形的边长和角度关系等。通过抽象思维，我们可以将具体的现象转化为数学语言和符号，构建数学模型。例如，把物体的直线运动抽象为路程与时间的函数关系，把市场供求关系抽象为数学图表和方程。这种从具体到抽象的过程，使得我们能够运用数学的理论和方法进行深入的分析和研究，从而发现一般性的数学原理和规律。抽象思维的培养有助于我们更好地理解数学的概念和定理，提高解决数学问题的能力，也为进一步的数学创新和应用奠定基础。创新思维在数学领域中体现为能够突破传统的解题方法和思维模式，提出新颖独特、富有创造性的解题方法和思路。当面对一个数学问题时，常规的解题思路可能已经被广泛熟知和应用。然而，具有创新思维的人不会局限于这些既定的方法，而是敢于尝试新的角度和途径。他们可能会发现问题中未曾被注意到的特征或关系，或者将不同领域的数学知识巧妙地结合起来,创造出全新的解法。例如,在解决几何证明题时,不只是依赖常见的定理和推论,而是引入向量的概念来简化证明过程;或者在处理代数问题时,运用几何图形的直观性来找到解题的突破口。创新思维的培养需要鼓励学生勇于探索,敢于冒险,不畏惧失败。同时,要提供多样化的数学学习资源和问题情境,激发学生的好奇心和求知欲。培养创新思维能够提升学生解决复杂数学问题的能力,还有助于培养学生在未来的学习和工作中具备创新和创造的能力。批判性思维在数学中意味着对所给出的问题、解法和结论保持一种审慎和质疑的态度,通过深入的分析和评价来判断其合理性、准确性和有效性。对于一个数学问题,批判性思维要求我们不仅接受表面的条件和陈述,还要思考问题的表述是否清晰准确,是否存在隐含的假设或限制条件。在解题过程中,对所采用的方法和步骤进行反思,评估其逻辑的严密性和合理性,以及是否存在错误或疏漏。对于得出的结论,要从不同的角度进行检验和论证,看是否与已知的数学定理和规律相一致,是否在各种特殊情况下仍然成立。同时,也要对比不同的解法,分析其优劣之处,思考是否还有更优的解决方案。批判性思维能够帮助我们避免盲目接受错误的结论,提高数学思维的严谨性和准确性。通过不断地质疑和改进,我们能够深化对数学知识的理解,提升解决数学问题的质量和水平。培养批判性思维需要在数学学习中鼓励学生多提问、多思考、多交流,促使学生形成独立思考和判断的能力。

4.2.1.4 应用意识

运用数学知识解决实际生活中的问题,如行程问题、工程问题、利润问题等。行程问题通常涉及速度、时间和路程之间的关系。例如,两辆汽车同时从两地相向而行,已知各自的速度和两地之间的距离,求相遇时间;或者一人骑自行车以一定速度前往某地,途中休息一段时间后继续前行,求到达目的地所需的总时间等。解决行程问题需要根据具体情况建立方程或运用比例关系,通过数学计算得出答案。学生需要理解速度的概念,掌握不同情况下路程的计算方法,以及如何利用方程来表示问题中的等量关系。工程问题重点关注工作效率、工作时间和工作总量之间的关系。比如,一项工程由几个团队合作完成,已知每个团队的工作效率和工作时间,求工程的总进度或完成时间;或者在给定总工程量和工作时间的条件下,计算需要多少人力或设备才能按时完成工作。

解决工程问题需要将实际的工作情况转化为数学模型，合理分配工作量，利用分数或比例来计算工作效率。利润问题主要涉及成本、售价、销售量和利润之间的计算。例如，商家销售某种商品，已知进价（成本）、定价（售价）和销售量，求总利润；或者为了达到一定的利润目标，需要确定合适的售价或销售量。在解决利润问题时，学生要清楚成本的构成，掌握利润的计算方法（利润=售价-成本），以及运用函数或方程来分析不同价格和销售量对利润的影响。运用数学知识解决这些实际问题，不仅要求学生掌握相关的数学公式和定理，更重要的是能够将实际情境转化为数学语言，找出其中的数量关系，建立正确的数学模型，并运用所学的计算方法和推理过程得出准确的结果。通过解决这些实际问题，学生能够提高数学应用能力，培养解决实际问题的思维方式和方法。在科学领域中，数学是物理学、化学、生物学等自然科学的重要工具。物理学中的力学、电学、热力学等都需大量运用数学公式和方程来描述和解释自然现象。例如，通过数学计算预测物体的运动轨迹，计算电路中的电流和电压，分析化学反应的速率和平衡等。在化学中，利用数学方法处理实验数据，建立物质结构的数学模型。在生物学中，用数学方法研究种群增长、基因遗传规律等。在技术领域中，数学在计算机科学、通信技术、航空航天、建筑工程等领域发挥着关键作用。计算机图形学、密码学、算法设计等都依赖深厚的数学基础。通信中的信号处理、编码解码需要数学理论支持。航空航天工程中的轨道计算、飞行器设计离不开数学建模和数值分析。建筑工程中的结构力学计算、施工测量等也都运用了大量的数学知识。在社会领域中，数学在经济学、金融学、社会学、管理学等学科中有着广泛应用。在经济学中，可以利用数学模型分析市场供求关系、预测经济趋势、制定最优的生产和消费策略。金融学中的投资组合优化、风险评估离不开数学工具。在社会学中，通过数学方法进行数据分析，研究社会现象的规律和趋势。管理学中的资源分配、生产调度等问题可以通过数学规划方法求解。了解数学在各个领域的应用，有助于学生认识到数学的重要性和广泛适用性，从而激发学生学习数学的兴趣和动力，培养跨学科的思维能力，为学生未来在各个领域的学习和工作打下坚实的基础。同时，也促使学生关注科技发展和社会进步，将数学知识与实际生活紧密结合，提高学生解决复杂问题的综合能力。

4.2.1.5 学习品质

在学习数学时,认真的态度体现在对每一个知识点都全神贯注地去理解和掌握,不放过任何一个细节。无论是课堂听讲、课后作业还是自我复习,都以高度的专注力去对待。认真还意味着对学习任务不敷衍、不马虎,以真诚的态度去追求知识的真谛。数学是一门严谨的学科,需要有严谨的思维和态度。这包括在推理、计算和论证过程中,严格遵循数学的逻辑和规则,不随意猜测或臆断。对于定理、公式的应用,要确保条件的满足,不随意扩展或滥用。在表述数学概念和结论时,语言要精确、清晰,避免模糊和歧义。细致的态度要求学生在处理数学问题时,关注到每一个微小的环节和可能的变化。例如,在计算过程中,注意数字的准确性、符号的使用;在图形的绘制和分析中,留意线条的长度、角度的大小;在阅读题目时,捕捉到每一个关键的条件和限制。细致能够帮助学生避免因粗心大意而导致的错误,提高学习的质量。良好的学习态度和习惯有助于建立扎实的数学基础,培养深入思考和解决问题的能力,为今后的学习和发展打下坚实的基础。解题的规范首先体现在书写格式上,包括步骤的清晰罗列、符号的正确使用、文字说明的简洁明了。每一步推理和计算都要有依据,遵循数学的逻辑顺序,让人一目了然。在作图时,要使用工具,保证图形的准确性和规范性,标注清晰的尺寸和角度;在使用公式和定理时,要注明其名称和适用条件。准确是解题的核心要求,这意味着计算结果的正确无误,推理过程的逻辑严密,答案符合问题的要求和数学的原理。为了达到准确性,需要对基础知识有牢固的掌握,在计算时认真仔细,避免粗心而导致的错误。同时,要对问题进行深入的分析和思考,确保解题思路的正确性,避免因理解偏差而导致的错误。解题的规范性和准确性不仅反映了学生对数学知识的掌握程度,还培养了学生严谨的思维和科学的工作方法,有助于学生在考试中取得好成绩,并为今后的学习和工作养成良好的习惯。当遇到难题时,不轻易放弃,持续思考和尝试不同的方法和思路。坚持意味着不被暂时的困难所吓倒,相信通过自己的努力和探索能够找到解决问题的途径,即使在多次尝试失败后,仍然保持积极的态度,继续寻找新的突破点。毅力体现在长时间专注于难题的解决,不被外界干扰和内心的焦虑所影响。具有毅力的学生能够克服疲劳和挫折感,保持耐心和决心,不断地积累经验和知识,逐步接近问题的答案。毅力还包括在遇到挫折时能够自我激励，调整心态，重新振作起来继续挑战。进行难题训练是培养学生坚韧品质和解决复杂问题能力的重要途径。这种品质不仅在数学学习中至关重要，也对学生未来的生活和工作产生积极的影响。

4.2.1.6　情感态度价值观

对数学的兴趣是指对数学知识、数学问题和数学活动产生积极的关注和好奇。当学生对数学有兴趣时，他们会主动地去探索数学的奥秘，渴望了解更多的数学概念和原理。这种兴趣可能源于解决一个难题后的成就感，可能来自发现数学在日常生活中的奇妙应用，也可能是因为被数学的内在逻辑和美感所吸引。而热爱数学则是一种更深入的情感投入。热爱数学的学生不仅仅是对数学感兴趣，还会将数学视为自己生活的一部分，愿意花费大量的时间和精力去钻研数学。他们会为了理解一个数学定理而废寝忘食，会因为在数学上取得的一点点进步而欢欣鼓舞。这种热爱驱使他们不断追求数学知识的深化和拓展，不满足于表面的理解，而是追求对数学本质的深刻领悟。培养学生对数学的兴趣和热爱对于学生的数学学习至关重要。它能够激发学生的学习动力，提高学习的积极性和主动性，使学习不再是一种负担，而是一种享受和追求。同时，兴趣和热爱也有助于学生在数学领域取得更高的成就，为未来的学术和职业发展打下坚实的基础。数学的科学价值体现在它是众多科学学科的基础和工具，物理学、化学、生物学、天文学等自然科学的发展都离不开数学的支持。数学通过建立精确的模型和理论，帮助科学家描述和预测自然现象，推动科学的进步。例如，牛顿的万有引力定律就是通过数学公式来表达的，相对论和量子力学的发展也离不开高等数学的应用。数学的应用价值广泛存在于日常生活和社会的各个领域。从工程技术中的设计和计算，到经济金融中的数据分析和决策，从计算机科学中的算法和编码，到医学中的统计和建模，数学无处不在。它帮助我们优化资源配置，提高生产效率，解决实际问题，为社会的发展和进步做出了重要贡献。数学的文化价值反映了数学在人类文明发展中的重要地位。数学不仅是一种知识体系，也是一种思维方式和文化传统。从古代文明的数学成就（如埃及的几何、巴比伦的算术），到现代数学的高度发展，数学见证了人类智慧的演进。数学文化还包括数学的历史、数学思想的发展以及数学家的故事，数学文化丰富了人类的文化宝库，培养了人们的理性思维和审美情趣。体会数学的这些价值能够让学生更加全面地认识数学,增强学生学习数学的动力和使命感,培养学生运用数学知识服务社会的意识和能力。合作交流在数学学习中具有重要意义,当学生们一起讨论数学问题,分享解题思路和方法时,他们能够从不同的角度看待问题,拓宽自己的思维视野。合作交流还能够培养学生的团队协作能力、沟通能力和倾听他人意见的能力。通过与同伴合作,学生可以共同攻克难题,提高解决问题的效率,同时也能增进彼此之间的友谊和信任。探索创新精神是数学发展的动力源泉。在数学学习中,鼓励学生敢于提出新的问题、尝试新的方法、挑战传统的思维模式。探索创新意味着不满足于已知的答案和方法,勇于开拓未知的领域。通过探索创新,学生能够发现新的数学规律、发明新的数学方法,从而推动数学不断发展。培养合作交流、探索创新的精神有助于学生在数学学习中充分发挥自己的潜力,提高综合素质。这种精神不仅在数学领域中十分重要,在学生未来的学习、工作和生活中也将发挥积极的作用,使他们能够适应不断变化的社会环境,为社会的创新和发展做出贡献。

4.2.2 落实立德树人,加强五育融合

中考中的立德树人是指在中考中贯彻立德树人的教育理念,将培养学生的品德、价值观和社会责任感作为重要目标。这一理念强调了教育的根本任务是培养德智体美劳全面发展的社会主义建设者和接班人。在中考中落实立德树人根本任务,可以通过以下几个方面实现:中考命题的试题内容可以融入社会主义核心价值观、中华优秀传统文化、法治教育等内容,引导学生树立正确的世界观、人生观和价值观;采用多样化的考试形式,如笔试、面试、实践操作等,不仅考查学生的知识和技能,还能考查学生的思维能力、创新能力和实践能力;将学生的品德、社会实践、艺术素养等方面纳入综合素质评价体系,全面客观地评价学生的综合素质;教师在日常教学中,要注重培养学生的品德修养和社会责任感,通过言传身教,引导学生树立正确的价值观。通过在中考中落实立德树人根本任务,可以更好地发挥中考的导向作用,促进学生全面发展,为社会培养具有高尚品德和社会责任感的人才。

中考数学试题通常涵盖了数学学科的基本概念、定理、公式和运算等基础知识。这是为了考查学生对数学课程标准所要求的必备知识的掌握程度,确保

学生具备进一步学习和应用数学的基础。大部分题目会围绕教材中的重点内容展开,注重对基础知识的直接考查或简单应用,往往将多个数学知识点融合在一道题目中,要求学生能够综合运用不同的知识和方法来解决问题。例如,将代数、几何、统计等不同领域的知识结合起来,考查学生的知识整合能力和思维的连贯性,试题难度呈现出一定的梯度,既有容易的题目,也有中等难度和较难的题目,容易的题目旨在让大多数学生能够拿到基础分,增强他们的信心,中等难度的题目考查学生对知识的深入理解和应用能力,而较难的题目则用于区分学生的数学思维水平和综合能力。会出现一些具有创新性的题目,这些题目可能在情境设置、问题表述或解题方法上有所创新。创新题目的目的是考查学生的创新思维和应变能力,鼓励学生跳出常规思维模式,灵活运用所学知识。紧密联系实际生活和社会热点,将数学知识应用于实际问题的解决。例如,通过设置购物优惠、行程问题、工程施工等实际情境,考查学生运用数学知识解决实际问题的能力,培养学生的数学应用意识。有些题目渗透了数学思想方法,如函数与方程思想、分类讨论思想、数形结合思想、转化与化归思想等。这类题目要求学生能够理解和运用数学思想方法来分析和解决问题,提升学生的数学思维品质。试题的表述准确、清晰、规范,符合数学语言的要求。图表、图形的绘制准确无误,题目中的条件和要求明确,避免产生歧义,以保证考试的公平性和准确性。对初中数学教学具有明确的导向作用,引导教师注重培养学生的数学核心素养和综合能力,而非单纯死记硬背和机械训练。试题的命题方向和重点也会随着教育改革和课程标准的更新而相应调整,以推动数学教育的不断发展。体现立德树人试题的经典范例如下。

例题 1　为了支持乡村振兴,某学校组织学生去农村帮助农民修建一个长方形的蓄水池。已知蓄水池的长比宽多 2 米,面积为 8 平方米,求蓄水池的长和宽。

体现立德树人:将数学问题与乡村振兴相结合,引导学生关注农村发展,培养学生为乡村建设服务的意识。

例题 2　我国古代数学著作《九章算术》中有一道题:“今有雉兔同笼,上有三十五头,下有九十四足,问雉兔各几何?”请用方程的方法解决这个问题。

体现立德树人:引用古代数学经典,让学生感受中华优秀传统文化的魅力,增强文化自信。

例题 3　某环保组织计划在一块矩形空地上种植树木进行绿化。已知矩形空地的长为 100 米,宽为 80 米。若要使绿地面积不少于空地面积的 60%,则至少要种植多少平方米的树木?

体现立德树人:通过环保主题的题目,培养学生的环保意识和可持续发展观念。

例题 4　学校组织学生参加志愿者活动,将学生分成若干小组去帮助社区的孤寡老人。若每个小组安排 4 名学生,则还剩下 3 名学生;若每个小组安排 5 名学生,则还缺少 2 名学生。问一共有多少个小组?

体现立德树人:以志愿者活动为情境,培养学生关爱他人、乐于奉献的精神。

中考中的五育融合是指在中考中,将德育、智育、体育、美育和劳育有机结合,以促进学生的全面发展。德育是培养学生正确的价值观、道德观和社会责任感;智育是提高学生的知识水平和思维能力;体育是增强学生的体质和健康水平;美育是培养学生的审美能力和艺术素养;劳育是培养学生的劳动意识和劳动技能。在中考中,五育融合可以通过多种方式实现。例如,在考试内容上,可以增加与德育、体育、美育和劳育相关的试题或项目;在考试形式上,可以采用多样化的方式,如实践操作、口头表达等,以更全面地考查学生的能力。此外,学校和教师也可以通过课程设置、教学方法和评价体系等方面的改革,促进五育融合。中考的五育融合旨在培养学生的综合素质,使他们不仅具备扎实的知识和技能,还具有良好的品德、健康的身体和全面的素养,为未来的发展奠定坚实的基础。

4.3　中考评价的核心要求与数学试题的学科价值

素质教育强调,要促进学生全面发展,而不仅是传授知识。中考评价体系应体现这一理念,注重学生个性化成长与综合能力培养,从而全面反映学生素质,推动教育公平并提升教学质量。在此背景下,数学试题设计至关重要,需符合新评价标准,体现数学学科的价值。具体而言,试题应培养学生的逻辑思维、问题解决能力和创新能力,同时应强调数学在日常生活中的应用与重要性。综上所述,中考评价的核心要求旨在促进学生综合素质的全面提升,数学作为关键学科,应在试题设计中充分体现这些要求,助力学生全面发展。接下来,我们将具体分析中考评价的核心要求,并探讨其在数学试题设计中的具体体现。

4.3.1 中考评价体现的核心要求

随着教育理念的发展和新课程标准的实施,中考评价的核心要求也在不断地更新和完善。评价不再是简单的知识检测工具,而是成为促进学生全面发展、提高教学质量的有效手段之一。

4.3.1.1 素质教育为导向

素质教育作为现代教育改革的重要方向,其核心在于促进人的全面发展,而不仅仅局限于知识的传授。在这一理念指导下,中考评价体系的设计应当突破传统模式,全面考量学生的综合素养,包括知识技能、情感态度、社会适应能力以及创新能力等多个方面。通过多元化的评价方式,促进每位学生的个性化成长。这样的评价体系不仅能够更加全面地反映学生的综合素养,还为推动教育公平、提高教学质量提供了有力保障。因此,中考评价体系的核心要求之一便是围绕“素质教育”展开,特别是学科核心素养的培养。

1. 核心素养的培养

核心素养是指学生在学习过程中形成的必备品格和关键能力。在数学学科中,核心素养主要包括逻辑思维能力、问题解决能力、数学交流能力和数学建模能力等。中考评价体系应以培养学科核心素养为目标,这意味着在考查学生基础知识和基本技能的同时,更要注重其逻辑思维能力、创新能力以及解决实际问题的能力等多维度发展。例如,在数学领域,不仅要检验学生对定理公式的理解和运用,还要考查其能否将所学知识应用于解决现实生活中的问题,培养其知行合一的能力。这样的评价方式有助于学生建立起正确的价值观、世界观和人生观,为未来的终身学习和社会参与奠定坚实基础。

2. 全面发展的重要性

全面发展指的是学生在德、智、体、美、劳等方面均衡成长。传统的评价方式往往偏重于学术成绩,忽视了学生其他方面的成长。而在素质教育导向下,中考评价体系应当更加关注学生的全面发展。这包括但不限于以下几个方面。

(1)情感态度。评价学生的参与热情、学习态度以及对待挫折的应对方式等,鼓励积极向上的心态。

(2)社会适应能力。通过团队合作项目、社会实践等活动,评估学生与人沟通交流、协作解决问题的能力。

(3)创新能力。设计开放性问题或项目任务,激发学生创造性思维,鼓励他们提出新颖见解并尝试多种解决方案。

例如,在数学试题的设计上,可以引入一些与生活实际密切相关的题目,让学生在解决这些问题的过程中体会数学与生活的联系,激发他们对数学学习的兴趣。同时,还可以通过小组合作、项目式学习等形式,考查学生的团队协作能力和沟通交流技巧,这些都是学生想要在未来社会中成功所需的重要能力。

3. 实际应用能力的考核

为了更好地体现素质教育的精神,中考评价体系还应在题目设计上注重与现实生活情境的联系,让学生在解决实际问题的过程中加深对知识的理解与应用。中考评价体系还应当鼓励学生积极参与社会实践,培养学生的社会责任感和服务意识。通过设置一些涉及环保、公益等社会议题的题目,让学生在解题过程中思考自身行为对社会的影响,从而树立正确的社会责任观念。

例如,可以通过模拟家庭预算管理、城市交通流量分析等与日常生活密切相关的情境,让学生运用数学知识进行计算、预测及决策,从而实现理论与实践的有机结合。

4. 促进个性化发展

在强调共性发展的同时,素质教育也倡导关注个体差异,为每位学生提供适合其特点的成长路径。因此,中考评价体系还应包含个性化评价机制,允许学生展示其特长与兴趣所在,鼓励其在擅长领域内发挥最大潜能。例如,对于擅长艺术创作的学生,可以设置创意表达类题目,而对于热衷科学研究的同学,则可设计实验探究型问题,以此激发他们的学习热情与创造力。

素质教育导向下的中考评价体系,旨在通过综合考量学生的各方面表现,促进学生全面而有个性地发展,为其未来的学习和生活奠定坚实的基础。这种评价不仅关注学生当前的知识水平,更重要的是着眼于其长远发展,帮助学生形成健康的心理品质和良好的社会适应能力,使其成为具有社会责任感和创新能力的现代公民。

4.3.1.2 公平公正为核心

实现教育公平是构建和谐社会的关键环节之一。作为教育系统中的重要环节,中考制度不仅肩负着选拔优秀人才的任务,同时也承载着维护社会公平正义的历史使命。因此,从制度设计之初便将公平性置于首位,不仅是对学生个人权益的尊重,也是对社会整体进步的贡献。

1. 平等参与的权利

公平公正的核心,首先体现在每位考生都享有平等参与选拔过程的机会。不论考生的家庭背景、性别、地域差异如何,都应当享有同等权利参与到中考这一竞争之中。这意味着在考试报名阶段,相关部门需要确保所有符合条件的学生都能无障碍地完成报名程序,避免因信息不对称或其他人为因素导致的不公平现象发生。

2. 透明化管理的重要性

透明化管理则是公平公正原则得以贯彻实施的重要保障。考试要求、题型示例、评分细则等关键信息应当及时公布于众,让教师、家长乃至社会各界人士都能充分了解考试评价的基本规则及其变化趋势。这样不仅便于各方人士共同监督整个流程是否符合既定标准,也有助于营造公开、公正的社会舆论氛围,进一步增强公众对中考制度的信任度。

3. 特殊情况下的关怀与支持

对于那些处于特殊境况中的考生(如残疾儿童)而言,公平不仅意味着提供同样的竞争平台,更在于为其创造一个无障碍的学习环境,确保他们在同等条件下顺利完成考试。为此,相关部门需要根据实际情况制定相应的辅助措施,比如为视力受限的考生提供大字号试卷或盲文版本,为听力受损的学生配备助听设备等。此外,在考场布置、监考人员培训等方面也要充分考虑到这些特殊群体的需要,确保每一位考生都能在无任何障碍的状态下参与进来,真正做到机会均等。

4. 考试过程中的严格监控

除了上述措施外,在考试过程中实施严格的监控制度同样是维护公平性的必要手段。从试卷保密到考场纪律,每一个环节都需要有明确的规定,并严格执行到位。例如,采用高科技手段防止作弊行为的发生;通过视频监控等方式记录考试全过程,以便日后查证;建立完善的申诉机制,为认为自己受到不公正待遇的考生提供合法途径寻求帮助等。这些做法不仅能够有效杜绝考试舞弊现象,也为维护考试公平性提供了有力保障。

5. 家长与教师的角色

在整个过程中,家长和教师的角色同样不可忽视。他们是学生最直接的支持者,也是监督中考制度是否公平运行的重要力量。因此,相关部门应该积极引导家长和教师正确认识中考的意义及其价值所在,鼓励他们积极参与到相关讨论中来,并为其提供必要的指导和支持。同时,也要加强与学校之间的沟通合作,确保各项政策能够顺利落地执行,共同促进教育公平目标的实现。

以公平公正为核心思想的中考制度设计不仅关乎每位考生的切身利益,更是推进社会整体进步与和谐发展的必然要求。通过一系列具体措施的落实与完善,我们有理由相信,在不远的将来,一个更加公平公正、充满活力的教育体系必将呈现在世人面前。

4.3.1.3 科学性为原则

科学性作为评价机制有效性的重要标准,在中考制度的设计与实施过程中显得尤为重要。它不仅关系到考试能否全面、准确地评估学生的知识与能力,还直接影响到教育的公平性与质量的提升。

1. 命题环节的科学依据

首先,考试内容的设计必须紧密围绕国家颁布的新课程标准展开,考试内容在涵盖所有核心知识点的同时,也应关注学科的前沿发展,确保考查范围既有广度又有深度。这就要求命题者不仅要具备扎实的专业基础,还需要对当前教育改革方向有深刻理解,以及对青少年认知特点的精准把握。此外,题目设置上既要注重基础知识的考查,也不能忽视对创新能力、实践能力等综合素养的考量,力求全面反映学生的真实水平。

2. 合理安排试卷结构

试卷结构的合理性直接影响测试效果。一般而言,一份科学合理的试卷应该包含不同难度等级的题目,形成合理的梯度分布,有较好的区分度。低难度题目旨在检验学生的基础知识掌握情况,中等难度题目则用于考查学生综合运用知识解决问题的能力,而高难度题目则更多地关注学生的创新思维与批判性思考能力。这样的设计既能激发考生的积极性,又能有效区分不同层次学生的能力表现,为后续的人才选拔提供可靠依据。

3. 阅卷工作的标准化操作

阅卷作为考试结束后最为关键的一环,其标准化程度直接决定了最终成绩的准确性与可信度。因此,采用统一的答案解析及评分标准至关重要。所谓"标准",即是对每一道题目的正确解答给予明确说明,并针对可能存在的多种解法分别制定详尽的给分细则。这样一来,即便遇到主观性强的题目,也能最大限度地减少评分过程中的人为干扰因素,确保每位考生的成绩都是对其实际水平的真实反映。

4. 强化科技支撑作用

随着信息技术的发展,利用现代科技手段优化考试流程也成为提高科学性的重要途径之一。例如,可以通过计算机辅助命题技术来实现对试题质量的精准把控;利用大数据分析技术对历年考题进行统计分析,帮助命题者发现潜在的问题点并及时调整;甚至可以尝试引入人工智能技术参与部分阅卷工作,进一步提升工作效率与准确性。

5. 注重持续改进与反馈机制

任何一项制度要想保持旺盛的生命力,都离不开持续改进与完善。针对中考而言,建立一套行之有效的反馈机制至关重要。具体来说,可以通过定期开展问卷调查、召开座谈会等形式收集来自教师、家长以及学生本人的意见建议,并将其纳入后续的政策调整决策参考意见。同时,鼓励各地教育部门积极开展比较研究,学习、借鉴国内外先进经验做法,不断推动中考制度向着更加科学化、人性化的方向发展。

坚持科学性原则不仅有助于提升中考制度本身的权威性与公信力,更为重要的是,它能够促使整个教育体系朝着更加健康有序的方向迈进,从而为国家培养更多高素质创新型人才奠定坚实基础。

4.3.1.4 实践性为特征

长期以来,我国基础教育体系内普遍存在着"重理论轻实践"的现象,尽管学生能够在考试中表现出色,但在面对现实生活中复杂多变的问题时,往往难以得心应手。这种状况不仅限制了个人潜能的发挥,也不利于社会整体创新能力的提升。鉴于此,"实践性"成为新一轮课程改革中的关键词之一,旨在通过"做中学""学中做"的方式,增强学生的动手能力与解决实际问题的技巧。而如何将这一理念融入中考评价体系,则成为当前亟待解决的问题。

1. 从单一理论考核向多元化评价转变

传统意义上的中考,往往更侧重于对学生记忆能力的检测,而忽略了知识应用层面的重要性。为了改变这一现状,需要在试卷设计中加入更多与现实生活紧密相连的应用型题目。例如,在数学考试中,除了传统的代数、几何等计算题之外,还可以增加涉及家庭财务规划、市场调研分析等内容的应用题。这类题目要求考生运用所学知识解决实际生活中的具体问题,从而更好地评估他们将理论应用于实践的能力。

2. 设置情景模拟类考题

情景模拟是一种非常有效的实践性评价方法。它可以是关于家庭预算管理的问题,要求学生根据自己家庭的情况来制定一个合理的月度支出计划,并在此基础上提出节省开支的策略;也可以是关于物理现象的分析任务,比如描述一个简单的机械装置工作原理,并让学生使用相关数学公式进行定量描述。这些题目不仅考查了学生对基本概念的理解,更重要的是培养了他们将所学知识应用于解决实际问题的能力。

3. 加强跨学科融合项目

除了单科目的实践性考核外,还应鼓励开展跨学科项目式学习活动。此类项目通常围绕某一社会热点或科技前沿主题展开,要求学生能够综合运用多个领域的知识去完成任务。比如,围绕环境保护议题设计一款节能减排产品,或者策划一次社区志愿服务活动等。此类任务不仅能够促进学生间交流合作能力的提升,也有助于加深他们对复杂问题全面而深入的认识。

4. 创设开放性问题情境

为了进一步激发学生的创造力与批判性思维能力,考试中还可以设置一些开放性较强的问题情境。这些问题往往没有唯一正确的答案,而是鼓励学生根据自己的见解和经验去寻找解决方案。例如,提出一个城市交通拥堵治理方案,或探讨未来教育模式的变革趋势等。通过此类题目,既可检验学生灵活运用知识的能力,也能为其提供展现个人见解的机会。

强化实践性在中考评价体系中的地位,不仅是对学生个体发展需求的回应,更是对时代变迁背景下人才培养模式转型的积极探索。构建面向未来的中考评价体系,才能真正实现从应试教育向素质教育转变的目标,为国家和社会输送更多具备创新精神和实践能力的新时代人才。

4.3.1.5 发展性为目标

长期以来,我国教育领域普遍采用的评价方式主要以甄别优秀者与落后者为目的,这种方式虽能较为直观地反映学生的学习成效,但却容易忽视个体之间的差异性以及潜在的发展空间。随着现代教育理念的不断更新与发展,越来越多的人开始意识到,评价体系应当更加注重“促进成长”,致力于帮助每位学生发现自己的长处,并针对不足之处提出建设性的改进意见。特别是在初中数学教学过程中,实施以“发展性”为核心目标的评价机制,对于培养学生自主学习能力,激发其内在潜能具有重要意义。

1. 从“甄别”到“促进成长”

传统意义上,数学考试成绩往往是衡量学生学业水平高低的主要标准。然而,在这种唯分数论的评价体系下,那些未能取得理想分数的同学很容易产生挫败感,甚至丧失对数学学习的兴趣与信心。因此,转向一种更加人性化且注重长远发展的评价方式便显得尤为重要。在新的评价理念指导下,教师不仅要关注学生的解题正确率,更要留意他们在解决问题过程中的思维方式、逻辑推理能力等方面的表现。通过对每位学生进行细致入微的观察记录,并在此基础上给予积极正面的反馈与指导,可以帮助他们树立起正确对待困难的态度,逐步克服畏难情绪,从而在原有基础上实现自我超越。

2. 成绩报告中的个性化元素

为了使评价结果更具参考价值及指导意义,成绩报告中除记载考试得分外,还应涵盖教师对每位学生学习状态、行为表现等方面的综合评价。例如,在描述某位同学近期数学成绩变化情况时,可以这样表述,“近一个月来,小明同学在几何证明题上的准确率有所提高,说明他对该部分内容的理解更加深刻了;但同时也要注意到,其对于函数图像分析方面仍存在较大困惑……建议今后加强对基础知识的复习巩固,并尝试从不同角度理解抽象概念”。这样的评语不仅能让家长和学生本人清晰了解到自身的优势所在,同时也明确了下一步努力的方向,进而达到扬长避短的效果。

3. 基于数据驱动的教学调整

随着信息技术与大数据分析手段在教育领域的广泛应用,学校及教师可以借助各类平台软件轻松获取有关学生学业表现的第一手资料。通过对这些宝贵信息的有效挖掘与利用,可以及时发现班级内部存在的共性问题及个别同学面临的特殊挑战,并据此适时调整授课内容与进度安排。例如,当发现大部分同学在处理二次方程时出现普遍性失误时,教师便可考虑在接下来几堂课中增加相关内容的讲解与练习,直至确保大家都能牢固掌握为止。此外,基于每个学生的学习轨迹制定个性化的辅导方案也成为可能,真正做到因材施教,让每个孩子都能在最适合自己的节奏下稳步前行。

4. 营造积极向上、相互激励的学习氛围

良好的集体环境是促进个体健康成长不可或缺的因素之一。因此,在日常教育教学活动中,应特别强调合作交流的重要性,鼓励学生在遇到难题时主动寻求同伴帮助,并乐于分享自己的解题思路。通过举办小组讨论会、竞赛等活动形式,不仅能够激发学生之间的良性竞争意识,更能在无形中营造出一种积极向上、相互激励的学习氛围。在这种氛围中成长起来的孩子们,无论将来面临何种挑战,都将拥有足够的勇气与智慧去应对,最终成长为社会所需的栋梁之材。

以“发展性”为目标的评价机制,不仅能够有效促进初中生数学素养的整体提升,更能为其终身学习奠定坚实基础。让我们共同努力,携手创造一个更加公平、包容、充满活力的教育生态环境。

4.3.2 依标命题,落实知识基础

4.3.2.1 基础性试题,注重基础,覆盖全面

根据《义务教育数学课程标准(2022 年版)》的要求,基础性试题的设计应当紧密围绕“基础知识”“基本技能”“基本思想”这三大核心展开。这种设计不仅仅是为了检验学生是否掌握了数学的基本概念、公式和法则,更重要的是,它还肩负着培养学生良好学习习惯的使命。基础性试题作为学生数学学习道路上的第一步,其重要性不容忽视。以下是针对基础性试题设计的具体建议,旨在确保每一个学生都能在数学学习上打下坚实的基础。

1. 全面覆盖,确保知识点无遗漏

基础性试题的设计首先要做到全面覆盖,即确保试卷能涵盖数学课程标准中规定的所有基础知识点。这些知识点广泛分布在数与代数、图形与几何、统计与概率等多个领域。通过对这些知识点的全面覆盖,可以让学生在复习备考时得到全方位的指导,避免出现知识点盲区,从而达到整体提升学生数学素养的目标。

例如,在数与代数部分,基础性试题可能会涉及整数、分数、小数的四则运算,以及简单的代数表达式求值等问题;在图形与几何部分,则会考查学生对基本几何图形的认识及其性质的应用;而在统计与概率部分,则可能涉及简单统计数据的收集与分析,以及基本概率计算等内容。这样的覆盖面有助于学生建立起完整的数学知识体系框架。

2. 适宜难度,确保学生信心与挑战并存

基础性试题的难度应当适中,既要保证大多数学生能够通过自身的努力顺利完成题目,又要能够有效地区分出那些基础知识掌握不够牢固的学生。这有助于教师及时发现并弥补学生在学习过程中的薄弱环节,同时也能避免因题目过难而打击学生的学习积极性,或因题目过于简单而失去检验效果。

在具体操作中,可以通过调整题目数量、复杂程度等方式来控制难度。对于基础较好的学生来说,可以适当增加一些稍微复杂一点的题目作为延伸训练;而对于基础较为薄弱的学生,则应侧重于基础知识的巩固,确保其能够扎实掌握每一项基本技能。

3. 题型多样,培养多元智能

除了传统的选择题和填空题外,基础性试题还应该包含图表分析题、简答题等多种题型。这不仅有利于考查学生对基础知识的理解与应用能力,还能促进其数据处理能力和逻辑思维能力的发展。例如,通过图表分析题的形式考查学生能否从给出的数据图表中提取关键信息,并据此作出合理的判断;通过简答题的形式让学生用自己的语言阐述某个数学概念或定理的意义及其应用范围等。

多样的题型设置可以更好地激发学生的兴趣,并且有助于他们在不同维度上展示自己的能力,从而实现真正意义上的个性化教育。

4. 细节把控,促进严谨治学

基础性试题中还应包含一定比例需要细致审题才能正确作答的问题。这类题目往往会在表述上稍加变化,或是设置一些容易忽略的陷阱,以此来训练学生的观察力和细心度。通过这样的练习,可以帮助学生逐渐养成严谨的治学态度,这对于他们的长远发展至关重要。

例如,在一道关于面积计算的题目中,可以故意将单位由“平方米”改为“平方厘米”,看学生是否注意到单位转换的重要性;或者在一道关于时间计算的问题中,将给出的时间格式统一为 24 小时制而非常见的 12 小时制,考验学生是否具备灵活转换的能力。诸如此类的小技巧,虽然看似微不足道,却能在潜移默化中影响学生对待学术的态度。

综上所述,基础性试题的设计不仅要注重知识的广度和深度,更要关注对学生学习习惯的培养。只有当学生真正掌握了扎实的基础知识,并养成了良好的学习习惯后,他们才能够在未来的学习生涯中走得更远。因此,作为教师,在设计基础性试题时应当充分考虑到上述各方面因素,力求让每一道题目都发挥出其应有的教育价值。

4.3.2.2 发展性试题,能力立意,兼顾选拔

随着社会对创新型人才需求的增长,以及教育理念的不断进步,发展性试题在数学教育中的地位日益凸显。这类试题不再局限于基础知识的检测,而是更加注重对学生数学思维能力、问题解决能力及创新能力的评估。通过精心设计的发展性试题,不仅能选拔出具有更高发展潜力的学生,还能激发所有学生对数学学习的兴趣,促进其全面发展。下面我们将详细介绍发展性试题的设计原则及具体实施策略。

1. 灵活性与开放性,鼓励创造性思维

发展性试题的一个显著特点是其灵活性和开放性。这类试题通常不会直接给出明确的答案路径,而是鼓励考生运用已有的数学知识创造性地解决问题。例如,可以设置一些基于真实生活情境的题目,要求学生在特定背景下进行分析推理,得出结论。这样的题目设计不仅能够考查学生的逻辑思维能力,还能促进其批判性思考的发展。

2. 综合性与应用性,培养跨学科能力

发展性试题往往涉及多个知识点的交叉融合,要求考生能够综合运用不同领域的知识解决实际问题。这不仅有助于检验学生的知识迁移能力,还能培养

其跨学科解决问题的能力。例如,一道题目可能结合了概率论、统计学、几何学等多个领域的知识,这就要求学生在解决一个具体问题时,能够灵活调动这些知识,并将其有机结合起来。

3. 深度探究,激发探究精神

为了引导学生深入探索数学知识背后更深层次的道理,发展性试题还可以设置一些需要深入分析才能得出结论的问题。这些问题往往没有现成的答案可循,要求学生在独立思考的基础上逐步接近真理。这样不仅可以提高学生的探究兴趣,还能增强其解决问题的信心。

4. 创新能力,适应社会发展需求

为了适应现代社会对创新型人才的需求,发展性试题还应该注重对学生创新能力的培养。可以尝试引入一些新颖的概念或方法,要求学生在理解的基础上进行创新应用,甚至鼓励他们提出自己独到的见解。例如,通过引入数学建模的思想,让学生尝试建立模型来解决现实世界中的复杂问题。

5. 选拔功能,科学合理的区分度

考虑到中考作为一种选拔性考试,发展性试题还需要具备一定的区分度,这样能够在一定程度上反映出考生之间的真实差距。这就要求在设计过程中,既要考虑到试题难度的梯度分布,也要确保每道题目的得分规则科学合理。合理的难度梯度可以确保试题既不是所有人都能轻易完成,也不是几乎没有人能够解答。而科学的评分机制则可以准确反映考生的实际水平,避免偶然因素的影响。

通过上述措施,发展性试题不仅能够有效地选拔出具备较高数学素养的学生,还能激发学生的学习热情,促进其全面发展。最终目标是让学生不仅能够掌握数学知识本身,更能学会如何运用这些知识去解决生活中遇到的各种问题,培养其成为具有创新能力和社会责任感的新时代公民。

4.3.2.3 综合性试题,勇于创新,不拘泥于固有形式

综合性试题则是对前两类试题的进一步升华,它不再局限于特定的知识点或能力层面,而是要求考生能够在复杂情境中综合运用所学知识,展现出较高的数学素养与综合素质。这类试题的设计体现了教育改革中倡导的“能力立意”原则,旨在培养具有创新精神和实践能力的新一代人才。以下是综合性试

题设计时的一些重点考量因素。

1. 跨学科整合。综合性试题鼓励跨学科整合,要求考生能够将数学与其他学科知识结合起来解决问题。例如,可以设计一道结合物理、化学甚至社会科学背景的数学题目,让学生体验到学科间相互联系的重要性。

2. 真实情景模拟。为了更好地模拟现实生活中的应用场景,综合性试题常常采用真实或拟真的情景描述,让学生置身于具体的环境中思考问题,从而提高他们的实际操作能力,让学生在解决现实问题的过程中加深对数学知识的理解和应用。

3. 问题解决策略。与传统解题不同,综合性试题往往没有固定答案或解决路径,而是鼓励学生探索多种可能的解决方案,并在此过程中展示自己的逻辑思维和批判性思考能力。

4. 开放性结局。部分综合性试题可能会设计成开放式结局,即允许存在多种正确答案或解决办法,目的是鼓励学生发挥主观能动性,培养其独立思考的习惯。

5. 信息技术融合。随着信息技术的飞速发展,综合性试题还可以充分利用现代科技手段,如通过编程、数据分析等手段解决数学问题,让学生在实践中感受新技术带来的变革力量。

总之,综合性试题是对学生全面能力的综合检验,它要求学生不仅要掌握扎实的数学基础,还要具备较强的应用能力和创新能力。通过对综合性试题的研究与实践,可以进一步推动数学教育向着更加科学合理的方向发展,为培养适应新时代需求的高素质人才奠定坚实基础。

综上所述,基础性试题、发展性试题以及综合性试题构成了中考数学评价体系中的三个重要组成部分,它们分别从不同角度出发,共同促进了学生数学素养的全面提升。同时,这些试题的设计思路也为今后的教育教学改革提供了有益启示,即应更加注重对学生综合能力的培养,而不仅仅局限于知识传授本身。

参考文献

[1] 中华人民共和国教育部. 义务教育数学课程标准(2022 年版)[M]. 北京:北京师范大学出版社,2022.

[2] 史宁中,曹一鸣. 义务教育数学课程标准(2022 年版)解读[M]. 北京:北京师范大学出版社,2022.

[3] 崔允漷,王少非,杨澄宇,等. 新课程关键词[M]. 北京:教育科学出版社,2023.